Rauch · DKW – die Geschichte einer Weltmarke

Siegfried Rauch

DKW
Die Geschichte einer Weltmarke

Motorbuch Verlag Stuttgart

Einband und Schutzumschlag: Siegfried Horn
Umschlagzeichnung: Carlo Demand

Zur Ergänzung des Text- und Bildmaterials aus dem Archiv des Autors trugen dankenswerter Weise bei:
AUTO UNION-Veteranen-Club, Edmund Bühler, Ing. Nikolaus Dörner †, Andreas Ellmann, Ing. Herbert Friedrich, Ing.
Michael Heise, Dieter Herz, Ing. Rudolf Hiller †, Ing. Franz Ischinger, Freiherr König-Fachsenfeld, Dr. Helmut Krackowizer,
Frau »Mariele« (H. P.) Müller, Ing. Werner Oswald, Carlo Perelli/Motociclismo, Obering. August Prüssing †, Dr. Ove
Rasmussen, Karl Reese, Dr. Kurt Richter †, Reiner Scharfenberg, Dr.-Ing. Herbert Venediger, Volkswagenwerk-Zentralarchiv,
Walfried Winkler †, Werner Zentzytzki, Zweitakt-Museum Augustusburg/DDR.

ISBN 3-87943-759-9

3. Auflage 1988
Copyright © by Motorbuch Verlag, Postfach 1370, 7000 Stuttgart 1.
Eine Abteilung des Buch- und Verlagshauses Paul Pietsch GmbH & Co. KG.
Sämtliche Rechte der Verbreitung, in jeglicher Form und Technik, sind vorbehalten.
Satz und Druck: Schwabenverlag, 7302 Ostfildern 1 (Ruit).
Bindung: Franz Spiegel Buch GmbH, 7900 Ulm-Jungingen.
Printed in Germany.

Inhalt

Vorwort

Dies ist die Geschichte einer Motorrad- und Automobilmarke, deren Anfänge auf ein Unternehmen zurückgehen, das, von dem Dänen Jörgen Skafte Rasmussen schon vor dem ersten Weltkrieg in Sachsen gegründet, als »Zschopauer Motorenwerke« sich nach Kriegsende der Entwicklung des bis dahin weithin verkannten Zweitaktmotors und des Frontantriebs bei Automobilen verschrieb.

An Hand einer Vielzahl von Bildern werden hier die im Lauf von Jahrzehnten unter dem Markenzeichen DKW gebauten Motoren, Motorräder und Automobile in die Erinnerung zurückgerufen. Technische Detailbilder und Zeichnungen ergänzen die Historie.

1920 mit Fahrradhilfsmotoren beginnend, weitete sich das Zschopauer Motoren- und Motorradprogramm bis 1928 so aus, daß DKW mit seinen Zweitaktmaschinen von 100–500 m^3 zur größten Motorradfabrik der Welt und damit zur Weltmarke wurde. Kaum weniger erfolgreich waren DKW-Automobile, insbesondere nachdem die schon 1928 begonnene Modellpalette bereits 1931 – vor weit über 50 Jahren – auf Frontantriebwagen umgestellt worden war.

Als dann im Zuge der großen Wirtschaftskrise 1932 aus den Marken bzw. Betrieben von AUDI, DKW, HORCH, WANDERER (weitgehend auf Rasmussens Initiative) die AUTO UNION gebildet wurde, war Rasmussens DKW-Werk mit einer Anzahl zuliefernder Zweigwerke das eigentliche Rückgrat des neuen sächsischen Kraftfahrzeug-Konzerns. Auch dann noch, als wiedereinsetzender wirtschaftlicher Aufschwung ab 1933 auch den anderen Automobilmarken unter den vier Ringen zu neuem Aufwind und dem Konzern zu einer Spitzenstellung unter den deutschen Motorrad- und Automobilherstellern verhalf.

Und auch, nachdem 1945 alle AUTO UNION-Fertigungsbetriebe in Mitteldeutschland im Bombenkrieg teilweise zerschlagen und nach Kriegsende enteignet worden waren und in Westdeutschland eine neue AUTO UNION entstand, waren es wiederum DKW-Zweitakter in Motorrädern und frontgetriebenen Automobilen, die in Ingolstadt und Düsseldorf die Basis des Wiederaufbaus und neuer Erfolge im In- und Ausland bildeten.

Bis 1957, als die AUTO UNION in die Hände der Daimler-Benz AG überging und die DKW-Motorradproduktion mit der Übergabe der Fertigungsrechte an die neugegründete Nürnberger Zweirad Union praktisch ihr Ende fand. Entwicklung und Fertigung der DKW-Automobile dagegen liefen zunächst in einem neuen Werk in Ingolstadt noch weiter, bis 1965/66, nachdem die AUTO UNION 1964 unter die Fittiche von VW gekommen war, auch die Produktion von DKW-Automobilen (und damit von Zweitaktmodellen) aufgegeben wurde.

Eine Historie der Marke DKW wäre unvollständig, enthielte sie nicht auch einen Überblick über die beiden Entwicklungsperioden der DKW-Rennzweitakter in Zschopau und in Ingolstadt.

So ist diese »Geschichte einer Weltmarke« mehr als nur eine Firmengeschichte. Hier spiegelt sich eine Epoche der Zeitgeschichte ebenso wider wie ein interessantes Kapitel der Technikgeschichte.

Siegfried Rauch

DKW - das Lebenswerk Jörgen Skafte Rasmussens

Am 30. Juli des Jahres 1878 wurde im dänischen Nakskow als Sohn eines Schiffs-Eigners und -Kapitäns Jörgen Skafte Rasmussen geboren. Niemand wohl hätte damals dem Jungen, der bereits ein Jahr später den Vater verlor, voraussagen können, daß er einmal einer der bekanntesten deutschen Unternehmer und daß die von ihm aus kleinsten Anfängen aufgebaute Maschinenfabrik in Deutschland während der zwanziger und dreißiger Jahre zur größten Motorradfabrik der Welt werden sollte.

Zunächst absolvierte er in seiner Heimat sein Praktikum zur Vorbereitung des geplanten Ingenieurstudiums. Diesem unterzog er sich in den renommierten Ingenieurschulen in Mittweida und Zwickau; beide Städte gehörten zum Großraum der Industriestadt Chemnitz, wo weltbekannte Unternehmen der Maschinenbau- und Textilindustrie ihren Sitz hatten.

Nach dem Abschluß seiner Studien blieb Rasmussen in Deutschland – in der Gewißheit, daß das größere Land seiner ausgreifenden Begabung und seinem dynamischen Wesen ein weiteres Betätigungsfeld bieten könne als seine dänische Heimat.

Rasmussen war, wie sich im Laufe seines späteren Lebens immer deutlicher zeigte, eine außergewöhnliche Persönlichkeit, von raschem Entschluß und großer Spontaneität. Mit gutem Blick für seine Mitarbeiter, für deren Charakter und Können, forderte er von ihnen den gleichen Einsatz, den er für sein Werk leistete. In seinen technischen Planungen war er einfallsreich und in ihrer Durchführung von unermüdlicher Ausdauer.

Zunächst aber arbeitete der junge Ingenieur kurze Zeit bei der »Rheinischen Maschinenfabrik« in Düsseldorf und ging dann 1904 nach Sachsen zurück, wo er im gleichen Jahr (das auch das Jahr seiner Eheschließung war) in Chemnitz (dem heutigen Karl-Marx-Stadt) mit seinem Freund Ernst die Firma Rasmussen & Ernst GmbH gründete, die sich mit der Konstruktion und dem Vertrieb von Dampfkesselarmaturen und Abdampfentölern befaßte.

J. S. Rasmussen – * 30. 7. 1878, † 12. 8. 1964 – etwa 1930.

GRÜNDUNG DER
»ZSCHOPAUER MASCHINENFABRIK«

1907 erwarb er zusätzlich bei Zschopau (ca. 15 km südöstlich von Chemnitz) im Erzgebirge eine stillgelegte kleine Spinnerei mit beachtlichem Grundbesitz, den er, vorausschauend auf die künftige Entwicklung, bald wesentlich erweiterte (zum Preis von ca. 10 Pfennig für den Quadratmeter!). Dort, im Tal der Dischau, entstand die »Zschopauer Maschinenfabrik«, die Vorgängerin der späteren »Zschopauer Motorenwerke J. S. Rasmussen AG«. Hier wurden die vorher nur vertriebenen Armaturen in eigener Regie hergestellt – bis 1914 der erste Weltkrieg ausbrach und auch dieser Betrieb zwangsläufig auf Rüstungsproduktion umgestellt werden mußte.

Die sich häufig notwendig machenden Fahrten zu Behörden und Lieferanten in und bei Chemnitz und Zschopau absolvierte Rasmussen mit einem »WANDERER-Puppchen«, dem kleinen Zweisitzer der Chemnitzer WANDERER-Werke. Und als die Kraftstoffzuteilungen immer knapper wurden, entsann er sich eines in Dänemark gesehenen Dampfkraftwagens. Von einer Reise nach Kopenhagen brachte er dessen Konstrukteur, den Ingenieur Matthiesen, gleich mit, damit dieser sich in Zschopau mit der Entwicklung von Dampfkraftwagen befassen sollte – Rasmussen vermutete, daß mit weiter fortschreitender Benzinverknappung wohl nicht nur er an solchen Fahrzeugen interessiert sein würde. So entstanden unter Matthiesens Leitung ab 1917 Prototypen von Personen- und Lastkraftwagen mit Dampfantrieb. Die Entwicklung lief im Werk unter der Kurzbezeichnung D.K.W. – *D*ampf-*K*raft-*W*agen, womit das später weltbekannte Markenzeichen erstmals auftauchte.

Nach dem Ende des Krieges erlosch das Interesse an dampfbetriebenen Straßenfahrzeugen – es gab ja nun wieder genug Benzin. So wurden die Arbeiten am

Rasmussen (rechts) und Mitarbeiter der ersten Stunde in Zschopau (Mitte Matthiesen, der den Dampfkraftwagen, und links Ruppe, der die ersten DKW-Motoren entwickelte).

»Des Knaben Wunsch«, der erste DKW-Zweitakter als Spielzeugmotor. Bei 22 mm Bohrung und 47 mm Hub betrug der (bisher immer falsch angegebene) Hubraum 18 cm³, die Leistung ca. ¼ PS. Offener Schwungrad-Magnetzünder.

Die Hubscheibe der Stirnkurbelwelle diente als Einlaß-Plattendrehschieber, ein fliehkraftbeaufschlagter Schieber als Drehzahlbegrenzer (wie etwa 35 Jahre später bei den in Rotterdam von AUTO UNION-Leuten gebauten Berini-Mopedmotoren).

Dampfkraftwagen in Zschopau eingestellt. Was aber nicht bedeutete, daß das Kapitel Automobil für Rasmussen abgeschlossen war. Denn nicht erst durch die Entwicklungsarbeiten während des Krieges in seinem Werk hatte er Verbindung zur Kraftfahrzeugindustrie. Er war selbst Automobilbesitzer schon seit 1904, darüber hinaus bestand ein enger Kontakt zu Direktor Günther der Chemnitzer Presto-Automobilfabrik, mit dem er etwa 1912 die Elitewerke AG in Brand-Erbisdorf bei Freiberg/Sachsen gründete, wo bis Mitte der zwanziger Jahre Personenwagen unter der Marke »Elite« (und später Opel-Motorräder) gebaut wurden.

In den ersten Nachkriegsjahren freilich erschien es Rasmussen kaum möglich, in seinem Zschopauer Werk Automobilpläne zu realisieren. Da paßte es viel besser in seine Überlegungen, daß 1918 ein Mann zu ihm kam, der, als Sohn eines Automobilfabrikanten im thüringi-

schen Apolda, sich als Konstrukteur erst im väterlichen, später in einem eigenen Automobil- und Motorenbau-Unternehmen in Markranstädt bei Leipzig einen Namen gemacht hatte: Ing. Hugo Ruppe. Der schlug Rasmussen den Bau kleiner Zweitaktmotoren für die verschiedensten Verwendungszwecke vor – und Rasmussen griff diesen Vorschlag auf, obwohl Zweitaktmotoren zu jener Zeit weithin als primitiv und zweitrangig gegenüber dem etablierten Viertaktmotor galten.

Zunächst entstand – als Konkurrenz zu den beliebten kleinen Dampfmaschinen für Modellantrieb gedacht – ein ventilatorgekühlter Spielzeugmotor mit 18 cm³ Hubraum und ca. ¼ PS Leistung, der eine Reihe interessanter Einzelheiten aufwies. In den Spielzeugläden wurde das kleine Motörchen unter dem Markenzeichen D.K.W. angeboten, das – nun zum zweiten Mal – als *Des Knaben Wunsch* interpretiert wurde.

»DAS KLEINE WUNDER«

Natürlich war sich Rasmussen im klaren darüber, daß Spielzeugmotoren nicht die Basis eines Industrieunternehmens sein könnten, um dessen Ausweitung Tag und Nacht seine Gedanken kreisten. So wurde rasch der nächste Entwicklungsschritt getan, und auf Ruppes Reißbrett entstanden neue Motoren; wieder Zweitakter, einer zunächst mit 118 cm^3 und 1 PS Leistung als »Hilfsmotor« zur Modernisierung von Fahrrädern, ein zweiter – mit mehr Hubraum – für den stromnetzunabhängigen Antrieb von Arbeitsmaschinen aller Art in Industrie, Handwerk und Landwirtschaft. Damit war bereits die künftige Marschrichtung auf zwei parallelen Absatzwegen abgesteckt, auf denen die Marke DKW in den kommenden Jahren zu Weltruf kommen sollte.

Beide Motoren, der Fahrrad-Hilfsmotor (zum Aufbau über dem Hinterrad) wie ein stationäres Pumpen-Aggregat, wurden erstmals auf der Leipziger Messe 1919 ausgestellt – der erste der Hilfsmotoren wurde 1920 an einen Kunden in Nürnberg geliefert. Bei dieser Leipziger Messe wurden übrigens auch die ersten Exportverbindungen geknüpft – Bruno Cavani in Bologna war der erste ausländische DKW-Vertreter!

Nicht nur Rasmussen freilich schien im Hinblick auf die wirtschaftliche Situation nach dem verlorenen Krieg die Fahrrad-Motorisierung eine zeitgemäße Notwendigkeit zu sein; überall in Deutschland entstanden in jenen Jahren Fahrrad-Hilfsmotoren, nicht nur als Zweitakter, sondern vereinzelt auch als (sogar zweizylindrige) Viertakter. Aber gegenüber den meisten dieser Konkurrenten (ein kleines Fachbüchlein, das Ende 1921 herauskam, stellte schon nicht weniger als 20 Fahrrad-Hilfsmotoren vor) hatte die Ruppesche Konstruktion (außer der Tatsa-

Diese Schnittdarstellung zeigt den von Hugo Ruppe konstruierten Hilfs- und Einbaumotor Typ M (hier schon mit abnehmbarem Zylinderkopf) 1919 mit 118 cm^3 (50 mm Bohrung und 60 mm Hub) und ca. 1 PS Leistung gebaut – »Das Kleine Wunder«. Zahnrad-Primäruntersetzung 1 : 3, außen am Gehäuse der durch Stößel von der Vorgelegewelle betätigte Unterbrecher.

Der ebenfalls von Ruppe konstruierte Stationärmotor, auf der Leipziger Messe 1919 ausgestellt und zum Antrieb einer Wasserpumpe dienend. Der liegende, ventilatorgekühlte Motor, von dem keine technischen Details erhalten sind, soll 5 PS geleistet haben, war auch der »Trittbrett-Motor« des ersten Zschopauer Kleinstwagens (s. Bild Seite 17).

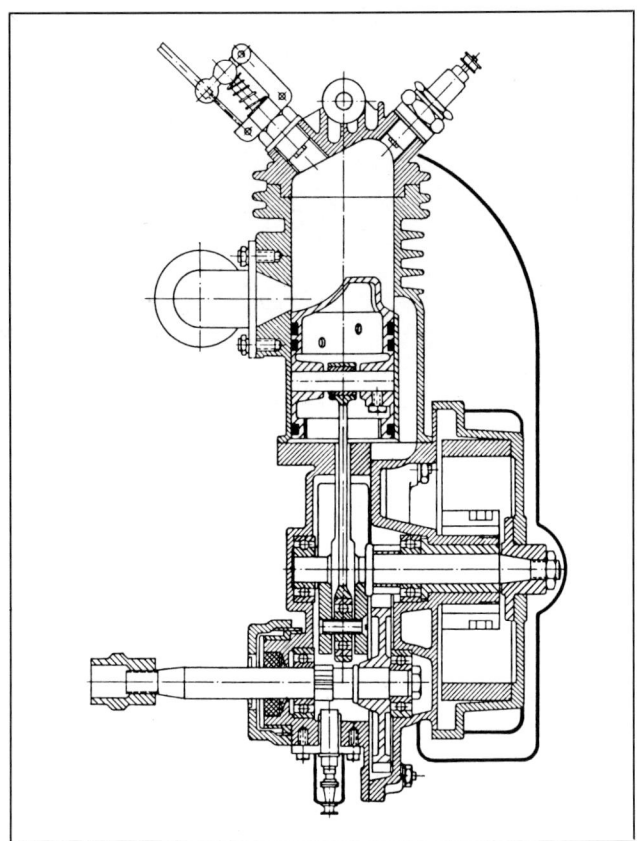

Motorrad (Motorcycle)

Motorradfahren (motorcyclist

Unikum (unique)

Gerät (Gear)

Der DKW-Fahrradhilfsmotor über dem (mit Keilriemen angetriebenen) Hinterrad des (schon verstärkten und mit Vorderradfederung ausgestatteten) Fahrrades (steht im Zweitakt-Museum
Augustenburg/DDR).

che, daß sie mit hohem Qualitätsniveau gefertigt wurde)
den entscheidenden Vorteil, daß sich im Kurbelgehäuse
eine Zahnrad-Primäruntersetzung befand, die eine genügend große Abtriebsriemenscheibe am Motor und
eine nicht zu große Riemenfelge am Hinterrad ermöglichte, was der Durchzugskraft des kleinen Motors nicht
weniger zugute kam als der Lebensdauer des Keilrie-
mens, der den Antrieb besorgte.

So rechtfertigte der in Zschopau gebaute Motor sehr
bald das nun zum dritten Mal verwendete Markenzeichen DKW – »*D*as *K*leine *W*under«. Und landauf-landab
schmunzelte man über den Werbeslogan »DKW, das
kleine Wunder, läuft bergauf wie viele runter«.

Eine Weiterentwicklung des DKW-Hilfsmotors (1920), schon
mit Spritz- (statt des ursprünglich verwendeten schwimmer-
losen) Vergaser, Hinterrad mit seilzugbetätigter Riemenfel-
gen-Klotzbremse.

DKW-Einbaumotor (noch ohne Gebläse) in einem Konfektions-Fahrwerk.

Dabei bestand vorübergehend die Gefahr, daß man Rasmussen die Benutzung seines zugkräftigen Marken-zeichens untersagen würde: die Deutschen Kabel-Wer-ke, die sich schon länger des Kurzzeichens DeKaWe bedienten, strengten wegen der Klangähnlichkeit einen Prozeß an, und der Unterlassungsklage wurde stattge-geben. Aber Rasmussen konnte dennoch auf das vor-sorglich vorgesehene (und kurzfristig schon benutzte)

Markenzeichen DGW (»Das Große Wunder«) verzich-ten; es kam zu einem Vergleich, denn die Kabelwerke waren an Reifenlieferungen für das Zschopauer Werk in-teressiert.

Aber auch Rasmussen, der schon bald nach dem Ferti-gungsanlauf seiner sowohl an private Kunden wie auch an Konfektionäre gelieferten Hilfsmotoren dazu überge-gangen war, diese auch gleich fix und fertig samt dem

So wurde der Stationärmotor . . . und so »Der kleine Bergsteiger« in Inseraten angepriesen. Zu Lieferungen an Kunden ist es aber, wenigstens beim Wagen, wohl kaum gekommen.

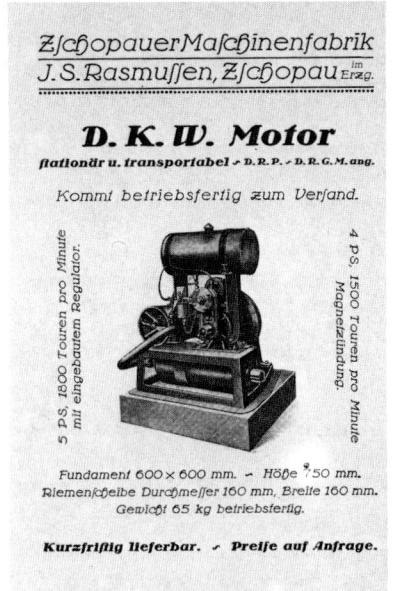

Fahrrad zu verkaufen, mußte das erfahren, was in späteren Jahren anderen immer wieder die gleichen Probleme bescheren sollte: auch ein noch so kleiner und leichter Verbrennungsmotor ist auf die Dauer für die Verwendung in einem normalen Fahrrad nicht geeignet. Nicht das Fahrrad, sondern den Radfahrer galt es, damals wie später, zu motorisieren. Auf diese Erkenntnis stellte sich nun sehr rasch Rasmussen selbst, stellten sich auch alle die kleineren und größeren Konfektionäre um, die, im In- und Ausland, den inzwischen überall bewährten DKW-Motor bezogen: verstärkte Spezialfahrgestelle zeigten sich nun den Anforderungen durch den motorischen Betrieb besser gewachsen, ja ließen sogar eine Hubraum-

vergrößerung und eine Leistungssteigerung auf 1,5 PS zu. Die wahlweise lieferbare Gebläsekühlung bedeutete einen erneuten wichtigen Vorsprung vor den meisten Konkurrenten.

GOLEM UND LOMOS

Schon 1921 wurde die Zschopauer Modellpalette durch eine Neukonstruktion bereichert: den »Golem«, ein motorisiertes Zweirad mit kleinen Laufrädern, niedrigem, geradezu komfortablem Sitz, mit dem liegend im Rohr-

Zu den Konfektionären motorisierter Zweiräder, die DKW-Motoren bezogen (und teilweise auch in Wettbewerben fuhren), gehörte auch der bekannte Konstrukteur Neumann-Neander (rechts), hier vor einem von ihm gebauten »Ultra-Leichtgewicht« mit dem gebläsegekühlten 142 cm³-DKW-Motor: 28,5 kg wog die kleine Rennmaschine, sie erreichte 85 km/h!

Nachdem der Berliner Konstrukteur Eichler 1921 das rollerähnliche Golem-Sesselrad entwickelt hatte, das dann kurze Zeit in Zschopau gebaut wurde (Bild Seite 36), entstand das 1922 von DKW herausgebrachte Lomos-Sesselmotorrad, das in seinen Fahreigenschaften dem Golem weit überlegen war – es kann als echter Vorläufer des Motorrollers angesehen werden (später wurde es auch von Eichler in Berlin vertrieben).

13

rahmen eingebauten 1 PS-Motor (Bild Seite 36) – eine Vorstufe zum Motorroller, aber mit wenig befriedigenden Fahreigenschaften. Die Ablösung brachte im darauffolgenden Jahr der als »Sesselmotorrad« bezeichnete, von dem Berliner Eichler konstruierte »Lomos«, der den gebläsegekühlten 1,5 PS-Motor unter dem Sitz,

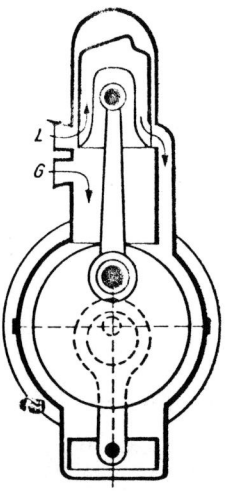

Das Bild zeigt den von Hugo Ruppe nach seinem Weggang aus Zschopau in Berlin (bei der »Berliner Klein-Motoren-AG«) gebauten interessanten Bekamo-Motor, der für die Zschopauer Fertigung wohl zu kompliziert erschien. Mit 148 cm³ Hubraum leistete der Motor erstaunliche 5,5 PS bei 3800 U/min. Beachtenswert die gegenläufige Kolben-Hilfspumpe im Kurbelgehäuse und die Vorlagerung der durch den (später in einem Stück gegossenen) Kolben geführten Spülluft (L = Spülluft, G = Frischgas). Die gegenläufige Hilfs-Ladepumpe wurde später in Zschopau für die Rennmotoren übernommen.

dazu bereits eine Schwingen-Hinterradfederung und wesentlich bessere Fahreigenschaften aufwies. Zu diesem Zeitpunkt war Hugo Ruppe schon nicht mehr in Zschopau. Er hatte sich von Rasmussen getrennt und in Berlin selbst die Fertigung eines von ihm schon in Zschopau konstruierten, Rasmussen aber wohl zu jenem Zeitpunkt zu aufwendig erscheinenden Motors

(»Bekamo«) aufgenommen. Ruppe, Zeit seines Lebens immer voller Ideen, kam erst nach dem Ende des zweiten Weltkriegs wieder nach Zschopau (aber nicht zu DKW) zurück und verstarb dort 1946, als das DKW-Werk von der Besatzungsmacht bis auf den letzten Lichtschalter demontiert und zur Sprengung vorgesehen war.

Zum Zeitpunkt, als Ruppe Zschopau verließ, begannen zwei neue Mitarbeiter ihre DKW-Laufbahn. Einmal Dr. Carl Hahn, der, 28jährig, auf besondere Empfehlung seines Freundes, des Jöhstadter Pumpenfabrikanten Flader, von Rasmussen eingestellt und zu dessen Entlastung auf dem Vertriebs- und Werbesektor bestimmt wurde. Dieser Aufgabe hat sich Dr. Hahn dann über Jahrzehnte unterzogen. Mit dem Charme seiner österreichischen Heimat verband sich bei ihm ein zäher Arbeitswille, ein fast fanatischer Glaube an die technischen Vorteile und die Zukunftschancen des Zweitaktmotors, gepaart mit seltener Überzeugungskraft, die er zu allen Zeiten voll für die Marke DKW einsetzte.

Der andere war ein junger, auf den Chemnitzer Staatslehranstalten (heute Technische Hochschule) ausgebildeter Ingenieur, Hermann Weber, der von Rasmussen als Leiter der zunächst noch kleinen Konstruktionsabteilung vorgesehen war (was nicht hinderte, daß er in den ersten Jahren, zusammen mit dem Betriebsleiter Blau und dem Meister der Einfahrabteilung, Sprung, selbst zahlreiche Rennen auf DKW mit Erfolg bestritt). Alle in den folgenden Jahren bis zum bitteren Ende 1945 in Zschopau gebauten Motorräder zeigten seine Handschrift als Chefkonstrukteur (er verstarb Ende der vierziger Jahre in Rußland, wohin er zusammen mit dem spä-

Der Anfang der Motorrad-Entwicklung bei DKW 1922/23: Hermann Webers »Reichsfahrtmodell« mit gebläsegekühltem 142 cm³-Motor (1,5 PS), hier mit dem sehr wirkungsvollen »Steigboy«-Auspufftopf des Leipziger Konstrukteurs und Fabrikanten Friedrich Boysen, in dem zwei Teilströme der Auspuff-Gassäule gegeneinander prallten.

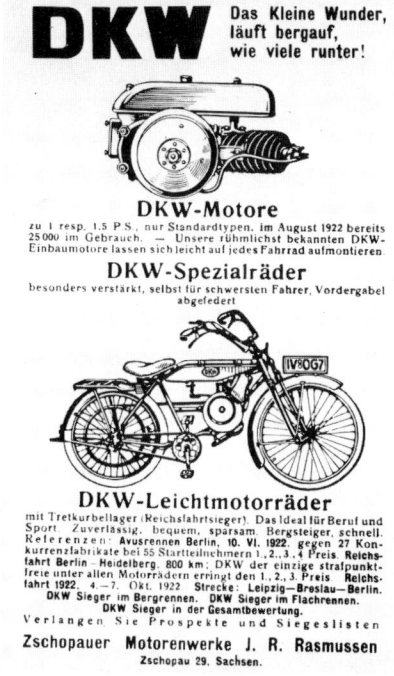

Mit solchen Anzeigen und Handzetteln wurde landauf, landab für DKW (nun schon ohne Punkte!) geworben – in dieser Art ungewöhnlich für die Branche. – Rechts: Nach Dr. Hahns Eintritt in die Firma wurde bei DKW großer Wert auf intensive Verkaufspropaganda wie einen umfassenden Kundendienst gelegt.

teren Werksdirektor Hoffmann und fünf anderen Mitarbeitern zum Aufbau eines sowjetischen Motorradwerks dienstverpflichtet worden war).

»REICHSFAHRTMODELL«

Webers erste Arbeit war ein Leichtmotorrad, das den 1,5 PS-Motor im Rahmendreieck trug, mit dem Zylinder unmittelbar hinter dem Rahmenlenkkopf, noch ohne Mehrganggetriebe, aber schon bald mit der interessanten »Lomos«-Kupplung (s. S. 37), mit oder ohne Tretkurbeln lieferbar. Schon mit den ersten Exemplaren dieses neuen Modells beteiligten sich die Zschopauer, Weber voran, an kleineren und größeren Rennen und Zuverlässigkeits-Wettbewerben. Und nachdem es gelungen war, gleich mit drei Fahrzeugen bei der »ADAC-Reichsfahrt« einen spektakulären Erfolg über Konkurrenten mit Maschinen bis 8 PS zu erringen, erhielt die

chancenreiche Webersche Neuschöpfung den zugkräftigen Namen »DKW-Reichsfahrtmodell«.

In dieser Bezeichnung wurde bereits eine Tendenz erkennbar, die mit der Marke DKW auch in der Folgezeit aufs engste verknüpft war: Rasmussen war vom Wert sportlicher Einsätze für die technische Weiterentwicklung ebenso wie den sportlicher Erfolge für die Produktwerbung auf dem Motorradsektor fest überzeugt. Deshalb beteiligten sich zunehmend Werks- und Privatfahrer mit DKW-Maschinen an den verschiedensten Wettbewerben, zunächst mit nahezu seriengleichen Maschinen. Bis zur Bildung einer von der Serienkonstruktion und -fertigung weitgehend getrennten Rennabteilung erheblichen Ausmasses dauerte es freilich noch bis 1927, als August Prüssing zu DKW stieß.

Zunächst mal aber waren Rasmussen und seine Mitarbeiter nicht nur auf Sporterfolge stolz, sondern auch auf die sich ständig steigernde Produktion. Schon im August 1921 hatte man in Zschopau die Fertigstellung des 10 000sten DKW-Motors feiern können – im Juli 1922 waren es bereits 20 000 Motoren und dazu 2000 DKW-Fahrzeuge. Wobei sich das Verhältnis mehr und mehr zugunsten der komplett gefertigten Fahrzeuge (Motorräder) verschob (wenngleich der Sektor »Stationäre Motoren« ebenfalls ständig an Bedeutung zunahm).

Denn die Entwicklung von neuen DKW-Motorradmodellen ging zügig voran. Ab Ende 1923 gab es im Programm der in diesem Jahr in eine Aktiengesellschaft umgewandelten »Zschopauer Motorenwerke J. S. Rasmussen AG« (mit Rasmussen als Hauptaktionär) die ersten Modelle (ZM mit Rohr- und SM mit Stahlblech-Rahmen), die zur Ablösung des Reichsfahrtmodells bestimmt waren. In ihnen waren neu konzipierte Motoren, nunmehr mit stehendem Zylinder, mit 2,5 PS Leistung aus 175 cm³ und Ein- oder Zweiganggetriebe mit Kupplung, später auch mit Kickstarter, in Rahmenmitte eingebaut. 1924 konnte man in Zschopau schon auf 50 000 bisher gebaute Einheiten stolz sein, deren jüngste bereits vom Fließband kamen.

Und auch die Werksanlagen wuchsen in allen Bereichen mit zunehmenden Produktions- und Belegschaftszahlen: nicht nur war um den Fachwerkbau und seine Anbauten, die einst die Spinnerei und dann Rasmussens Armaturen-Fertigung beherbergt hatten, ein ganzer Komplex von Shed- und Hochbauten entstanden (unter dem der Tunnel verlief, der die Dischau aufgenommen hatte). Auch der Bau eines großzügigen Verwaltungsgebäudes hatte sich notwendig gemacht, das, siebenstökkig am Hang des Dischautales hochgeführt, sich originellerweise mit seinen beiden oberen Geschossen (und dem Haupteingang) an der den Berg hinauf verlaufenden Zufahrtsstraße zum Werk als landschaftsgebundenes Bauwerk präsentierte.

(Etwa gegenüber dem Verwaltungsgebäude lag die in Rasmussens Besitz befindliche »Finkenburg«, von ihrem Pächter Glanz betreut, zu deren Gästen oft Mitarbeiter und Besucher des Werks zählten.)

VERKAUFSSCHLAGER LM

1926 kam, erstmals »ballonbereift«, der Verkaufsschlager LM mit zunächst 206 cm³-Zweigang-Kickstartermotor und 4,0 PS (»Sport« mit 4,5 PS) Leistung. Aus dem dann, als 1928 die Grenze der Führerscheinfreiheit auf

200 cm³ neu festgesetzt wurde und die Zschopauer, rechtzeitig »vorinformiert«, dank ihrer strukturbedingten Wendigkeit über ausreichende Mengen von Zylindern und Kolben mit 63 statt 64 mm ⌀ verfügten und so schneller lieferfähig als die Konkurrenz waren, das nicht weniger zugkräftige führerscheinfreie LM-Modell mit 198 cm³ wurde.

Im zweiten Halbjahr 1926 betrug die Zahl der Beschäftigten im DKW-Werk Zschopau 1600, die Tagesproduktion umfaßte 100 Motorräder und 130 Motoren. 1926 brachte auch den Beginn einer eigenen Rollenlager-Fertigung, und außerdem wurde die Fabrikation eines Transport-Dreirads aufgenommen, das als Beginn der späteren Framo-Fertigung zu gelten hat.

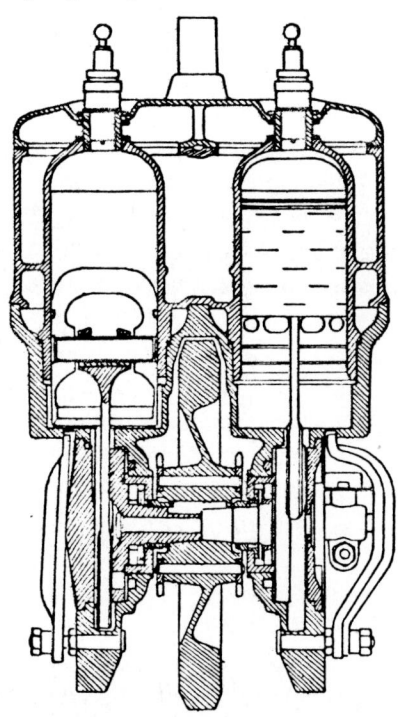

Die Schnittdarstellung zeigt den Aufbau des englischen Scott-Zweizylinder-Zweitaktmotors, der wahrscheinlich nicht unwesentlich dazu beitrug, daß auch in Zschopau zweizylindrige Zweitakter entwickelt wurden, ohne freilich den Mittelabtrieb mit seinen Vor- (und Nach-)teilen zu übernehmen.

1926 war aber auch noch aus anderem Grund für Rasmussen und sein DKW-Werk ein geradezu schicksalhaftes Jahr: da hatte nämlich beim (schon traditionellen) Marienberger Dreiecksrennen (auf dem Straßendreieck Marienberg–Heinzebank–Wolkenstein) der bekannte

Kölner Rennfahrer Pätzold eine eindrucksvolle Vorstellung mit einer englischen Scott (mit der Rasmussen schon während des Krieges in Dänemark Bekanntschaft gemacht hatte) gegeben, einer wassergekühlten zweizylindrigen 600er Zweitaktmaschine, mit der er den brandneuen 750er BMWs auf und davon gefahren war. Nach dem Rennen ging die Maschine in Rasmussens Besitz über – sein Betriebsdirektor Blau fuhr sie eigenhändig ins Werk. Und dort wurde sie als Bestätigung dafür studiert, daß die bereits im Gang befindliche Entwicklung eines ebenfalls zweizylindrigen, allerdings zunächst luftgekühlten, DKW-Motors mit 500 cm³ – entgegen manchen Unkenrufen – sehr wohl berechtigt sei. Rasmussen und seine Mitarbeiter waren überzeugt, daß das Feld der Zweitakter im Motorradbau keineswegs auf Einzylindermodelle beschränkt zu bleiben brauche.

So gab es dann, außer weiteren Einzylindermodellen mit 200, 250 und 300 cm³ in verschiedenen Leistungs- und Ausstattungsstufen (sowie Rahmenvarianten), ab 1927 auch DKW-Zweizylinder-Motorräder mit 500 und 600 cm³, luft-, später wassergekühlt (weil zu jener Zeit, als man allenthalben und so auch in Zschopau, Zweitakter fast ausschließlich mit dem thermisch nicht eben günstigen Nasenkolben baute, diese bei höherer Leistung mit Luftkühlung nur noch schwer beherrschbar waren). Zunächst hatten die Zweizylindermodelle getrenntes, später angeblocktes Dreiganggetriebe, und der luftgekühlte 500er leistete 12, der wassergekühlte 15, der ebenfalls wassergekühlte 600er Motor 18 PS – womit die letzteren beiden auch bestens für Beiwagenbetrieb geeignet waren.

Eines der sehr seltenen Bilder, das den »kleinen Bergsteiger« anläßlich eines Jubiläums-Korsos in Zschopau zeigt – ein Ausstellungsaufbau trägt den DKW-Fahrrad-Hilfsmotor. Auf dem Trittbrett ist deutlich der liegende, ventilatorgekühlte Stationärmotor zu erkennen, der wohl über Kupplung und (Zweigang-?)Getriebe auf die Hinterräder arbeitete (denn anders hätte er die Strecke zwischen Zschopau und Chemnitz, wo ihn damals der Autor mehrfach selbst gesehen hat, nicht meistern können). Der Junge im Matrosenanzug war Rasmussens jüngster Sohn Arne.

DKW-ZWEIZYLINDER-MOTOREN

Mit dem zweizylindrigen Motor aber hatte Rasmussen nun auch das richtige Triebwerk für den längst ins Auge gefaßten kleinen Wagen. Schon gegen Ende des Jahres 1919 hatte man in Zschopau (im »Kaisersaal« – der des-

So sah »Der kleine Bergsteiger« aus – ein Tandem-Zweisitzer mit selbsttragender Karosserie (im Zschopauer »Kaisersaal«-Nebenbetrieb gebaut und von dem auf dem linken Trittbrett montierten 5 PS-Stationärmotor mit Kette auf beide Hinterräder angetrieben). Entgegen anderen Darstellungen handelte es sich hier um ein eigenständiges Zschopauer Experiment, keinesfalls um einen der SB-Wagen des Berliners Dr. Slaby.

halb, ein wenig überzogen, vorübergehend sogar als »Karosseriefabrik« bezeichnet wurde, obwohl dort in der Hauptsache die Schwungrad-Zündanlagen für die DKW-Motoren gefertigt wurden) auf Rasmussens persönliche Initiative mit einem kleinen Vierrad-Fahrzeug experimentiert. Dessen Sperrholz-Karosserie war selbsttragend (ohne Fahrgestellrahmen), relativ schmal, mit den beiden Sitzen in Tandemanordnung, und trug den gebläsegekühlten, liegenden Einzylindermotor auf dem linken Trittbrett montiert, von dem die Hinterräder mit Kette angetrieben wurden (wie später beim Grade Wagen und beim Hanomag-»Kommißbrot«).

So absurd eine solche Konstruktion heute vielleicht erscheinen mag – ein Versuchswagen in dieser Ausführung lief immerhin noch jahrelang im werksinternen Betrieb. Geliefert wurde dieses erste DKW-Wagenmodell allerdings wohl nicht, wenn es auch, mit der optimistischen Titulierung als »Der kleine Bergsteiger«, eine zeitlang in der DKW-Werbung erschien, wohl um das Käuferinteresse zu testen.

Parallel zu diesen ersten eigenen Versuchen gab es schon seit 1919 eine Verbindung, die Rasmussen zu dem Konstrukteur Dr. Slaby, Sohn des Telefunkengründers in Berlin, hatte. Dieser hatte sich unmittelbar nach dem Krieg ein primitives kleines Einsitzer-Automobil, das von einem Elektromotor angetrieben wurde, gebaut – für das noch nicht einmal die benötigten vier Gummi-Reifen in Fahrrad-Dimension zur Verfügung standen, als ihm Rasmussen eines Tages in den Straßen von Berlin begegnete. Aber ihn faszinierte diese Idee, und er be-

Dr. Slaby im ersten, selbstgebastelten Elektrowagen, wie ihm Rasmussen 1918 oder 1919 in Berlin zum ersten Mal begegnete. Bemerkenswert die »Ersatzbereifung«, wie sie in den ersten Nachkriegsjahren für Fahrräder verkauft wurde (mit kleinen Druckfedern zwischen Felge und Laufkranz) und die Knüppellenkung.

stellte, impulsiv wie er war, bei der Firma Slaby & Beringer (die inzwischen Dr. Slaby auf Grund des auch anderweit konstatierten lebhaften Interesses gegründet hatte) 100 solche Wägelchen.

Auf der Leipziger Messe 1919 zeigte Rasmussen (außer seinem Fahrrad-Hilfsmotor und dem DKW-Stationärmotor) auch den Elektrowagen – und tätigte Abschlüsse für fast 1000 Stück. Das führte zu seinem Eintritt in die Firma Slaby & Beringer und zum Bezug größerer Räumlichkei-

So sah dann das als »SB-Wagen« (Slaby & Beringer) ab 1919/20 gelieferte Elektrowägelchen aus. Man beachte die Hinterradbremse (den TÜV gab es damals noch nicht!).

Dieses Bild zeigt eine 50 Stück-Serie von SB-Elektrowagen, bereit zur Verschiffung nach Japan, aus der Zeit, als Rasmussen bereits Teilhaber der Berliner Firma Slaby & Beringer war.

Die beiden Bilder zeigen den mit dem 142 cm³-Eingang-DKW-Motor ausgerüsteten SB-Einsitzer von 1923/24, dessen Gitterrohrrahmen mit farblos lackierten Eschenholzleisten beplankt war. Die Federung erfolgte bereits durch je eine Quer-Blattfeder vorn und hinten, wie später für die DKW-Wagen (aus Spandau wie aus Zwickau) typisch.

Der erste DKW-Wagen aus Spandau – mit selbsttragender Sperrholzkarosserie, kunstlederbesplannt, und vorn eingebautem, mit Trockenkupplung und Dreiganggetriebe verblocktem 600 cm³-Zweizylindermotor und Hinterradantrieb – der P 15.

ten in Berlin. Besonderes Interesse zeigte ein japanischer Importeur, der zusätzliche Abschlüsse tätigte. Leider nur brachte die Inflation das kleine Unternehmen in eine immer prekärer werdende Situation, und auch die Aufnahme eines mit einem DKW-Motor anstelle des Elektromotors ausgerüsteten Einsitzers konnte nicht verhindern, daß die Firma 1924 in Konkurs geriet. Sie wurde von Rasmussen übernommen, der später den Betrieb nach Spandau, in die (zunächst nur gepachteten) Werksräume der »Deutschen Industriewerke AG« (D-Rad!) verlegte und Dr. Slaby als technischen Direktor seines nunmehrigen Zweigwerks Spandau einsetzte. Als Serienfertigung gab es unter Dr. Slaby zunächst nur den Bau von Elektro-Droschken, die eine Gemein-

schaftsproduktion von DKW, AEG und AFA (für die Akkumulatoren) waren. Ansonsten experimentierte man weiter mit Kleinstwagen und stellte bereits 1924 auf der Berliner Automobilausstellung einen über Keilriemen hinterradangetriebenen Kleinwagen mit hintenliegendem DKW-Motor aus, der aber nicht in Serie ging.
Erst als aus Zschopau Zweizylindermotoren mit höherer Leistung zur Verfügung standen (also ab 1927), waren die Voraussetzungen für ein »richtiges« Automobil gegeben, wie es Rasmussen vorschwebte. So erschien 1927/28, zuerst auf der Berliner Automobilausstellung, der erste DKW-Wagen als offener Zweisitzer (Roadster), später mit zwei »Notsitzen« im Heck. Er hatte eine mit Kunstleder überzogene selbsttragende Sperrholzka-

Anläßlich seines 50. Geburtstages (1928) wurde Rasmussen (Bildmitte) von Werksdirektor Dr. Slaby (rechts) die erste in Spandau gebaute Viersitzer-Limousine vorgeführt. Links außen (im feierlichen Cutaway) als Geburtstagsgratulant der Chemnitzer Motorrad-Industrielle Schüttoff, dessen Schüttoff-Werke auch DKW-Motoren einbauten und später, stark verschuldet, von Rasmussen übernommen wurden (nach Auslauf der Motorradfertigung wurde später die Schüttoff-Fabrik in der Chemnitzer Rößlerstraße zum AUTO UNION-Elektrowerk).

rosserie mit Holzgerippe, der 600 cm³-Zweizylindermotor, vorn längs eingebaut, arbeitete, wassergekühlt, über Trockenkupplung und Dreiganggetriebe sowie Kardanwelle und Differential auf die Hinterräder. In Weiterentwicklung entstanden dann hieraus, erst mit Zweizylindermotoren, dann mit V-Vierzylinder-Zweitaktmotoren aus Zschopau, die verschiedensten drei- und viersitzigen Modelle bis zur »Schwebeklasse« (ab 1934) und verschiedenen Varianten der »Sonderklasse« (1930 bzw. 1937). Alle wurden in Spandau gebaut.

AUTOMOBILMOTOREN AUS USA

Schon 1927 hatte Rasmussen anläßlich einer USA-Studienreise die gesamte Fabrikationseinrichtung für Sechs- und Achtzylindermotoren der aufgelassenen amerikanischen Rickenbacker-Automobilfabrik gekauft und sie (außer anderen amerikanischen Werkzeugmaschinen, mit denen der Maschinenpark im Werk Zschopau ergänzt wurde) in das inzwischen erworbene Zweigwerk Scharfenstein verbringen lassen. Dort sollten diese Motoren gebaut und (als dank größerer Stückzahlen rationell zu fertigende und entsprechend preisgünstige Einbaumotoren analog dem bereits praktizierten Geschäft mit den DKW-Zweitaktmotoren) an Automobilfabriken ohne eigenen Motorenbau geliefert werden. Allerdings schlug, nicht zuletzt als Folge der sich anbahnenden, tiefgreifenden Wirtschaftskrise, dieser Plan fehl. Deshalb übernahm Rasmussen die ihm von der Sächsischen Staatsbank angebotenen, notleidend gewordenen AUDI-Werke in Zwickau, wo nun Prototypen neuer AUDI-Modelle (Typ »Dresden« und »Zwickau«)

unter Verwendung der Sechs- und Achtzylindermotoren aus Amerika entstanden, die ab 1929 relativ preisgünstig angeboten wurden. Aber auch ihnen war kein Glück beschieden – und so sah sich Rasmussen genötigt, das Zwickauer Werk mit anderen Fertigungen auszulasten. Einen weiteren Versuch stellte ein 1931 herausgebrachter kleiner AUDI 5/30 dar – nichts anderes als ein ansonsten mit dem Vierzylinder-Zweitaktmotor von DKW gelieferten Spandauer Wagen, in den in Zwickau ein 1100er Peugeot-Viertakt-Vierzylindermotor eingebaut wurde. Dieses Fahrzeug blieb ebenfalls ohne Erfolg.

DKW-FRONTWAGEN

Schon 1930 war in Zwickau auch mit der Entwicklung eines – wie Rasmussen annahm – der sich ständig weiter verschlechternden Wirtschaftslage besser entsprechenden Kleinwagens begonnen worden, der, nach der

Oben: Achtzylinder-Rickenbacker-Reihenmotor, im Werk Scharfenstein gebaut.

Nebenstehend: Das vorübergehend (nachdem die aus Amerika übernommenen Sechs- und Achtzylindermotoren nicht, wie geplant, an andere Automobilhersteller zu verkaufen waren) im Werk AUDI-Zwickau in geringen Stückzahlen gebaute Großwagen-Modell »Zwickau« (bzw. »Dresden«).

Die drei Rasmussen-Söhne: Hans (später Leiter der Framo-Werke in Hainichen), Ove (später Leiter des Metallwerks Zöblitz, nach dem Krieg Inhaber der Firma Rasmussen GmbH in Maintal bei Frankfurt), und Arne (später Versuchsleiter im Framo-Werk und nach dem Krieg u. a. in der Versuchsabteilung bei Fichtel & Sachs in Schweinfurt tätig); hier mit dem ersten DKW-Frontwagen, mit dem Ove Rasmussen beim Eibsee-Rennen 1931 startete und trotz des noch provisorischen Triebwerks (und fehlenden Rückwärtsgangs!) die Überlegenheit des Frontantriebs unter Beweis stellen konnte.

ursprünglichen Planung mit einem 350 cm³-DKW-Zweitakter ausgerüstet, Frontantrieb haben sollte. Schon die ersten Versuchswagen aber erhielten (Anfang 1931) den (nunmehr quer eingebauten) wassergekühlten 500er Zweizylinder-Motorradmotor. Der war, als ihn Rasmussens Sohn Ove auf dem Eibsee erstmalig gleich in einem Wettbewerb fuhr, zunächst noch mit einem Motorradgetriebe zusammengebaut und hatte deshalb noch keinen Rückwärtsgang. Was freilich in dem geschickt konzipierten, niedrigen Zweisitzer steckte, zeigte sich sofort – und auch das Interesse, das der dann mit einem kompakten Triebwerksblock (bestehend aus dem wassergekühlten Zweizylindermotor mit Dynastartanlage, Dreiganggetriebe mit Rückwärtsgang und Aus-

gleichgetriebe) ausgerüstete Wagen auf der Berliner Automobilausstellung 1931 fand, ließ einen guten Absatz erwarten. Zumal ein ungewöhnlich niedriger Preis ein besonderer Kaufanreiz war. Mit baldigem Serienanlauf im Zwickauer Werk konnte also gerechnet werden.
Der Einlauf in die Serienproduktion verzögerte sich jedoch, und dadurch vergrößerte sich durch hohe Anlauf- und Materialkosten die nach vorangegangenen guten Jahren inzwischen angespannte Finanzlage des Zschopauer Unternehmens.
Denn waren 1927 27000 DKW-Motorräder produziert und verkauft worden, hatte sich diese Zahl 1928 auf 43000 gesteigert und schließlich 1929 auf 60000 Einheiten (eine ganz erstaunliche Entwicklung), so sanken ab

Der DKW-Frontwagen zum ersten Mal auf der Berliner Automobilausstellung 1931.

Bei Händler-Kongressen in ganz Deutschland wurde der DKW-Frontwagen den DKW-Händlern von Dr. Hahn (oben mit Hut neben dem Baumstamm) vorgestellt.

1930 die Motorrad-Verkaufsziffern in Auswirkung der heraufziehenden neuen Wirtschaftskrise rapide: 1930 auf immerhin noch 36 000 Einheiten, 1931 aber dann auf 12 500 und 1932 auf 11 000 verkaufte Motorräder.

Mit der stürmischen Entwicklung des Motorradgeschäfts bis 1929 war gleichlaufend rund um das DKW-Stammwerk in Zschopau Rasmussens Unternehmen zum Konzern gewachsen, der soviel wie möglich der benötigten Zulieferteile und Vormaterialien aus Rasmussen-eigenen Betrieben liefern sollte. So waren schon 1920 aus der einstigen »Kaisersaal«-Fertigung in Zschopau das Rota-Werk entstanden, das die Schwungrad-Zündanlagen herstellte, die dann reichlich zehn Jahre später, wie die DKW-Dynastart- und -lichtanlagen, im DKW-Werk Chemnitz/Rösslerstraße (ehemals Sitz der 1928 von Rasmussen übernommenen Schüttoff-Motorradfabrik) gebaut wurden. 1922 war von Rasmussen das Metallwerk Zöblitz gegründet worden, das Dreh- und Faconteile, Armaturen und Motorrad-Bremsnaben nach Zschopau lieferte. 1923 hatte Rasmussen zusammen mit seinen Mitarbeitern Blau und Figura die Framo-Werke (zunächst in Frankenberg, später in Hainichen) gegründet, wo zunächst Drei-, später Vierrad-Lieferwagen mit DKW-Motoren gebaut und im übrigen für Zschopau Fahrer- und Soziussättel, Vergaser und Armaturen gefertigt wurden. Das Zweigwerk Scharfenstein, das aus dem Besitz der ehemaligen Chemnitzer Kleinautofabrik Moll 1925 übernommen worden war, fertigte Bleche, Stanz- und Ziehteile (wie Tanks, Schutzbleche, Nummernschilder sowie Rahmenbauteile) und ab 1927/28 zusätzlich Haushalts- und gewerbliche Kühlschränke sowie (vorübergehend) die bereits erwähnten Sechs- und Achtzylindermotoren für AUDI. Leichtmetall-, Temperguß-, Grauguß- und Gesenkschmiedeteile kamen aus den konzerneigenen Gießereien in Annaberg, Erla und Wittigsthal. Außerdem hatte Rasmussen schon vorher in

Montage (nun schon am Fließband!) des Verkaufsschlagers LM 200 1926/27 in der neu erbauten großen Montagehalle des DKW-Werks.

Linke Seite:
Oben: Motorradmontage 1923 im DKW-Werk Zschopau (man erkennt vorn das Reichsfahrt-, links das noch getriebelose neue ZL-Modell). Unten: Montage des ZM-Modells (mit Zwei-gang-Kickstartermotor) 1924 im DKW-Werk Zschopau.

Unten: DKW-werkseigenes Inflationsgeld 1923.
Rechts: Kühlschrank aus der Fertigung des DKW-Werks Scharfenstein.

Das erste Jubiläum im Herbst 1921 (noch im kleinsten Kreis): der 10 000ste DKW-Motor, dahinter Betriebsleiter Höppner.

Die späteren Stückzahl-Jubiläen wurden dann schon mit mehr Aufwand und unter der Teilnahme der gesamten Belegschaft gefeiert, wie die hier gezeigten Verzehr-Gutscheine anläßlich der Fertigstellung des 20 000sten (1922) und des 50 000sten DKW-Motors (1924) beweisen.

Berlin (außer mit dem bereits mehrfach erwähnten Zweigwerk Spandau) durch eine Beteiligung an der Getriebefabrik Prometheus Fuß gefaßt.

DKW – DER WELT GRÖSSTE MOTORRADFABRIK

Mitte 1929 hatte der Rasmussen-Konzern seinen Höhepunkt erreicht. DKW war seit 1928 die größte Motorradfabrik der Welt. Aber trotz seiner Marktgängigkeit blieb das breit gestreute Gesamtprogramm der Zschopauer Motorenwerke von der über Deutschland hereinbrechenden Wirtschaftskrise nicht verschont. Als sich nun, 1931, die DKW-Motorräder auf dem Fabrikhof des Zschopauer Werks und in den verschiedenen Auslage-

rungsstätten im Erzgebirge stauten, der Serienanlauf des Frontantriebwagens sich verzögerte und die Händlerwechsel mit ihren Prolongationen den Kredit bei der Sächsischen Staatsbank in bedenklicher Form in Anspruch nahmen, kam es, wie gesagt, zu einer angespannten Finanzlage im Konzern Rasmussens. Und – durch Meinungsverschiedenheiten über die Geschäftspolitik – auch zu einer Trübung des Verhältnisses zwischen Rasmussen und seinem engsten Mitarbeiter, Dr. Hahn. Die Sächsische Staatsbank aber ließ vom Aufsichtsrat als ihren Vertrauensmann Dr. Richard Bruhn in den Vorstand der Zschopauer Motorenwerke delegieren.

Als nach Überwindung der Anlaufschwierigkeiten die Produktion des neuen DKW-Frontantriebwagens begann, für den eine viersitzige Ausführung schon in Vor-

Die stillgelegte Textilfabrik in der
Nähe von Zschopau im Dischautal,
die Rasmussen 1907 erwarb.

Die ersten Erweiterungsbauten zum
DKW-Werk. Hier erfolgten u. a. die
Entwicklungsarbeiten am Dampfkraft-
wagen.

Gesamtansicht des DKW-Werks
mit Blick auf die siebenstöckige
Rückseite des Baues, der oben die
Büros der Verwaltung enthielt.

Und so bescheiden präsentierte
sich das Verwaltungsgebäude oben
an der Straße nach Marienberg.

Hermann Weber, geb. 11. 3. 96 in Chemnitz,
gest. 23. 2. 48 in Kasan/UdSSR, Oberingenieur
und Chefkonstrukteur des DKW-Werks Zschopau. Unter seiner Oberleitung entstanden in
den ihm unterstellten Konstruktionsbüros nicht
nur alle DKW-Motorräder (vom Reichsfahrtmodell bis zur NZ 500) sowie alle DKW-Rennmaschinen, sondern auch sämtliche Stationärmotoren und alle Zwei- und Vierzylinder-Wagen-
motoren von DKW.

Blick in den schmalen Werkshof,
der vorn durch einen Querbau abgeschlossen wurde, in dem sich u. a.
die Versuchsabteilung befand. Zwischen den neuen Hochbauten noch
die alten Gebäude aus der Anfangs-
zeit des DKW-Werks.

Die größte Motorradfabrik der Welt

So präsentierte sich das DKW-Werk
in seiner Endausbaustufe als Kopf
der Firmen-Briefbogen . . .

28

... und so lag es tatsächlich im schmalen Tal der Dischau, die unter dem Werk kanalisiert der Zschopau zufloß. Der Flachbau ganz vorn im Bild war das Domizil der DKW-Rennabteilung, das Reich August Prüssings und seiner Männer.

Anfang der dreißiger Jahre hatte das DKW-Werk Zschopau ein eigenes Postamt mit eigenem Poststempel.

„...s' is Feierohmd" – Betriebsschluß im DKW-Werk Zschopau. Dort und in den erzgebirgischen Zweigwerken arbeiteten zu jener Zeit schon etwa 6000 Menschen.

bereitung war, hatte der Wagen bereits den 600er Motor mit 18 PS, den die dann bis zum zweiten Weltkrieg gebauten »Reichsklasse«-Modelle der verschiedenen Jahrgänge ebenso behielten wie die ab 1933 parallel gefertigten »Meisterklasse«-Modelle den 700 cm³-Zweizylindermotor mit 20 PS. Abgesehen von Detailverbesserungen der Motoren und entscheidenden Veränderungen der Fahrgestelle (anders als die in Spandau gebauten Zwei- und Vierzylinderwagen mit Hinterradantrieb hatten die DKW-Frontwagen zu jeder Zeit einen Chassisrahmen, der die überwiegend verwendeten, kunstlederbespannten Sperrholz-Karosserien bzw. die Stahlblechkarosserien der Cabrio- und Luxus-Modelle trug) wurden die Frontantriebwagen in unveränderter Grundkonzeption noch bis in die ersten Kriegsjahre gebaut (ab 1932 im Programm der AUTO UNION).

Während die hinterradangetriebenen DKW-Wagen bis zum zweiten Weltkrieg in Spandau, die Motoren dazu in Zschopau gebaut wurden, erfolgten Fahrgestellbau und Montage der Frontantriebwagen (mit erheblich höheren Stückzahlen, denn die DKW-Wagen Reichs- und Meisterklasse standen in den letzten Jahren vor dem Krieg an zweiter Stelle in der Zulassungsstatistik des Deutschen Reichs) im AUDI-Werk Zwickau. Dort wurden vom Werk Zschopau – durch werksfremde Spediteure, da das Zschopauer Werk bis zuletzt keinen eigenen Bahnanschluß besaß – die kompletten Triebwerksaggregate, vom Werk Spandau (mit der Reichsbahn) täglich die serienmäßigen Sperrholzkarosserien (bzw. von fremden Karosseriefabriken die dort gebauten Sonderkarosserien) angeliefert.

Mit den Frontantriebwagen (deren 700er Ausführungen den schon bei den hinterradangetriebenen Spandauer Modellen bewährten Freilauf aufwiesen) hatte DKW nun ein echtes »zweites Bein«. Und wenn 50 Jahre später allein in der Bundesrepublik Deutschland schon nahezu 70 % der neu zugelassenen Pkw Frontantriebwagen waren und der Frontantrieb sich bis in die Mittelklasse den Weltmarkt erobern konnte, dann sollte nicht vergessen werden, daß es Rasmussens Initiative war, die diese logische Antriebsart erstmals in der Großserienfertigung zur Anwendung brachte.

Diese Initiative machte das Jahr 1932 wiederum zu einem entscheidenden Jahr – entscheidend für die DKW-Motoren und, wie sich später zeigte, für die Entwicklung des schnellaufenden Zweitaktmotors weltweit.

DIE DKW-UMKEHRSPÜLUNG

Mit zunehmender Hubraumleistung hatte sich, wie bereits gesagt, gegen Ende der zwanziger Jahre immer deutlicher gezeigt, daß der herkömmliche Einkolben-Zweitaktmotor mit seiner durch den Nasenkolben bedingten Querstromspülung thermisch schwierig, in der Leistungssteigerung begrenzt – und vor allem durch seinen Kraftstoffverbrauch dem Viertakter unterlegen war. Diese Nachteile konnten auf die Dauer auch durch die mechanische Einfachheit des Zweitakters (»Der Motor mit nur drei bewegten Teilen«) nicht ausgeglichen werden.

Zwar hatte sich Rasmussen schon zu Ruppes Zeiten gegen eine »Verkomplizierung« seiner Motoren gesträubt, und deshalb war der gegenläufige Hilfskolben zur Erhöhung des Fördervolumens und damit von Drehzahl und Leistung, den Ruppe vorgeschlagen hatte (und den er dann mit deutlichem Erfolg in seinen Bekamo-Motoren realisierte), Rasmussen als zuviel Aufwand erschienen. Aber als er immer wieder auf die Vorteile des Doppelkolben-Zweitakters stieß (wie er insbesondere seit Jahren von den österreichischen Puch-Werken gebaut wurde), entschloß er sich, den bekannten Konstrukteur Arnold Zoller in den Kreis seiner Mitarbeiter zu holen. Zoller hatte sich sowohl durch seinen Drehflügel-Kompressor als auch durch seine Arbeiten mit Doppelkolben-Zweitaktern einen Namen gemacht, und 1931 liefen (nachdem bereits DKW-Rennmotoren in Doppelkolbenbauart sich auf Anhieb als überlegen gezeigt hatten) auch die ersten Mustermaschinen der kommenden Serienmodelle mit luftgekühlten Doppelkolben-Zweitaktern Bauart Zoller. Ihre Einführung in die Serienproduktion stand unmittelbar bevor – für den Motorrad- wie den Wagen-Sektor.

Da stieß Rasmussen auf die Doktor-Dissertation des Würzburger Diplomingenieurs Herbert Venediger über die Möglichkeiten, die Wirtschaftlichkeit schnellaufender Zweitaktmotoren zu erhöhen. In Venedigers Dokumentation fanden sich auch Betrachtungen über die dem Dr.-Ing. Adolf Schnürle, Mitarbeiter der Firma Klöckner-Humboldt-Deutz, patentierte »Umkehrspülung«, die die Verwendung eines Kolbens mit glattem Boden, wie ihn normale Viertaktmotoren haben, ermöglichen und geeignet sein sollte, den Nasenkolben mit allen seinen Nachteilen abzulösen, ohne eine Komplizierung des

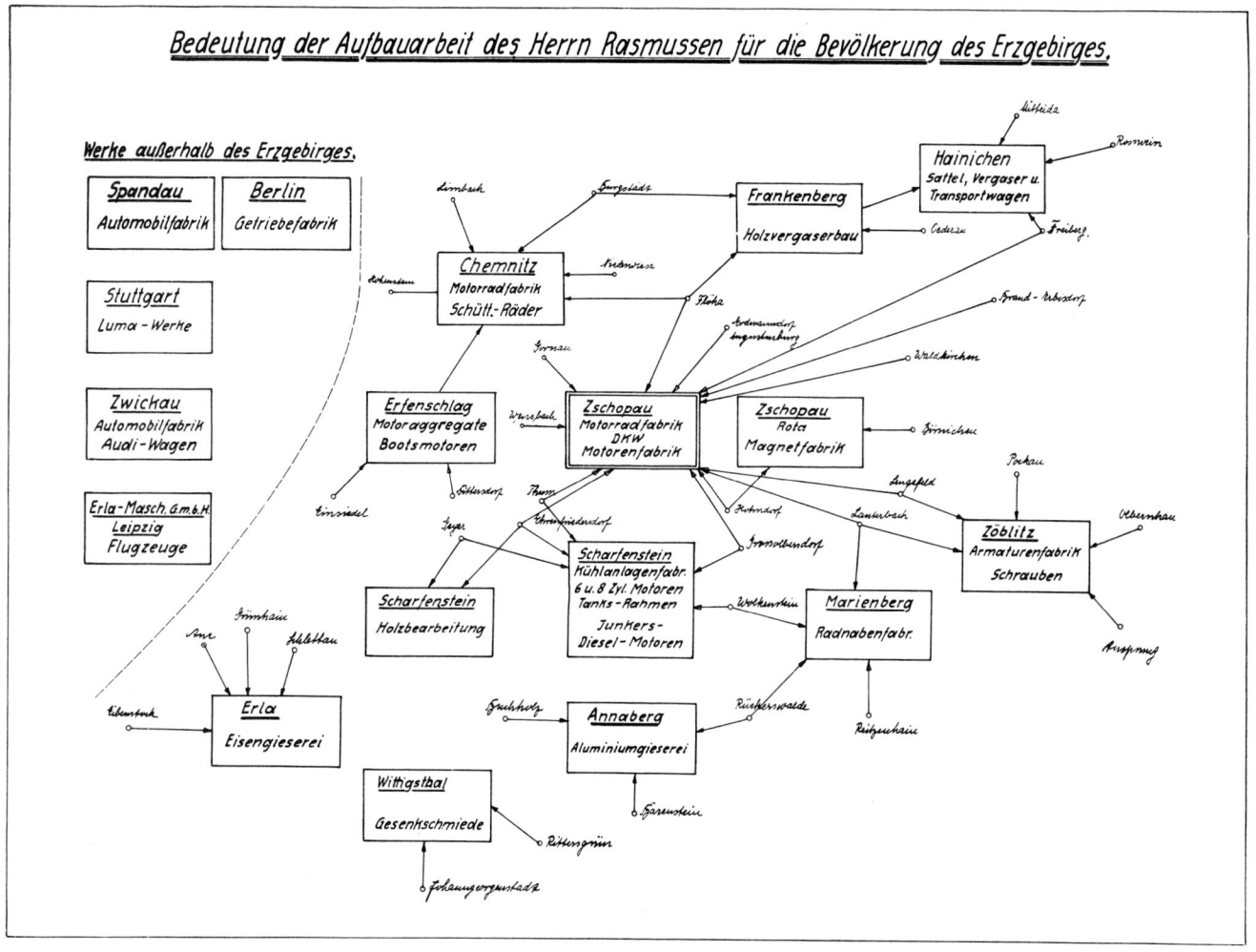

Bedeutung der Aufbauarbeit des Herrn Rasmussen für die Bevölkerung des Erzgebirges.

Das Schaubild zeigt das Einzugsgebiet des mittleren Erzgebirges mit den vielen Ortschaften, aus denen täglich die Arbeitnehmer in Rasmussens Werke kamen.

bisherigen Einkolbenmotors (wie sie die Doppelkolbenbauart darstellt) zu erfordern. Wieder war es Rasmussen selbst, der hier die Lösungsmöglichkeit für die entwicklungshemmenden Zweitakter-Probleme erkannte und der sich umgehend den Dr.-Ing. Venediger als Leiter der Entwicklungs- und Versuchsabteilung nach Zschopau holte. Und wiederum bedurfte es nur einer unglaublich kurzen Zeit, in der Dr. Venediger und die Zschopauer Motorenkonstrukteure unter Führung von Hermann Weber (nachdem ein entsprechender, ganz umfassender Lizenzvertrag für die Schnürle-Spülung, wie sie fortan hieß, abgeschlossen war) das gesamte Serien-Motorenprogramm von DKW auf Umkehrspülung und Flachkolben umstellten. Für die DKW-Rennmotoren freilich wurde die Doppelkolbenbauweise Zollers (der Zschopau verließ) beibehalten.

Rasmussen hat die Umkehrspülung so wenig »erfunden« wie den Zweitaktmotor an sich, wie den Frontantrieb und den Freilauf. Aber »gefunden« hat er sie – zur rechten Zeit dank seines intuitiven Gespürs und seiner Risikobereitschaft. Wie richtig seine Entscheidung hinsichtlich der Übernahme der Umkehrspülung war, bewies nicht nur die weitere Entwicklung der DKW-Motoren und ihr steigender Absatz gegenüber der Viertakt-Konkurrenz in späteren Jahren, nachdem die Wirtschaftskrise der ersten dreißiger Jahre überwunden war:

31

Links: Dr.-Ing. Adolf Schnürle, dessen von der AUTO UNION in Lizenz übernommene Umkehrspülungs-Patente die Basis für die Weiterentwicklung des DKW-Zweitakters und später, nach Erlöschen der Patente, der Zweitakter-Entwicklung überall in der Welt waren.
Rechts: Dr.-Ing. Herbert Venediger, der 1932 von Rasmussen als Entwicklungs- und Versuchsleiter nach Zschopau geholt wurde und der in kürzester Zeit in Zusammenarbeit mit Hermann Weber das gesamte DKW-Zweitaktprogramm (mit Ausnahme des Vierzylindermotors) auf Umkehrspülung umstellte. Seine speziellen Kenntnisse waren entscheidend für den Gewinn der Patentprozesse um die Umkehrspülung mit der Konkurrenz.

wo immer in der Welt schnellaufende Zweitaktmotoren insbesondere für Motorräder gebaut wurden, versuchte man, ebenfalls vom Nasenkolben weg und möglichst zum Flachkolben zu kommen. Sofern man nicht zur Doppelkolben-Bauart überging, denn die von Rasmussen erworbene Schnürle-Lizenz war so umfassend, daß es kaum Möglichkeiten gab, einen Flachkolben-Zweitakter zu bauen, dessen Spülverfahren nicht die Schnürle/DKW-Patente verletzte. So kam es zu jahrelangen Patentprozessen (im Zuge derer Dr. Venediger einen erheblichen Teil seiner Tätigkeit als prominentester Sachverständiger aufwenden mußte); und als nach dem zweiten Weltkrieg die Patente freiwurden, gab es weltweit keinen Hersteller von Fahrzeug-Zweitaktern mehr, der seine Motoren nicht mit Flachkolben und der – wenn auch teilweise modifizierten – Umkehrspülung baute.

Daß sich in dieser Zeit eines neuen technischen Erfolgs die gesamte deutsche Wirtschaft in einer schweren Krise befand, die auch bei DKW bzw. im Rasmussen-Konzern zu einer angespannten (wenn auch zu keinem Zeitpunkt wirklich gefährlichen) Finanzlage führte, wurde schon gesagt. Sechs Millionen Arbeitslose waren nur *ein* Kennzeichen einer Situation, die von Tag zu Tag bedrohlicher wurde, vor allem in der deutschen Kraftfahrzeugindustrie, wie die nachstehenden Zahlen belegen: Die gesamte deutsche Kraftfahrzeugindustrie (ohne Zulieferbetriebe) beschäftigte

1928	83751 Mitarbeiter
1929	80037 Miarbeiter
1932	34392 Mitarbeiter

Personenkraftwagen wurden produziert

1928	108029
1929	96161
1932	43430

Ein ähnliches Bild zeigt die Produktion von Motorrädern:

1928	160782
1929	195086
1932	36272

Der Materialverbrauch der Kfz-Industrie betrug

1928	624,4 Mio
1932	140,3 Mio

So wie es, aus den vorstehenden Zahlen ersichtlich, in der deutschen Kraftfahrzeug-Industrie (und analog in der gesamten Industrie) zu jener Zeit aussah, so auch in der sächsischen. AUDI hatte ja, dem Drängen der dort stark engagierten Sächsischen Staatsbank nachkommend, Rasmussen bereits 1928 übernommen, aber nun zeigte sich ein anderes sächsisches Automobilunternehmen, nämlich die HORCH-Werke in Zwickau, als so notleidend, daß das Ende nur noch eine Frage der Zeit war, nachdem die dort gebauten großvolumigen Luxuswagen von der Krise naturgemäß besonders hart betroffen waren. Die Sächsische Staatsbank aber, von einer Vielzahl von Konkursen im sächsischen Wirtschaftsraum schon stark gebeutelt, glaubte, einen Zusammenbruch von HORCH nicht mehr verkraften zu können. Und in den dann zu erwartenden Strudel wäre unvermeidbar – außer zahlreichen anderen sächsischen Unternehmen – auch Rasmussens Konzern, vor allem aber das DKW-Werk, hineingerissen worden.

DIE AUTO UNION ALS NOTGEMEINSCHAFT

Die Staatsbank trat deshalb an Rasmussen mit dem Ansinnen heran, die HORCH-Werke zu liquidieren, Dr. Bruhn sollte dabei mitwirken. Beiden aber erschien das im Hinblick auf Tausende verlorengehender Arbeitsplätze und die ohnehin schon schwierige innenpolitische Situation als eine unmögliche Lösung. Zusammen mit Dr. Bruhn entwickelte Rasmussen deshalb den Plan eines gemeinsamen Unternehmens, zu dem die

Zschopauer Motorenwerke AG,
AUDI-Werke AG, Zwickau,
HORCH-Werke AG, Zwickau

gehören sollten.
Zu dieser Firmen-Vereinigung, die dann bereits am 29. 6. 1932 mit Zustimmung der Staatsbank unter dem Namen AUTO UNION AG aus der Taufe gehoben wurde, kam durch Pacht und Kauf noch die Automobilabteilung der Chemnitzer WANDERER-Werke AG hinzu, um in dem neuen Unternehmen alle Pkw-Fabriken des Freistaates Sachsen zusammenzufassen. Aufnehmende Firma (und das eigentliche Rückgrat dieser Notgemeinschaft, die ohne die Teile des Rasmussen-Konzerns, die eingebracht wurden, gar nicht lebensfähig gewesen wäre) waren Rasmussens Zschopauer Motorenwerke mit dem Sitz in Zschopau, der nach der Vereinigung nach Chemnitz verlegt wurde.
Dem Vorstand der AUTO UNION gehörten bei der Gründung an:

Dr. Richard Bruhn für das kaufmännische und finanzpolitische Gebiet,
Ing. Jörgen Skafte Rasmussen für die technische Sparte,
Klaus Detlof v. Oertzen (vorher im Vorstand der WANDERER-Werke) für den Gesamtvertrieb, speziell des Viertakt-Programms,

stellvertretende Vorstandsmitglieder wurden:

Dr. Carl Hahn für den Vertrieb des Zweitakt-Programms,
Ing. William Werner (bis dato im Vorstand der HORCH-Werke).

Der Neugründung der AUTO UNION lag ein auf Zeit befristeter Plan zugrunde, der die Reprivatisierung der einzelnen Werke vorsah, sobald das eine bessere Wirtschaftslage gestatten würde.
Mit dem Regierungswechsel am 30. Januar 1933 änderten sich jedoch die Verhältnisse grundlegend. Für die Kraftfahrzeugindustrie – wie für die gesamte deutsche Wirtschaft – zum Positiven; nicht so für Rasmussen.
Die bei der Gründung der AUTO UNION mitwirkenden Herren der Staatsbank wurden ihrer Ämter enthoben, und Rasmussen konnte seine Ansprüche auf Reprivatisierung nicht durchsetzen – die wiedererstarkte, unter neuer Leitung stehende Staatsbank und die politische Wende verhinderten das. Aber auch in seiner Position als technisches Vorstandsmitglied der AUTO UNION AG fand er keinen Widerhall. Nicht zuletzt unter politischen Einflüssen (obwohl Rasmussen kein Gegner des neuen Regimes war) entstanden im Vorstand zunehmend Meinungsverschiedenheiten, die Rasmussen schließlich veranlaßten, sich durch den Aufsichtsrat im Jahr 1934 beurlauben zu lassen. Aus diesem Urlaub ist er nicht mehr in die AUTO UNION zurückgekehrt. Sein Dienstvertrag wurde vielmehr am 31. 12. 1934 ohne Begründung und ohne Einhaltung von Fristen gekündigt.

DKW OHNE RASMUSSEN

Ein daraufhin angestrengter Prozeß durfte vor einem ordentlichen Gericht nicht durchgeführt werden. Erst ein Schiedsgerichtsverfahren »auf allerhöchste Anweisung« endete 1938 wenigstens mit einem Vergleich, auf Grund dessen Rasmussen zwar eine Teilentschädigung, aber keine Genugtuung erhielt. Dafür wurde er im gleichen Jahr aus Anlaß seines 60. Geburtstags von der Technischen Hochschule Dresden mit der Würde eines Dr.-Ing. h. c. ausgezeichnet.
Nahezu bis zum Ende des zweiten Weltkriegs beschäftigte sich Rasmussen mit seinen drei Söhnen mit der der Familie verbliebenen, nicht in der AUTO UNION aufgegangenen Betrieben, insbesondere den Framo-Werken in Hainichen und dem Metallwerk Zöblitz. Schon 1938 war er nach Sacrow bei Berlin übersiedelt, wo er sich zusammen mit Ing. Petersen mit Neuentwicklungen beschäftigte (Petersen war unter Hermann Weber maßgeblich an der Weiterentwicklung der DKW-Rennmotoren beteiligt gewesen und hatte später bei Framo an der Entwicklung eines Zweitakt-Doppelkolbenmotors für einen Lieferwagen gearbeitet). Das Kriegsende erlebte Rasmussen in Flensburg – 1948 ging er in seine däni-

Prototyp des in Rasmussens Kopenhagener Konstruktionsbüro entwickelten dänischen DISA-Motorrades (das dann nicht zur Fertigung kam).

sche Heimat zurück. Dort war er noch einmal mit seinem jüngsten Sohn Arne – für die dänische Firma DISA – in Vorbereitung einer geplanten (aber nicht mehr realisierten) Motorradfertigung tätig.

Jörgen Skafte Rasmussen ist am 12. August 1964 in Kopenhagen verstorben. Er war dänischer Staatsbürger geblieben; aber seine ganze Lebensarbeit galt dem Aufbau eines vielschichtigen deutschen Industrieunternehmens, das mit seinem Kern, den Zschopauer Motorenwerken und den in diesen produzierten DKW-Motorrädern und -Automobilen, die Basis und weitgehend das finanzielle Rückgrat der AUTO UNION wurde (wenn auch vor dem Krieg die Sparte DKW im eigenen Haus gern als das »erzgebirgische Aschenputtel« betrachtet wurde – ohne das es aber auch keine Nachkriegs-AUTO UNION in Westdeutschland gegeben hätte!).

Aber nicht in der Schaffung dieses so wertvollen Fundaments allein lag das in die Zukunft reichende Verdienst Rasmussens: er und sein enthusiastischer Mitarbeiterstamm haben nicht nur ab 1928 bis zum zweiten Weltkrieg das Werk DKW zur größten Motorradfabrik der Welt gemacht – sie haben mit die Voraussetzungen dafür geschaffen, daß aus dem einst oft als »nicht vollwertig« deklassierten Zweitaktmotor ein Triebwerk wurde, ohne das weltweit nicht nur die Motorrad-Technik heute nicht mehr denkbar wäre.

Jörgen Skafte Rasmussen, achtzigjährig – noch immer voller Ideen und am technischen Geschehen der Zeit interessiert.

34

Vom DKW-Fahrradhilfsmotor zur größten Motorradfabrik der Welt

Die Typenübersicht der in Zschopau gefertigten Motorradmodelle läßt sich grob in drei Epochen unterteilen. Die erste, 1921 mit dem Fahrradhilfsmotor beginnend, reichte über die rollerähnlichen Experimente »Golem« und »Lomos« zum ersten Leichtkraftrad, dem Reichsfahrt-Modell (das noch immer die Herkunft vom »Hilfsmotor« nicht verleugnen konnte, aber ungeachtet dessen ein großer Verkaufserfolg wurde). Dann die ersten »richtigen« Motorräder, mit Einzylindermotoren und Zweiganggetriebe im Kurbelgehäuseraum oder mit getrenntem Dreiganggetriebe, mit oder ohne Schwungradgebläse, dazu Zweizylindermodelle, luft- und wassergekühlt, und mit diesen auch die ersten (auch als Einzylindermodelle gebauten) echten Dreigang-Blockmotoren. In dieser Epoche erfolgte der Übergang vom Riemen- zum Kettenantrieb, von der Hochdruck- zur »Ballon«-Bereifung, vom Rohr- zum Stahlblechprofil-Rahmen und vom Einsteck- zum Satteltank. Alle Motoren hatten Mischungsschmierung (mit unterschiedlichen, konstruktionsbedingten Mischungsverhältnissen), hatten schon sehr bald Luftfilter, wurden teils mit Schwungradmagnet-, teils mit Batterie/Spulenzündung und DKW-Gleichstrom-Lichtmaschine geliefert – und alle Motoren dieser Epoche hatten Querstromspülung und Nasenkolben. Beim letzten Einzylindermodell (Block 350) wurde der Einlaß nicht, wie bei allen vorhergehenden (und

nachfolgenden) durch die Kolbenunterkante gesteuert, sondern mittels Membranventil.

Die zweite Epoche begann mit der Einführung der Umkehrspülung 1932. Das erste mit dieser ausgeführte Modell war die Block 350, die anderen – mit 100 (RT), 200 (KS und SB) sowie 250, 350 und 500 cm^3 (SB) – folgten unmittelbar anschließend. 1935/36 wurden die (außer bei den RT-Modellen verwendeten) Stahlblechprofil-Rahmen in verlängerter Ausführung und mit längeren, formschöneren Tanks geliefert, einige Jahre gab es SB 200 A und 500 A mit elektrischem Anlasser (DKW-Dynastart). Fußschaltung gab es serienmäßig noch nicht, wohl aber bei einigen Modellen nachträglich »angeflickt« (mit sehr langen Schaltwegen).

Die dritte und letzte Zschopauer Modell-Epoche war die der (unter dem Einfluß von Richard Küchen entstandenen) NZ-Reihe, die 1939, kurz bevor bei Kriegsbeginn das Zweizylindermodell NZ 500 in Serie ging, noch durch das ganz neu konzipierte Erfolgsmodell RT 125 ergänzt wurde. Alle Maschinen dieser Epoche hatten Ketten-Primärtrieb, die NZ-Modelle Viergang-Fußschaltung mit der Tank-Handschaltung gekoppelt, NZ 500 als erstes DKW-Serienmodell (außer Lomos) Hinterradfederung. Die wichtigsten technischen Einzelheiten sind bei den nachfolgenden Bildern aus den Jahren 1921–1945 aufgeführt.

Mit dem 118 cm³ (50 × 60 mm B/H)-
1 PS-Fahrrad-Hilfsmotor begann
1921 die Serienfertigung motorisierter
Zweiräder im DKW-Werk Zschopau.
Der Motor, mit liegendem, fahrtwind-
gekühltem Zylinder, zunächst
schwimmerlosem, dann Schwimmer-
Vergaser, Schwungradmagnetzünder
mit außenliegendem Unterbrecher
und 1:3-Untersetzung im Kurbelgehäuse (deshalb Mischungsschmierung 1:10), wurde zum Aufbau über
dem Hinterrad sowohl an private
Käufer wie an Konfektionäre geliefert,
bald allerdings nur für verstärkte
Spezialrahmen mit Vorderrad-Feder-
gabel. Keine Kupplung, Keilriemenan-
trieb auf die Riemenfelge am Hinterrad.

1921 entstand der Golem, ein »Ses-
selkraftrad«, rollerähnlich mit beque-
mem Sitz, gefederter Vorderradgabel
und kleinen Rädern, ebenfalls mit
dem Fahrrad-Motor, jedoch mit Ko-
nuskupplung und Kettenantrieb zum
Hinterrad.

Wahrscheinlich waren es die unbe-
friedigenden Fahreigenschaften des
Golem (an die sich Zeitgenossen
erinnern), die schon im nächsten
Jahr zur Entwicklung des Lomos-
Sesselkraftrades führten. Hier wurde
bereits der auf 142 cm³ (55 × 60 mm
B/H) vergrößerte, mit Gebläse ausgerüstete 1,5 PS-Motor direkt unter
dem Sesselsitz (der in der Lehne
den Kraftstofftank enthielt) eingebaut.
Antrieb des (größeren) Hinterrades
über Keilriemen und eine handver-
stellbare Anfahrkupplung (»Lomos-
Kupplung«). Auch das Hinterrad
war abgefedert (Schwinge mit gekapselten Druckfedern), den Rahmen
mit den vorn als Schmutzschutz
hochgezogenen Fußauflagen gab
es in drei Ausführungen: als doppelt
geführten Rohrrahmen, als blechge-
schweißten Kastenrahmen und –
erstaunlich – in Elektronguß.

DKW-Reichsfahrtmodell mit ins Rahmendreieck des Spezialfahrwerks gerücktem 142-cm³-1,5-PS-Motor. Auf Wunsch mit Lomos-Kupplung (1922/23).

Die »Lomos-Kupplung« bestand aus zwei gegeneinander verschiebbaren Riemenscheibenhälften, die soweit voneinander entfernt werden konnten, daß der Keilriemen bei laufendem Motor auf der mit der Kurbelwelle rotierenden Riemenscheibennabe aufliegen konnte, so daß keine Kraftübertragung zum Hinterrad stattfand. Wurden dann die beiden Riemenscheibenhälften durch Betätigen eines Hebels bzw. eines Steilgewindestücks (im Bild zu erkennen) einander genähert, so wurde der Riemen, zunächst mit Schlupf, mitgenommen – es wurde eingekuppelt. Angeblich sollte diese Kupplung mit ihrem veränderlichen Riemenscheibendurchmesser auch als »Drehmomentwandler«, also Getriebe, dienen – aber diese Funktion war natürlich, weil ja keine synchron verstellbare Gegenscheibe vorhanden war, problematisch. Immerhin aber war die Lomos-Kupplung die Vorläuferin späterer Riemengetriebe (wie sie u. a. im DKW-Hobby-Roller der Nachkriegsperiode zu finden waren). Vorn trug die Abdeck-Glocke einen Ratschenmechanismus zum Einstecken einer Andrehkurbel!

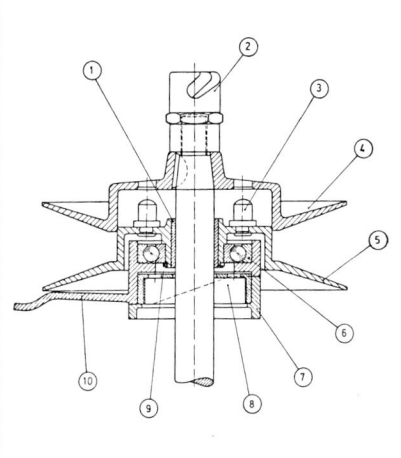

Links außen: Der Eingangmotor mit Kühlgebläse, wie er im Reichsfahrtmodell verwendet wurde, fand sich 1924 im DKW-Leichtkraftrad ZL, jedoch stehend eingebaut und serienmäßig mit der Lomos-Kupplung geliefert, wieder (das Bild wurde von einem noch unrestaurierten Oldtimer aufgenommen – man erkennt das Betätigungsgestänge für den Kupplungshebel).

Daneben: Die »Lomos-Kupplung« in Schnittzeichnung.

1 = Lagerbuchse, 2 = Anwerfkurbel-Ratsche, 3 = Mitnehmerbolzen, 4 = feste Riemenscheibenhälfte, 5 = axial verschiebbare Riemenscheibenhälfte, 6 = Druckstück, 7 = Lagerflansch, 8 = Verschiebestück, 9 = Druckleger, 10 = Betätigungshebel.

1924/25 wurde auch das DKW-Modell ZM gebaut. Im Rohrrahmen des Modells ZL saß nun ein neu konzipierter 175-cm^3-Motor (59 × 64 mm B/H) mit 2,5 PS bei 3000 U/min. Der stehende Zylinder wurde mit dem schon bekannten Schwungradgebläse gekühlt. Im Kurbelgehäuseraum (deshalb auch wieder Mischung 1:10!) war nun ein handgeschaltetes Zweiganggetriebe untergebracht, und auf der Abtriebswelle saß eine Korkscheibenkupplung. Außerdem hatte dieser Motor auch einen Kickstarter mit außenliegendem Ratschenmechanismus. Beachtenswert die langen Trittbretter.

Parallel zum Rohrrahmenmodell ZM wurde 1924/25 auch das »Stahlmodell« (SM) gebaut, bei dem der vordere Rahmenprofilträger gleichzeitig als Auspufftopf diente. Das Triebwerk glich dem des ZM-Modells. Dessen Blech-Trittbretter wurden jedoch hier durch auch dem Beifahrer als Fußauflage dienende Aluminium-Fußbretter abgelöst.

1926/27 erschien das Modell E 206 mit 64 mm Bohrung und Hub (206 cm^3), das den nunmehr 4 PS leistenden Zweigangmotor in einem neuen, in Form und Fahreigenschaften wesentlich verbesserten Rohrfahrwerk enthielt (Kickstarter nur auf Wunsch!). Dieses auch als LM bekannte Modell war die Basis zum →

Modell E 200 (LM 200), das – mit 4, später 4,5 PS bei 3500 bzw. 4000 U/min und ballonbereift – zum nächsten großen Verkaufsschlager von DKW wurde. Es glich im wesentlichen dem LM 206 – bis auf die um 1 mm geringere Bohrung, die die Maschine in den Genuß der Steuerfreiheit brachte. Ab 1. April 1928 nämlich trat eine neue gesetzliche Regelung in Kraft, die alle Motorräder bis 200 cm^3 steuerfrei machte. Und da die Zschopauer rechtzeitig von dieser wichtigen Gesetzesänderung erfahren hatten, konnten ausreichende Mengen von Zylindern und Kolben für die 63er-Ausführung vorbereitet werden, so daß DKW als einzige Zweiradfirma mit dem Tag des Inkrafttretens der neuen fiskalischen Bewertung lieferfähig war!

1927 brachte DKW das erste Modell (Z 500) mit luftgekühltem Zweizylindermotor mit 497 cm^3 (68 × 68 mm B/H) und getrenntem Dreiganggetriebe auf den Markt, dessen Leistung 12 PS bei 4000 U/min betrug. Nur wohl nicht lange, denn trotz der als Windleitbleche dienenden Schmutzschutzschilde bekam man in Zschopau die thermischen Schwierigkeiten (an der auch eine Zusatz-Handölung nichts änderte) nicht in den Griff. So folgte der luftgekühlten Ausführung . . .

. . . noch im gleichen Jahr im nahezu gleichen Rohrrahmenfahrwerk (das reichlich lang war) eine wassergekühlte Version, ebenfalls mit getrenntem Getriebe und zwei klobigen Balkonkühlern am vorderen Rahmenrohr. Werksseitig angegebene Leistung 15 PS bei 4000 U/min.

1928/29 kamen wieder zwei neue Modelle heraus – E 250 und E 300 – als »Sport 250« bzw. »Sport 300« angeboten. Beide hatten stehende, gebläsegekühlte Einzylindermotoren mit 245 cm³, (68 × 68 mm) bzw. 300 cm³, (74 × 68 mm) Leistung 5 bzw. 8 PS bei 3500 U/min, die mit dem lange Jahre von DKW verwendeten, bei Framo hergestellten E-Vergaser ausgerüstet waren. Dieser Vergaser, ein Nadeldüsenvergaser mit konzentrisch zur Mischkammer liegender Schwimmerkammer, hatte zwei Betätigungs-Bowdenzüge: einen für den Gasschieber, den anderen zur Veränderung der Düsennadelstellung. Beide Modelle hatten Rohrrahmen, Dreiganggetriebe mit Kickstarter und Kette/Kette-Kraftübertragung zum Hinterrad.

Erstmals erhielten die 1929/30 angebotenen DKW-Modelle ZE 200 (198 cm³ mit 4 PS und ZE Luxus mit ebenfalls 198 cm³, aber 4,5 PS Leistung, jeweils schon bei 3000 U/min) statt des Rohrfahrwerks einen Rahmen samt Vordergabel aus Stahlblech-Profilen, die dann bis 1936 das Bild der DKW-Motorräder beherrschten. Als Motor fand der gebläsegekühlte, allerdings in der Leistung gesteigerte Zweigangmotor der früheren Modelle Verwendung, der Hinterradantrieb erfolgte mit Riemen (beim stärkeren Modell mit Kette). Mit der E 200 kam auch der Satteltank zum Einbau. Entgegen sonstigen Gepflogenheiten war er bei der 200er feuerrot, was diesem Modell den Spitznamen »Blutblase« eintrug.

Waren schon die vorhergehenden ZE-Modelle deutlich mit Blick auf die Wirtschaftslage bzw. die verringerte Kaufkraft in Deutschland entstanden, so waren es erst recht die beiden 1930 bzw. 31 angebotenen nächsten: ZIS und »Volksrad«. Hier handelte es sich um nahezu die gleichen Fahrgestelle und auch den gleichen Motor wie bei E 200, aber in den Details »abgespeckt« und ohne Gebläse (allein schon die direkt betätigte Riemenscheiben-Klotzbremse am Hinterrad zeigt, was sich die Konstrukteure einfallen lassen mußten). Aber während das ZIS-Modell immerhin noch Zweiganggetriebe mit Kupplung und Kickstarter aufwies, mußte der Käufer eines »Volksrades« auch noch auf den Kickstarter verzichten und sich mit einem Gang begnügen.

Offenbar sprachen die Billig-Modelle aber doch nicht recht an, denn schon 1931 erschienen auch zwei neue Dreigang-Modelle aus Zschopau: Ende 1930 bereits die »Luxus Spezial 200« mit 192 cm³ und 4,5 PS bei 3500 U/min, Framo E-Vergaser und Schwungradzündung ohne Ventilator sowie getrenntem Dreiganggetriebe mit Kickstarter, Kettenantrieb zum Hinterrad und Armaturenlenker.

Modell Luxus 300, vom kleineren in der Hauptsache durch den im Aufbau gleichen, jedoch aus 292 cm³ 8 PS bei 4000 U/min leistenden Motor unterschieden.

1931 hatte man sich offenbar entschlossen, nicht vorrangig mit dem Preis, sondern mit der höheren technischen Qualität die Kunden anzusprechen. Denn nun kamen mit den »Block«-Modellen Motorräder, mit deren Optik sich schon Staat machen ließ. Als kleinste die Block 200 mit seitlich angesetztem Vergaser am schräg nach vorn geneigten Zylinder, mit Batterie/Spulen-Zündung, Zahnradprimärantrieb, Dreiganggetriebe und Kickstarter in kompaktem Leichtmetallblock – alles im Stahlpreß-Fahrwerk mit Stahlblech-Armaturenlenker.

41

Während die Block 200 immerhin
6,5 PS bei 4000 U/min brachte, leistete der im Aufbau ganz ähnliche
Motor der Block 300 (die ebenfalls
schon 1931 auf den Markt kam) 8,5
PS bei 3500 U/min – wegen der größeren Zylinderbreite hatte man den
Vergaser hier an einem Schwanenhals
hinter den Zylinder gelegt.

Ebenfalls 1931 noch erschien schließlich die Block 350, an der äußerlich
kaum Unterschiede zur 300er festzustellen waren. Aber aus ihren 342
cm^3 (76 × 76 mm B/H) wurden 11
PS geholt. Auffallend für einen, der
genauer hinschaute, war freilich
die Lage des Vergasers: der hatte
nämlich seinen Platz am (recht großen) Überströmdeckel. Und unter
dem saß auch das Geheimnis dieses
Motors: bei ihm steuerte nicht die
Kolbenunterkante den Einlaß, sondern
eine Membrananordnung, die für
den guten Durchzug dieses schon
recht bulligen Motors verantwortlich
zeichnete. Im übrigen hatten die
300er- und 350er- Block-Maschinen
Kugelschaltung!

1931 nahm man in Zschopau dann auch die Zweizylindermaschinen wieder ins Programm und bot hier ebenfalls Blockmotoren mit Dreiganggetriebe und Zahnrad-Primärantrieb an: mit 14 PS die 500er luftgekühlte Version (Luxus Sport 500), die zwar einen Schwungradzünder auf der rechten, dazu aber noch einen Gleichstrom-Dynamo auf der linken Motorseite aufzuweisen hatte. Auch die 1931er Zweizylindermodelle hatten Kugelschaltung.

1931 wurde im übrigen das DKW-Programm der großen Ein- und Zweizylindermaschinen auch noch durch zwei kleinere Einzylinder (noch immer mit Nasenkolbenmotoren) ergänzt: da gab es sowohl als 125er wie als 175er leichte, preisgünstige Rohrrahmenmaschinen mit gefälliger Optik die KM 125 (50 × 60 mm B/H) brachte 3 PS und hatte die alte Zweiganggetriebe-Konzeption (weshalb sie, wie die größere Version, auch mit 1:12-Mischung betrieben werden mußte). Aber sie hatte keinen Kickstarter, mußte also angeschoben werden. Ihre größere Schwester (die im Bild gezeigt ist) leistete aus ihrem 174,8-cm^3-Motor (59 × 64 mm B/H) 4 PS.

Das Modell TM 200 (hier von Ing. Michael Heise originalgetreu restauriert) wurde 1932 in nur geringer Stückzahl gebaut. Es war die letzte Serien-DKW mit vom Motor getrenntem Getriebe, aber die erste mit Batteriezündung (»Luma«) und Doppelport-Auspuffanlage.

43

Aber der DKW-Interessent konnte
auch wieder Wasserkühlung haben
(wie er sie von den DKW-Rennmaschinen gewohnt war): das Modell
»Sport 500« leistete aus dem 500
cm³-Twin 18 PS, die beiden Einzel-
kühler des ursprünglichen Modells
waren einem viel eleganteren gemeinsamen »Balkonkühler« gewichen
– und das dreigängige Triebwerk
saß in einem zweidimensionalen
Rohrrahmen.

Wem die 18 PS der Fünfhunderter
noch nicht genügten, der konnte
die wassergekühlte als »Super Sport
600« auch mit 600 cm³ (74 × 68 mm
B/H) und 20 PS haben, wie sie das
Bild zeigt.

Und für die (zu jener Zeit noch sehr
zahlreichen) Freunde des Gespann-
fahrens, für das die 600er DKW bestens geeignet war, gab es ein solches Gespann auch gleich fix und
fertig beim DKW-Händler.

44

Ab diesem Modell (RT $2\frac{1}{2}$ PS) wurden alle folgenden mit Umkehrspülung gebaut, die RT in mehreren Entwicklungsstufen, aber alle mit Schwungradmagnetzündung, Dreiganggetriebe und Rohrrahmen, 50-mm-Bohrung und Hub, 98 cm³. (Die $2\frac{1}{2}$-PS-Version war zu erkennen am Schalthebel direkt auf dem Getriebe und Schraubenfeder an der Vordergabel). Baujahr 1934.

Ab 1937 RT 3 PS (RT 100) mit leistungsgesteigertem, aber grundsätzlich unverändertem Motor und Getriebe. Vordergabel jetzt mit Neimann-Gummifederung, Handschalthebel in Kulisse am Tank.

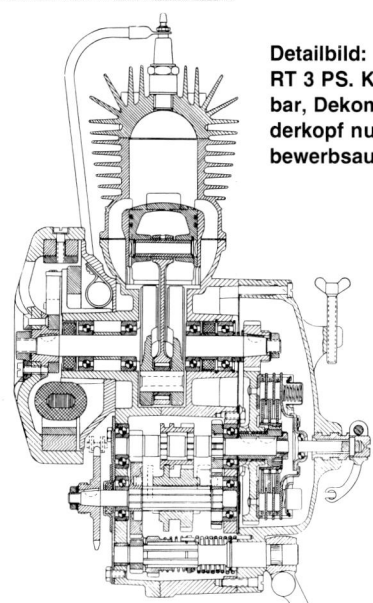

Detailbild: Motor/Getriebeblock der RT 3 PS. Kickstarter nicht umklappbar, Dekompressionsventil im Zylinderkopf nur bei Behörden- und Wettbewerbsausführung.

Schnittdarstellung des Triebwerksblocks der RT 3 PS.

45

KM 200 – Baujahr 1934. 63 × 64 mm B/H, 198 cm³, 6 PS bei 3500 U/min. Schwungradmagnetzündung, Stab-Trockenbatterie für Standlicht. Preßstahlrahmen. Einport-Zylinder.

KM 200 – Baujahr 1934, 7 PS-Doppelportmotor mit Batterie/Spulenzündung. Handgeschaltetes Dreiganggetriebe, Preßstahlrahmen, kurzer Tank.

KM 200 Baujahr 1935, 7 PS-Doppelportmotor mit Dreiganggetriebe, aber im verlängerten Preßstahlrahmen und mit längerem Tank (wie SB).

46

Motor/Getriebeblock der KS 200 7 PS . 1937. Kurbelwelle im Gegensatz zu den SB-Modellen ohne Antriebsstoßdämpfer, deshalb Gehäusedeckel linksseitig ohne Kappe vorn für Stoßdämpfer. Kickstarter nicht klappbar.

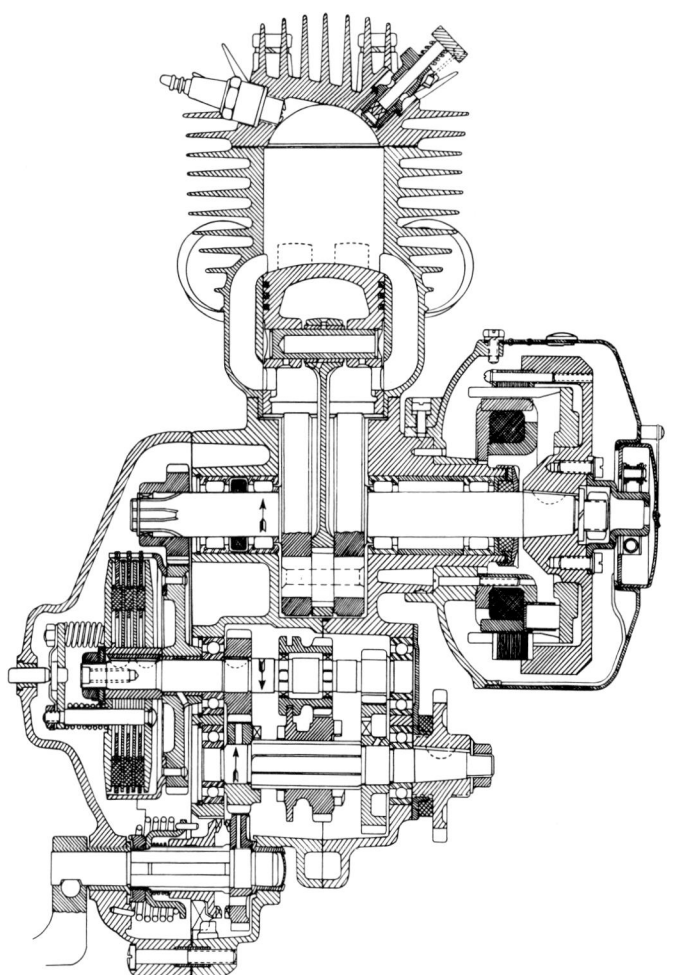

Schnittdarstellung des Triebwerkblocks KS 200. Anders als die SB 200 (60 × 68 mm B/H) hatten alle KM- und KS-Modelle 63 mm Bohrung und 64 mm Hub = 198 cm³. Bis zum Übergang auf Batteriezündung hatte die KM 200 Schwungradmagnet-Zündung.

47

SB 200 Baujahr 1934, 7 PS-Motor (60 × 68 mm B/H, 192 cm³) noch im kurzen Preßstahlrahmen mit kurzem Tank.

SB 200 Baujahr 1934 von der Antriebsseite. Am Getriebedeckel, unter dem sich der Zahnrad-Primärantrieb (mit Antriebsstoßdämpfer) und die Mehrplattenkupplung befinden, vorn Kappe für Stoßdämpfer. Kickstarter klappbar. Zündspule wie bei allen Modellen der KS/SB-Reihe im »Spulenkasten« am Batterieträger – zusammen mit Zünd/Lichtschalter und Regler/Schalter-Kombination der Gleichstrom-Lichtmaschine (linksseitig).

Motor/Getriebeblock der SB 250, Baujahr 1933 (68 × 68 mm B/H, 247 cm³, 9 PS bei 3500 U/min). Kombinierte Fuß/Handschaltung. Auf der Lichtmaschinenkappe Zündeinstellfenster.

SB 350 Baujahr 1934. Gesamtaufbau wie SB 200/250, aber 76 × 76 mm B/H, 342 cm³, 11 PS bei 3500 U/min. Kurzer Preßstahlrahmen und Tank.

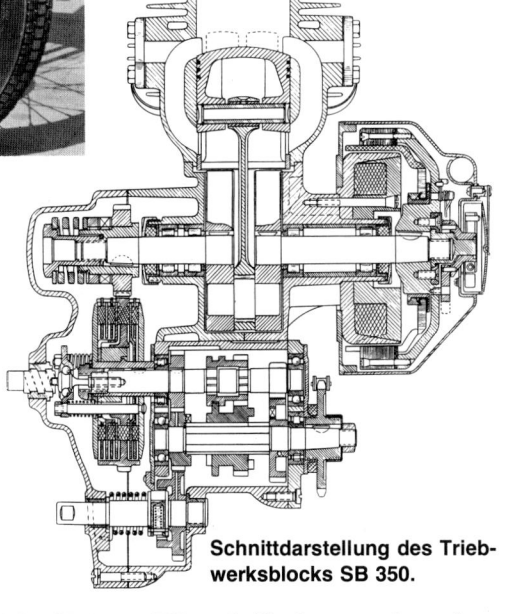

Schnittdarstellung des Triebwerksblocks SB 350.

Detailbild: Bei der SB 350 auf Wunsch (für Sportzwecke und Behörden) kombinierte Fuß/Handschaltung – ungünstig mit Fußbremshebel auf der gleichen Seite.

SB 350 Baujahr 1936 – gleiche Daten wie Vorgängermodell, jedoch mit langem Rahmen und größerem, schlankem Tank.

SB 500 mit elektrischem Anlasser
(Dynastart) und Doppelscheinwerfer
als »Luxus«. 15 PS-Zweizylinder
494 cm^3, 68 × 68 mm B/H, Dreiganggetriebe im Block. Baujahr 1935
– noch im kurzen Rahmen mit kurzem
Tank.

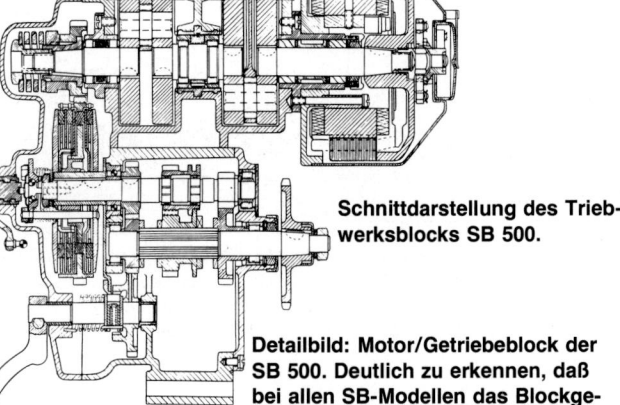

Schnittdarstellung des Triebwerksblocks SB 500.

Detailbild: Motor/Getriebeblock der
SB 500. Deutlich zu erkennen, daß
bei allen SB-Modellen das Blockge-
triebegehäuse an das Motorgehäuse
angeflanscht war. Ausbuchtung
an der Lichtmaschinenkappe wegen
zweitem Kondensator.

SB 500 (mit Elektrostarter und Doppelscheinwerfer, Bezeichnung SB
500 A). Technische Daten wie SB
500, jedoch mit langem Rahmen
und entsprechendem Tank. Baujahr
1936.

Hermann Webers Meisterstück: die DKW RT 125, die 1939 in Serie ging, dann, weil die Wehrmacht sie nicht haben wollte, jahrelang nicht gebaut wurde – bis man drauf kam, daß mit einem solchen leichten und lebendigen Fahrzeug auch ein Landser besser umgehen könne als mit einem Mehrzentnerbrocken, wie es die zunächst favorisierte NZ 350 war. Dann konnten nicht genug hergebracht werden – überall brauchte man sie plötzlich, und man hatte die phantastischsten Pläne, was man mit dem kleinen Ding noch alles anstellen könnte. Das Kriegsende beendete auch alle diese Überlegungen. Aber nach dem Krieg ging's dann erst richtig los – die RT 125 war das in aller Welt meist-nachgebaute Motorrad aller Zeiten.

Allein schon die Linienführung von Zylinder und Gehäuse war einmalig gelungen, und das zierliche Rohr-Fahrgestell paßte genau dazu.

Diese beiden Bilder zeigen an einem Schnittmodell die interessanten Innereien des 125 cm³-Triebwerksblocks: die unverhältnis-mäßig großen Innenschwungmassen, den Primärantrieb (statt Stirnzahnrädern nun wieder endlose Hülsenkette), die Mehrschei-benkupplung mit korkbelegten Lamellen, das Dreiganggetriebe mit der originellen Fußschaltung (die nicht im Konstruktionsbüro entstand, sondern von einem der Meister im Versuch stammte) – und die zierliche kleine Lichtmaschine mit Unterbrecher und Kondensator unter der Abdeckkappe. Sicher – heute wird mancher über die geringe Rippengröße, über den winzigen Ansaug-querschnitt und die mickrigen Spülkanäle ebenso lächeln wie über die bei heutigen Literleistungen nicht mehr tragbare Kette im Primärbereich – aber damals, 1939, war's ein überall anerkanntes Meisterstück.

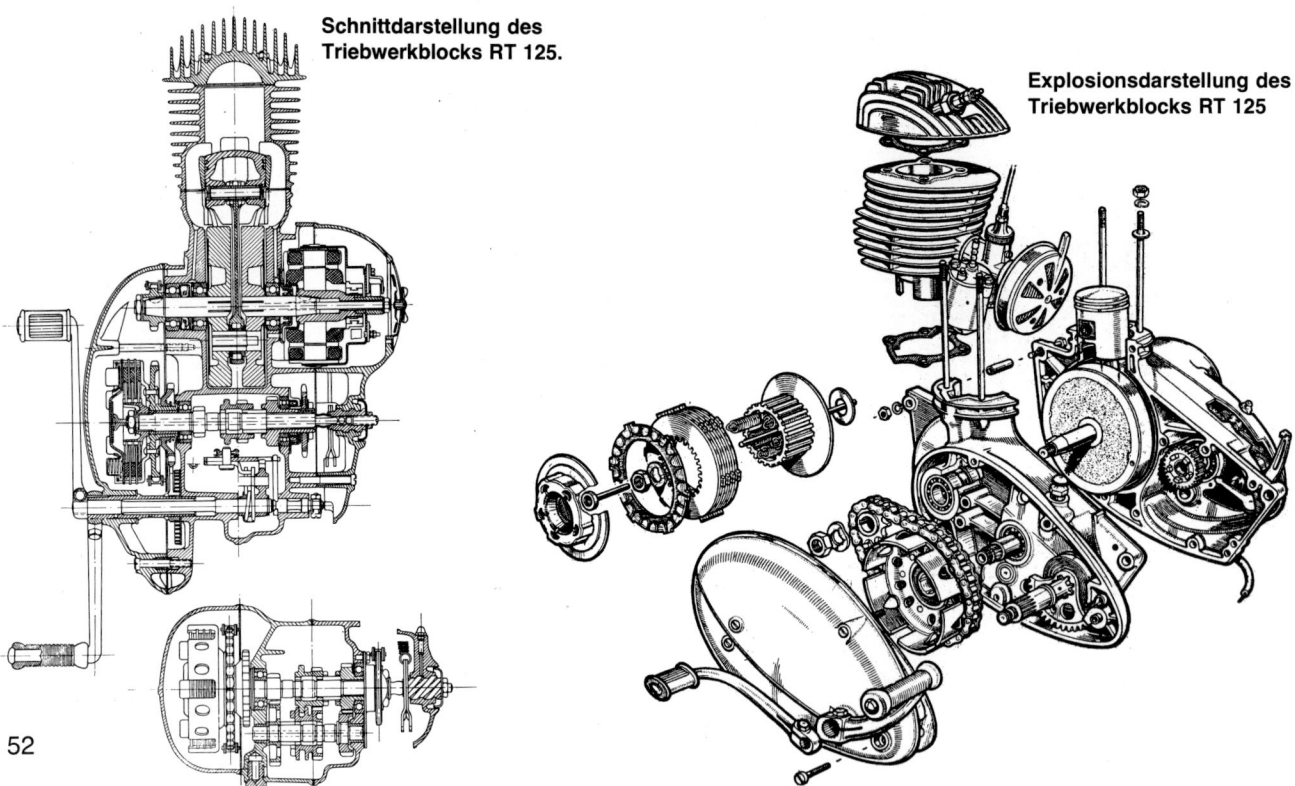

Schnittdarstellung des Triebwerkblocks RT 125.

Explosionsdarstellung des Triebwerkblocks RT 125

Die 1936/37 herausgebrachte NZ 250 – die NZ-Modelle lösten die SB-Reihe ebenso ab wie die RT 125 die RT 100. Die typische Gehäuseform (und manches andere an diesen Maschinen) ging noch auf Arbeiten Richard Küchens zurück. Auch die NZ-Motoren, die als erste Serienmodelle von DKW Vierganggetriebe hatten, arbeiteten, weil laufruhiger als die bisherigen Stirnzahnräder, mit Kette im Primärtrieb. Die Motoren (NZ 250 mit 68 × 68 mm und 247 cm³, aus denen 9 PS bei 4500 U/min resultierten) waren keine hochgezüchteten Sportmotoren – es waren ganz einfach kultivierte Motoren für Gebrauchsmaschinen, die Freude am Fahren vermittelten. Der eigentliche Clou steckte auch gar nicht im Triebwerk – es war vielmehr der aus zwei spiegelbildlichen Hälften stumpf zusammengeschweißte zweidimensionale Mittelrahmen, der einen absolut verdrehbaren Kastenrahmen als Mittelstück bildete. Schwierig war bei der Fertigung lediglich die Tatsache, daß nur nach Mitternacht geschweißt werden konnte – weil der Energiebedarf so groß war, daß erst die letzten braven Zschopauer daheim ihre Lichter gelöscht haben mußten, damit das Eltwerk nicht durch Überlastung zusammenbrach!

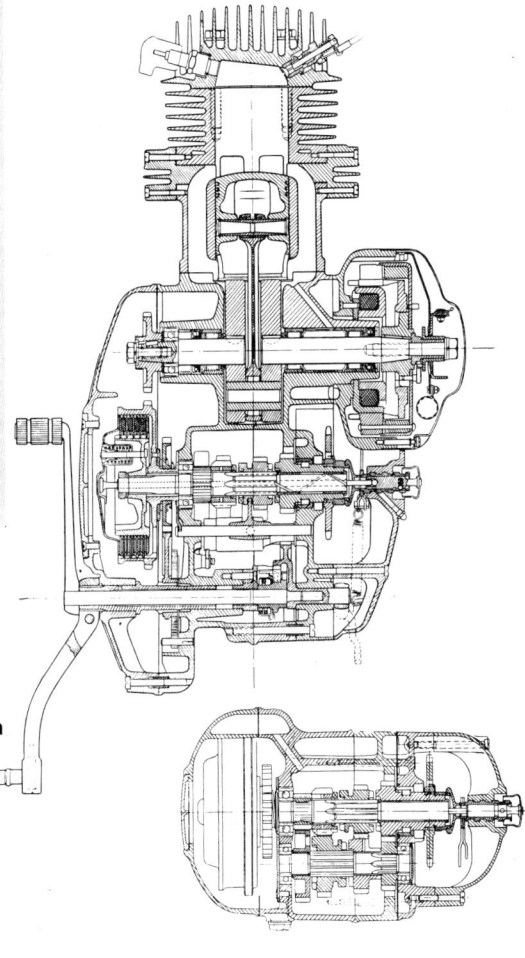

Schnittdarstellung des Triebwerkblocks der NZ-Einzylindermodelle.

Äußerlich glich die NZ 350 der kleineren Schwester fast völlig. Aber mit 343 cm³, die aus 72 × 85 mm B/H resultierten, brachte der Motor bei 4000 U/min 11,5 PS.

Der formschöne Triebwerksblock der NZ 350. Während des Krieges wurde das Gehäuse der NZ 350 auf Grauguß umgestellt, die Deckel der Überströmkanäle konnten wegfallen, weil man die Steuerschlitze erstmals durch Genauguß nicht mehr nacharbeiten mußte!

Unten links: Bei den NZ-Modellen war der Zünd- und Lichtschalter aus dem (nach wie vor vorhandenen) Spulenkasten in den Tank gewandert. Die (für damalige Ansprüche langhubige) Trapez-Vordergabel trug – mit 120 mm Vorderradnachlauf – nicht unerheblich zur guten Straßenlage der NZ bei. Die Handschaltung am Tank war mit der Fußschaltung gekoppelt. – Rechts: Auf Sitzform und Abfederung des Sattels war viel Mühe verwendet worden. Kurz vor der Kaiserdamm-Ausstellung, auf der die NZ-Modelle zum ersten Mal gezeigt werden sollten, wurde die Verwendung von Chrom für die Tankseiten verboten. Quasi über Nacht wurde auf Leichtmetall umgestellt: das wurde mit einem besonderen Verfahren aufgespritzt und dann hochglanzpoliert. Es sah beinahe so gut aus wie der Chrom – und bewährte sich auch in der Praxis des Fahrbetriebs. – Darunter: Die konzentrische Lage von Fußschalt- und Kickstarterwelle war der AUTO UNION geschützt – niemand konnte während der Laufzeit des Schutzes diese elegante Anordnung nachbauen.

Das letzte Flaggschiff der Zschopauer DKW-Motorrad-Flotte: die zweizylindrige NZ 500, die praktisch nicht mehr zur Auslieferung in Deutschland kam (die aber mit 1500 Stück die Madrider Straßenpolizei nach heftigem Konkurrenzkampf mit Moto Guzzi und Harley erhielt). Bei 64 × 76 mm Bohrung/Hub leistete der 489-cm³-Motor 18,5 PS. Und – zum ersten Mal serienmäßig bei DKW (sieht man vom guten alten Lomos ab) – Hinterradfederung mit Langschwinge (aus geschlossenen Preßstahlprofilen) und Teleskopzylinder, ähnlich der bei den Rennmaschinen bewährten Bauart. Mit den Handgriffen von Solo- auf Soziusbelastung umzustellen.

Die NZ 500 von der Seite des Primärantriebs.

Schnittdarstellung des Triebwerkblocks NZ 500.

Als Konkurrenz zur kurz vor dem Krieg von Fichtel & Sachs herausgebrachten »Saxonette« (einem Hinterradnaben-Motor) wurde während des Krieges bei DKW diese »Hummel« entwickelt, 32 cm³ mit ca. 1,5 PS – sie sollte in jedes Fahrrad einfach durch Auswechseln des Hinterrades einzubauen sein (der alte Traum vom »motorisierten Fahrrad«). Diese Hummel sollte nach dem Krieg mit mehreren tausend Stück pro Tag in einem neu zu errichtenden Werk in Chemnitz gebaut werden. Stattdessen gelangten die Zeichnungen nach Kriegsende nach England, wo die Hummel als »Cyclemaster« gebaut wurde – später von Rabeneick in Lizenz. Erhalten blieb nur der Name: im DKW-Moped aus Ingolstadt (s. Seite 203).

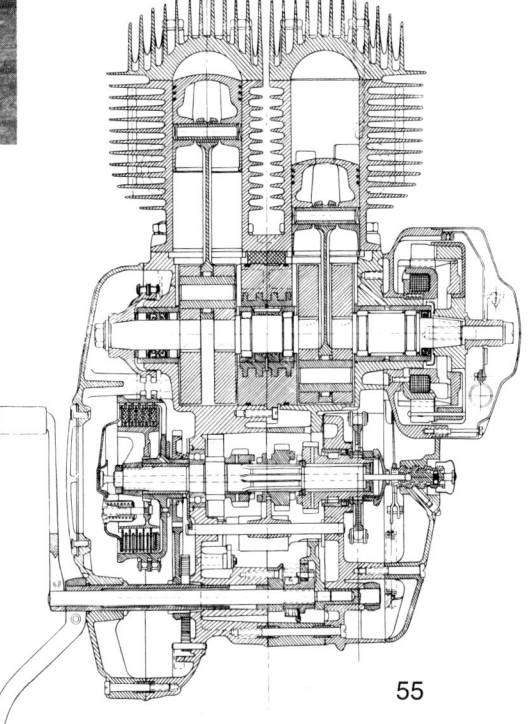

Der Durchbruch: die DKW-Umkehrspülung

Mit einem Tagesausstoß von mehreren hundert Motoren und Motorrädern war das DKW-Werk Zschopau bereits 1928 zur größten Motorradfabrik der Welt geworden. Mit DKW-Motoren wurden außerdem zahlreiche Konfektionäre motorisierter Zweiräder in Deutschland und im Ausland, dazu viele Firmen, die DKW-Motoren als Kraftquelle für Maschinen in der Land- und Bauwirtschaft, in Industrie und Handwerk, bezogen, beliefert – und schließlich fanden DKW-Motoren (als Zwei- und Vierzylinder) ja auch im DKW-Automobilprogramm Verwendung. Alle diese Motoren waren schnellaufende Ottomotoren, waren Zweitakter mit Kurbelgehäuse-Vorverdichtung (nicht der Vierzylinder) und Schlitzsteuerung des Gaswechsels durch den (Nasen-)Kolben, mit Gemischbildung im Vergaser, Mischungsschmierung, Magnet- oder Batteriezündung, luft- oder wassergekühlt. Ihre maximale Hubraumleistung betrug 22–30 PS, ihr spezifischer Verbrauch lag bestenfalls knapp unter 500 g/PSh.

Sie waren zu einer beachtlichen Konkurrenz des traditionellen Viertakters mindestens im Motorradbau geworden, wie aus einer Gegenüberstellung der Jahresfertigung von Motorrädern im Deutschen Reich hervorgeht: Es wurden gebaut

	1925	1926	1927
Großkrafträder	48 000	46 000	72 000
davon Viertakter	32 000	22 500	32 000
Zweitakter	16 000	23 500	40 000
Kleinkrafträder (unter 200 cm³)	7 100	3 900	11 500

Noch 1925 wurden also doppelt soviele Viertaktmotoren für Motorräder hergestellt wie Zweitakter. Rund 80 % der in großen Motorrädern eingebauten Viertakter hatten zwischen 400 und 600 cm³ Hubraum. Nach zahlenmäßig fast gleichem Stand im Jahr 1926 zeigten die Fertigungszahlen des Jahres 1927 offenbar bereits klar die Tendenz der künftigen Entwicklung: während die Produktion der Zweitaktmotoren im Motorradbau sich nahezu verdoppelte, hatten die Viertaktmodelle kaum um die Hälfte zugenommen.

Im Jahr 1928 gab es in Deutschland zwölf beachtenswerte Zweitaktmotoren-Fabrikate, bis auf ein Modell (DKW 500) sämtlich Einzylinder-Konstruktionen, überwiegend mit maximal 300 cm³. Und während bereits die besagten 500 cm³-DKW-Motoren Zweizylinder waren, dominierte im Viertaktmotorenbau der Einzylindermotor noch bis 600 cm³ Hubraum.

Allein schon die letztere Tatsache dokumentierte jedoch, daß die Einsatzmöglichkeiten des schnellaufenden Zweitakt-Ottomotors vornehmlich auf kleine Hubräume begrenzt waren. Die Mängel des Zweitakters jener Zeit –

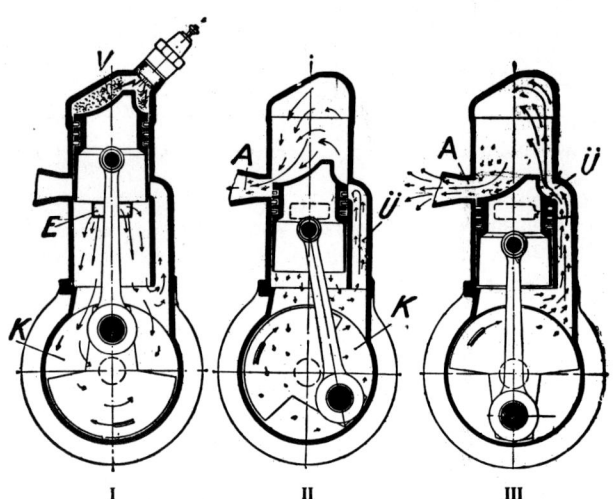

Funktionsschema der Querstromspülung mit Ablenkerkolben (Nasenkolben).

56

hoher Kraftstoffverbrauch in g/PSh, starke Erwärmung und nur geringfügig über der von Viertaktern liegenden Hubraumleistung trotz doppelter Zahl der Arbeitstakte bei gleicher Drehzahl – traten mit zunehmendem Hubraum immer deutlicher in Erscheinung. Insoweit befand sich also die technische Zweitakter-Entwicklung offensichtlich, trotz der von der Statistik aufgezeigten Absatzentwicklung, zu jener Zeit in einer Sackgasse.

ZWEITAKTER-MODIFIKATIONEN

So konnte es nicht wundernehmen, daß die Hersteller von Zweitaktmotoren (und andere, die bemüht waren, konstruktive Wege zu finden, um die systembedingte Überlegenheit des mechanisch so einfachen Dreika-

nal-Zweitakters auch bei größeren Zylindervolumen und mit besserer Wirtschaftlichkeit zum Tragen zu bringen) nach Verbesserungsmöglichkeiten suchten.

Es gab eine Menge von Vorschlägen, die zum Teil patentiert wurden und auch praktisch zur Anwendung kamen, so z.B. Motoren mit Stufen- oder Hilfskolben verschiedener Bauart, Zweitaktmotoren mit Tellerventilen für die Steuerung von Einlaß und/oder Auslaß, mit Membran- oder Drehschieber-Einlaßsteuerung – und es gab auch bereits serienmäßig verwendete Konstruktionen, die eine verbesserte Führung der Gasströme beim Gaswechsel im Zylinder bewirken sollten. Vor allem aber gab es die sogenannten Doppelkolben-Zweitakter in verschiedenen Bauarten, die durch ihre Gleichstromspülung ebenfalls eine Verbesserung des Spül- und Ladevorgangs im Zylinder sowie (teilweise) zusätzlich ein unsymmetrisches Steuerdiagramm bewirken sollten.

Alle diese Modifikationen des Ausgangsobjektes, des

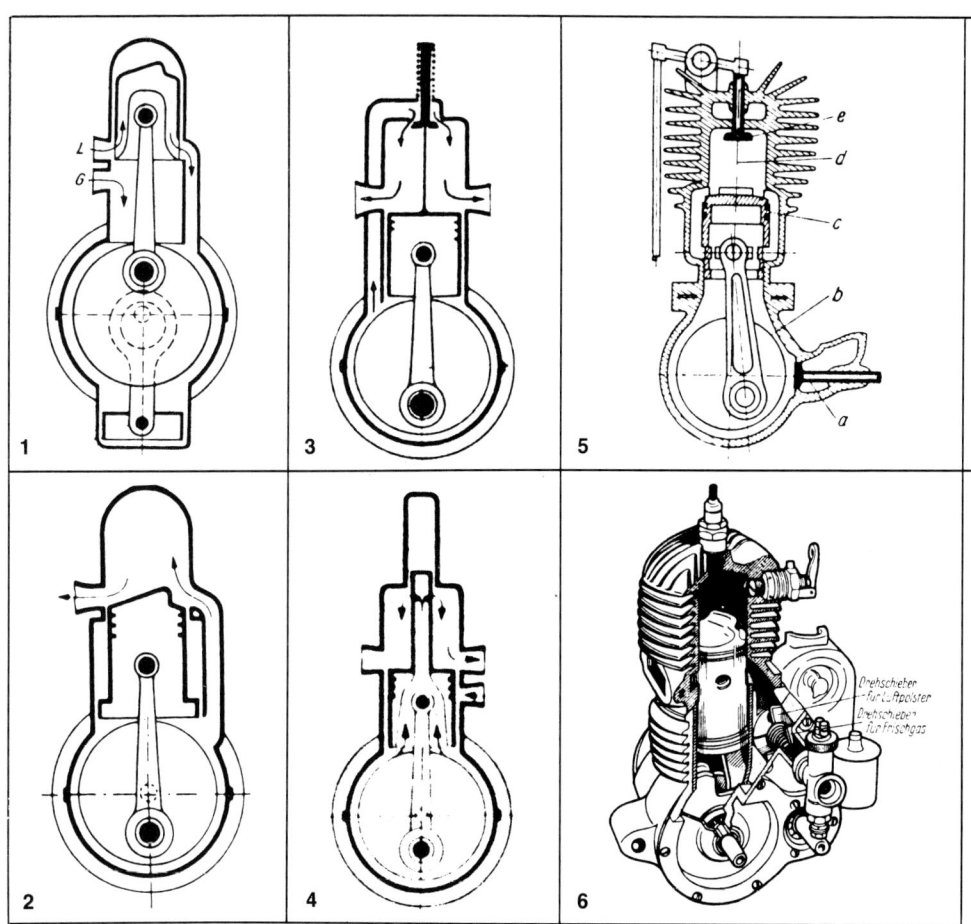

Zweitakter-Konstruktionen aus den zwanziger Jahren:
1. Bekamo-Motor mit gegenläufigem Hilfs-Pumpenkolben und Frischluftpolster-Ansaugung durch den doppelwandigen Arbeitskolben.
2. Dunelt-Stufenkolbenmotor.
3. Vis-Motor mit kolbenstangengesteuertem Überströmventil.
4. Schliha-Motor mit Gleichstromspülung durch Aufsatzkolben.
5. Orionette-Motor mit Tellerventilsteuerung für Ein- und Auslaß.
6. Ermag-Motor mit Plattenschiebersteuerung für Luft- und Gas-Einlaß.
7. Dolf-Motor mit Konusschieber-Einlaß und Fontänen-Spülung.

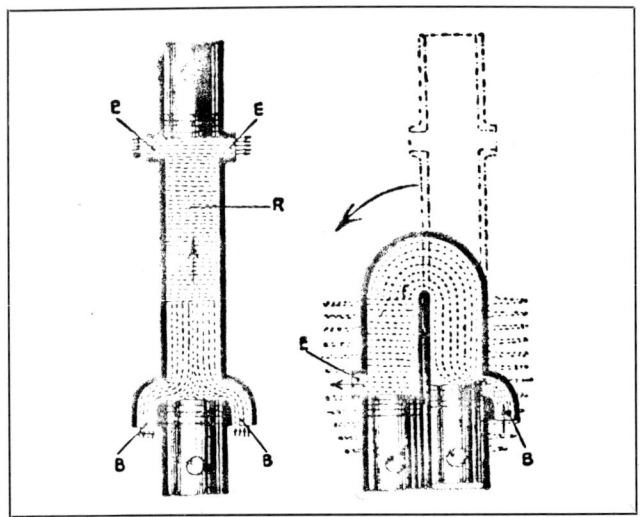

So muß man sich, aus dem Umbiegen des links gezeigten Gegenkolbenmotors (wie er nach dem zweiten Weltkrieg im Konstruktionsbüro Prüssing, wie er aber bereits früher bei Junkers gebaut wurde), den U-Zylinder-Motor (Doppelkolben-Motor, rechts) entstanden, vorstellen.

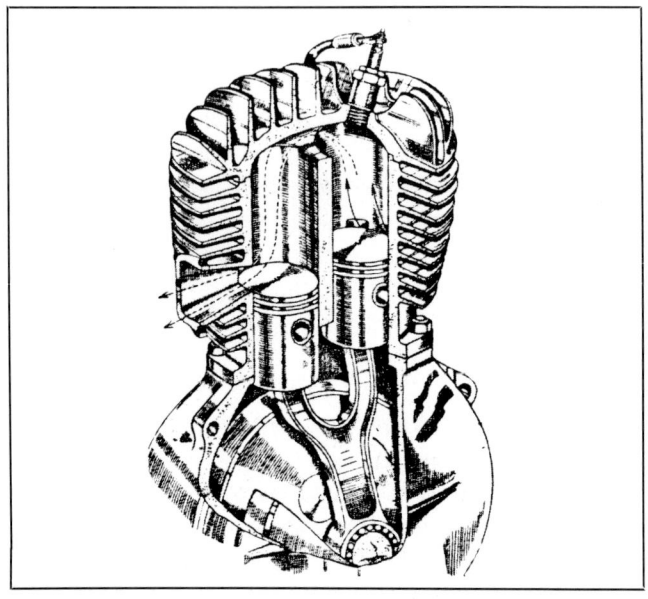

Doppelkolben-Motor mit Gabelpleuel, lange Jahre von Puch gebaut.

mit kolbengesteuerten Schlitzen und Kurbelkammer-Vorverdichtung arbeitenden Einkolben-Zweitakters, bedeuteten aber eine herstellungs- und betriebstechnische Komplikation (und Verteuerung), die die gewonnenen Vorteile hinsichtlich Hubraumleistung, Wirtschaftlichkeit und Betriebszuverlässigkeit mindestens teilweise wieder aufhoben. Insbesondere für ein Unternehmen wie DKW, das auch sein künftiges Programm ganz auf das Zweitaktsystem eingestellt hatte und im Hinblick auf seine Großserienfertigung auch auf künftige Überlegenheit gegenüber dem (in der Entwicklung ja nicht stagnierenden) Viertaktmotor angewiesen war – und das zudem diese Überlegenheit auch durch Rennerfolge unterstreichen und breiten Abnehmerkreisen nahebringen, das schließlich dem Viertakter auch mit Automobilmotoren ernsthaft Konkurrenz machen wollte, war es zwingend notwendig, die Barrieren beiseitezuräumen, die sich einer Weiterentwicklung des Zweitakters in den Weg stellten.

Zwar hatte man in Zschopau schon 1929 den 350er Einzylindermotor mit der bereits beim österreichischen Titan-Motor (und im Prinzip, wenn auch konstruktiv anders gelöst, schon vorher bei den deutschen Grade-Zweitakt-Flugmotoren) zu findenden Membran-Einlaßsteuerung ausgerüstet. Mit ihrer Hilfe konnte wenigstens

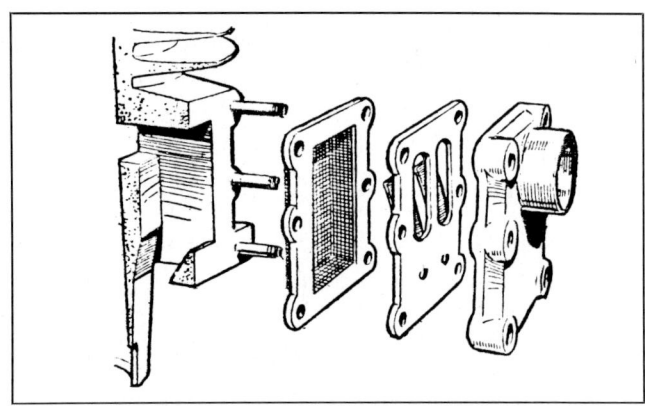

Membran-Einlaßsteuerung des österreichischen Titan-Motors.

Membraneinlaßsteuerung beim DKW-Modell Block 350 (letzte Ausführung vor dem Übergang zur Umkehrspülung).

eine Unsymmetrie des Steuerdiagramms auf der Einlaß-seite und dadurch eine bessere Füllung im unteren Drehzahlbereich sowie eine Verbrauchsverringerung erzielt werden – die thermischen Schwierigkeiten, die einer Steigerung der Hubraumleistung entgegenstanden, konnte auch eine solche kolbenunabhängige Einlaß-steuerung nicht beheben.

ZOLLER UND SEINE DOPPELKOLBENMOTOREN

Aussichtsreicher waren da Versuche, die der Schweizer Arnold Zoller schon seit Jahren mit Zweitaktmotoren-Konstruktionen gemacht hatte, bei denen einerseits die Doppelkolbenbauweise angewandt, andererseits die Kurbelkammerpumpe durch ein gesondertes Ladeorgan, einen Rotations-(Drehflügel-)Verdichter ersetzt wurde. Dazu kam eine Unsymmetrie des Steuerdia-

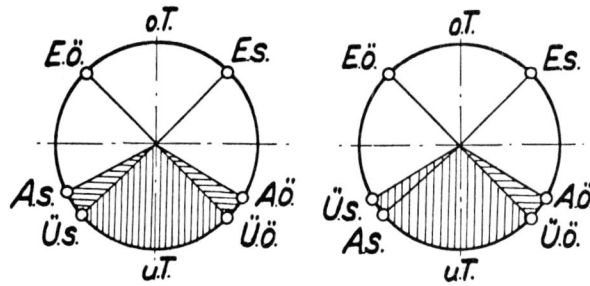

Steuerdiagramme von Zweitaktmotoren; links symmetrisch – der Auslaß bleibt um den gleichen Kurbelwinkelbetrag (As) nach Schließen der Überströmschlitze (Üs) geöffnet, wie er vor dem unteren Totpunkt vor dem Öffnen der Überströmschlitze schon geöffnet war; rechts unsymmetrisch – zwar wird der Auslaß (was notwendig ist) auch hier vor den Überströmschlitzen geöffnet, aber diese bleiben nach dem unteren Totpunkt, wenn die Kolben wieder nach oben gehen, noch offen, wenn der Auslaß bereits verschlossen ist.

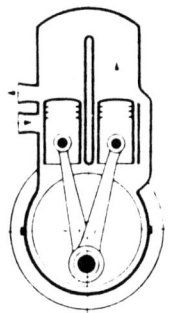 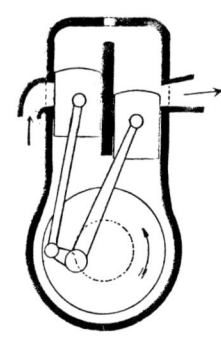

Während beim Hirth-Doppelkolbenmotor (links) zwei getrennte Pleuel auf den Hubzapfen arbeiteten, hatten die Doppelkolbenmotoren nach Bauart Zoller (rechts) ein am Fuß des Hauptpleuels angelenktes Nebenpleuel, das größere Steuerwinkel-Unsymmetrien ermöglichte.

gramms für Einlaß-, Überström- und Auslaß-Vorgang durch die (Zoller patentierte) Anlenkung eines zweiten Pleuels an das Hauptpleuel.

Auch Rasmussen war auf Zoller (der u. a. Anfang der 20er Jahre in Berlin im dortigen Konstruktionsbüro von HORCH mit der Entwicklung eines Wagenmodells für das Zwickauer Werk beschäftigt gewesen war) und seine Arbeiten an Zweitaktmotoren aufmerksam geworden und hatte ihn dann in der zweiten Hälfte der zwanziger Jahre zur Mitarbeit in Zschopau herangezogen. Nach seinen Vorschlägen waren im dortigen Konstruktionsbüro neue Motorradmotoren, mit Doppelkolben und

»Zoller-Pleuel« (wie das Anlenkpleuel allgemein bezeichnet wurde, obwohl solche Anlenkungen schon vor Zoller bekannt waren) entstanden. Die Versuchsmodelle liefen bereits im Fahrversuch, und für 1932 war die stufenweise Umstellung der Serie (einschließlich der Zweizylindermotoren für die DKW-Wagen) eingeplant. Es muß fraglich erscheinen, ob Rasmussen über diese Entwicklung sehr glücklich war, denn die Komplizierung hätte die Herstellung seiner Motoren natürlich erheblich verteuert.

Da stieß er Ende 1931 auf eine Veröffentlichung, die der in Würzburg als Kfz-Sachverständiger tätige Diplomingenieur Herbert Venediger anläßlich seiner Promotion zum Dr.-Ing. an der TH München unter dem Titel »Steigerung der Leistung und Wirtschaftlichkeit von Zweitakt-Vergaser-Fahrzeugmotoren« geschrieben hatte. In dieser analysierte Venediger den technischen Stand schnellaufender Vergaser-Zweitaktmotoren – und Rasmussen erkannte sofort, daß hier ein Mann sei, der nach den mehr oder weniger empirischen Entwicklungsschritten der zurückliegenden Jahre in der Lage sein würde, wissenschaftlich an die Lösung der anstehenden Probleme des Nasenkolben-Zweitakters heranzugehen.

Noch 1931 kam es zu ersten Gesprächen, und Anfang 1932 trat der nunmehrige Dr. Venediger als Entwicklungschef, Rasmussen direkt unterstellt, seinen Dienst in Zschopau an.

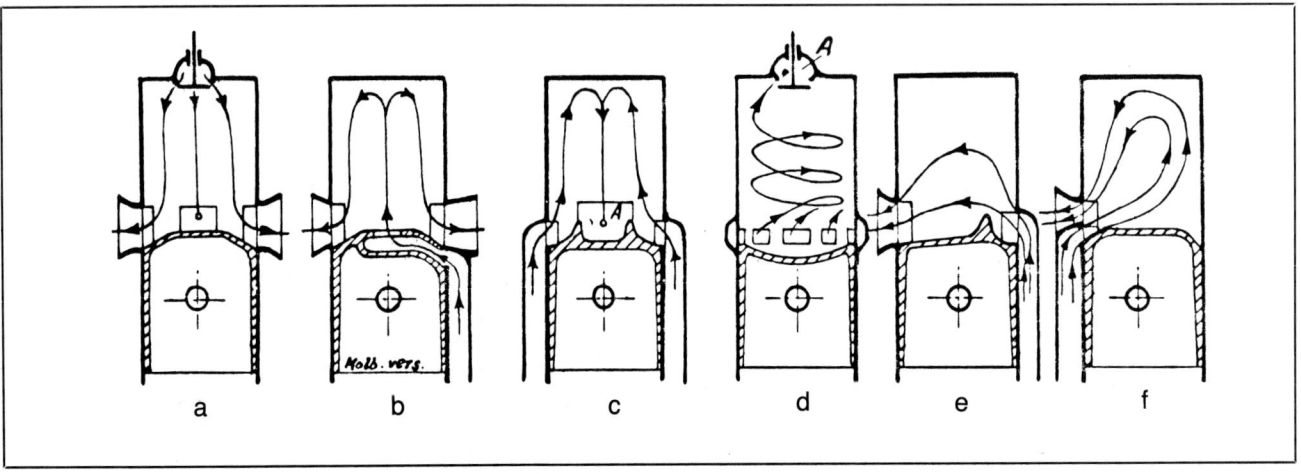

Zweitaktspülungen: a = Gleichstromspülung (mit Ventil im Kopf), b = Fontänenspülung, c = Steilstromspülung mit Ablenkerkolben, d = Wirbelstromspülung (mit Ventil im Kopf), e = Querstromspülung mit Ablenkerkolben, f = Umkehrspülung.

Ein Kapitel seiner auf umfangreichen eigenen Zweitakter-Studien fußenden Dissertation war einer sehr präzisen Untersuchung der Spülmethoden von Zweitaktmotoren gewidmet: Gleichstromspülung, Wirbelstromspülung, Gegenstromspülung und Querstromspülung wurden analysierend gegeneinander abgewogen – und zum Schluß wurde, relativ knapp, auch auf die »Umkehrstromspülung« hingewiesen, die sich im Großmaschinenbau bereits bewährt habe, für den Fahrzeugmotorenbau durchaus möglich und zweifellos ebenso vorteilhaft – dort aber »merkwürdigerweise noch gar nicht versucht worden« (Zitat Venediger) sei.

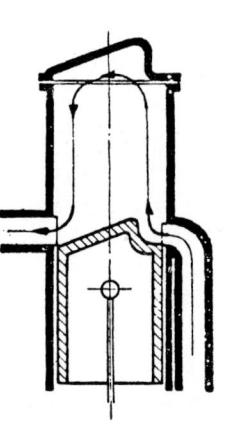

Oben: Schema der Querspülung mit Nasenkolben.

DIE LÖSUNG: UMKEHRSPÜLUNG

Dem half man nun in Zschopau schnellstens ab. Parallel mit den ersten konstruktiven Entwürfen und Prüfstandsversuchen neuer DKW-Motoren mit besagter Umkehrspülung liefen die Verhandlungen mit dem Mann an, auf dessen Umkehrspülungspatente (die schon 1924 bzw. 1925 erteilt worden waren) die Firma Klöckner-Humboldt-Deutz die Generallizenz besaß: Professor Adolf Schnürle. Wie sich herausstellte, war man in Deutz an einer Verwertung der Lizenzrechte im Ottomotoren-Bau nicht interessiert und bereit, für diesen Sektor Schnürle die anderweitige Lizenzvergabe seiner Umkehrspülungs-Patente zu gestatten.

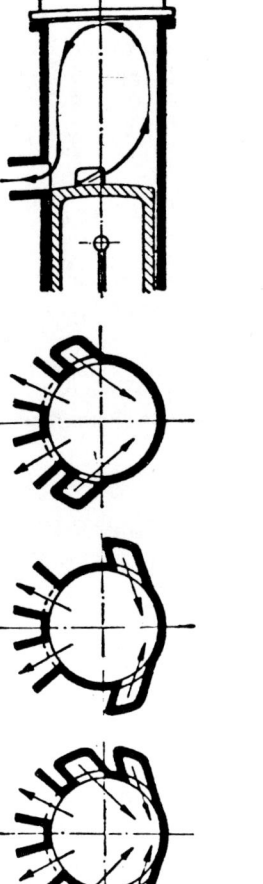

Reihe links: Umkehrspülungen mit Flachkolben nach Schnürle-Patenten 511 102 (1924) und 520 834 (1925).

60

Rasmussen (bzw. die AUTO UNION, der der DKW-Komplex inzwischen angehörte) schlossen deshalb 1932 mit Prof. Schnürle einen Alleinlizenz-Vertrag für die Benutzung der Schnürle-Umkehrspülung nach Pat. 511102 und 520834, begrenzt auf Zweitakt-Ottomotoren.

Dr. Venediger hat seinerzeit den Fortschritt der Umkehrspülung gegenüber der bis dahin verwendeten Querspülung mit Ablenkerkolben (Nasenkolben) wie folgt präzisiert:

1. Wesentliche Erhöhung der Hubraumleistung;
2. Beträchtliche Senkung des spezifischen Kraftstoffverbrauchs als Folge höheren Spülwirkungs- und Ladegrades;
3. Möglichkeit der Verdichtungssteigerung als Folge der günstigeren Brennraumform, der verkleinerten wärmeaufnehmenden Kolbenfläche und der besseren Zylinderspülung;
4. Gewichtsverminderung des Kolbens und damit Drehzahlsteigerung;
5. Verringerung des Kolben-Laufspiels wegen des tieferliegenden Wärmeniveaus und damit Erhöhung der Laufruhe;
6. Verlängerung der Laufdauer bis zur Motorüberholung wegen länger freibleibender Kolbenringe;
7. Verkürzung der Beschleunigungszeit für das Triebwerk, günstigere Lagerbelastung;
8. Weniger häufig notwendige Betätigung des Wechselgetriebes, das auch günstiger gestuft werden kann;
9. Verbesserung von Langsam- und Leerlauf;
10. Möglichkeit der Vergrößerung des Zylinder-Hubraums als Folge von Punkt 4–7.

Von besonderer Bedeutung erschien ihm dabei, daß infolge der günstigeren thermischen Verhältnisse nicht nur die Spitzen-, sondern auch die Dauerleistung wesentlich zu steigern und das Gebiet hoher Drehzahlen für die dauernde Benutzung erschlossen sei.

Als wesentliches Faktum der Schnürle-Umkehrspülung hat Dr. Venediger auch stets herausgestellt, daß »dadurch, daß alle vier Wendungen des Spülstroms an der Zylinderwand bzw. am Kolben eine feste Führung haben, das Spülverfahren bei beliebigen Drehzahlen brauchbar ist, mit Rücksicht auf die gute Ausnutzung des Arbeitshubes insbesondere auch bei schnellaufenden Motoren«.

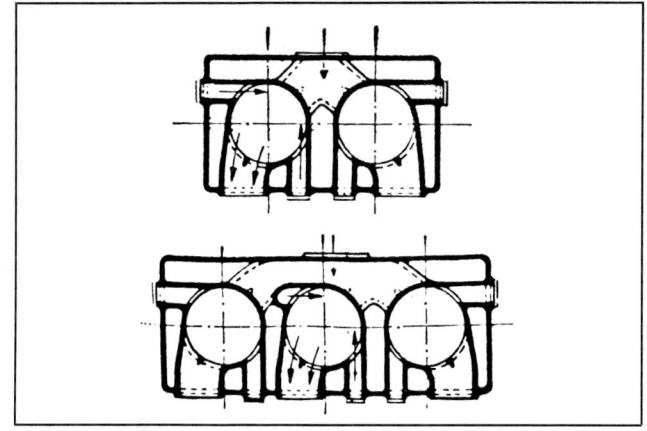

Kanalanordnung der DKW-Zweizylindermotoren (oben) und DKW-Dreizylindermotoren (unten) mit Umkehrspülung.

Binnen kürzester Frist erfolgte nun bei DKW die Umstellung von der bisherigen Querstrom- auf Umkehrspülung, damit vom Nasen- zum Flachkolben. Als erstes Motorradmodell erschien im DKW-Programm die Block 350

Kennlinien schnellaufender Zweitakt-Ottomotoren mit Querstrom- und Umkehrspülung in zwei Entwicklungsstufen. Die Unterschiede in Leistung, Drehmoment und Verbrauch sind deutlich zu ersehen.

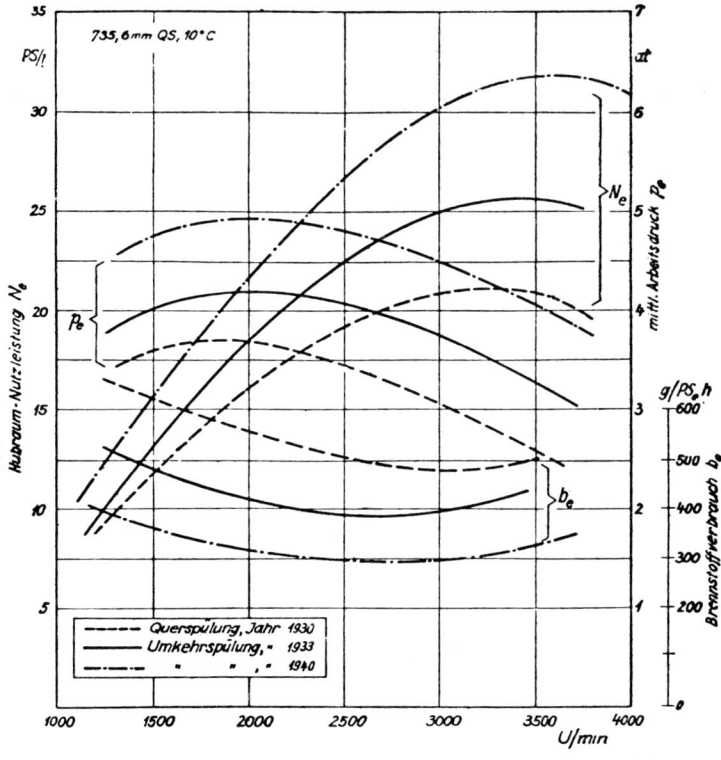

61

mit Umkehrspülung – äußerlich erkennbar (und damit von dem zuletzt noch mit Nasenkolben arbeitenden Motor der Block 250 unterschieden) dadurch, daß der Vergaser nicht mehr seitlich am Zylinder, sondern (wie vorübergehend schon beim Membranmodell) an dessen Rückseite angesetzt war – an beiden Zylinderseiten hatten nun die für die Umkehrspülung kennzeichnenden beiden Überströmkanäle ihren Platz.

Die Umstellung der anderen Motorenmodelle, auch im Programm der Automobil- sowie der Stationärmotoren, erfolgte zügig.

Von den Arbeiten Zollers blieben nur die neuen Doppelkolben-Rennmotoren übrig, nachdem Dr. Venedigers Argumente anerkannt worden waren. Er hatte deutlich zu machen verstanden, daß der Aufwand der Doppelkolbenbauweise nur dann gerechtfertigt sei, wenn die Kurbelkammerpumpe durch ein gesondertes Ladeorgan ersetzt bzw. durch eine Hilfspumpe ergänzt würde, mit deren Hilfe auch eine Überladung erreicht werden könne – daß aber ansonsten die Umkehrspülung mit nur einem Kolben überlegen sei.

Eine logische Konsequenz aus diesen Überlegungen war im übrigen ein 1932 noch in Zusammenarbeit zwischen Dr. Venediger und Zoller in Zschopau entstandener Doppelkolben-Automobilmotor, ein Vierzylinder in V-Form, der bei 1160 cm³ Hubraum mit einem Zoller-Drehkolbenverdichter mit 1,9 l Fördervolumen arbeitete und 50 PS leistete, also eine Hubraumleistung von 43 PS brachte, und der bis zum Abbruch der Versuche in einem AUDI-Frontantriebchassis gefahren wurde. Die Umstellung des vorhandenen, mit Nasenkolben und Querstromspülung arbeitenden V-4-Ladepumpenmotors (für Sonder- bzw. Schwebeklasse) auf Umkehrspülung und Flachkolben unterblieb dagegen; hier scheute man sich wohl vor der völligen Neukonstruktion, die die Anlage der symmetrischen Spülkanäle als Verbindung zwischen Ladepumpen- und Arbeitszylindern erforderlich gemacht hätte.

Arnold Zoller verließ 1932 Zschopau und widmete sich in einem eigenen Konstruktionsbüro insbesondere der Weiterentwicklung seines Kompressors (u.a. für einen Motor der Automobilfirma Röhr). Er verstarb 1934 in Darmstadt.

PROZESSE UM DIE UMKEHRSPÜLUNG

Mit der neuen Umkehrspülung freilich waren die DKW-Motoren nun mit einem Schlag der gesamten Zweitakter-Konkurrenz um Längen überlegen, und auch der Vorsprung vor den Viertaktern wurde wieder hergestellt. Denn ohne jede mechanische Komplizierung war nun, ohne thermische Schwierigkeiten vor allem im Kolben, eine Leistungserhöhung möglich; ein kultivierter Lauf der Motoren war unverkennbar. Und vor allem sank der Verbrauch – auf Anhieb unter 400 und im Lauf der weiteren Entwicklung bis in die ersten Kriegsjahre hinein auf unter 300 g/PSh – bei Vollast. Eine Reduzierung um 40% – in den Bereich der Viertaktmotoren jener Zeit, wobei noch zu berücksichtigen ist, daß ja der Teillastverbrauch von Zweitaktmotoren nicht unbeträchtlich niedriger als der Vollastverbrauch ist.

Nun aber kam, was unvermeidlich war: auch die Zweitakt-Konkurrenz wollte natürlich weg vom Nasenkolben, weg von der unwirtschaftlichen Querstromspülung, ran an den technischen Stand der DKW-Motoren. Aber so unverständlich es manchem erscheinen mußte, der frühere Schutzrechte auf Spülungs-Konzepte betrachtete, daß Schnürle einen so umfassenden Schutz auf seine Umkehrspülung erhalten konnte – was immer auch die Zweitakt-Konkurrenz ersann, um die Schnürle-Patente zu »umspülen« – die DKW-Anwälte gewannen jeden diesbezüglichen Rechtsstreit. Wenn teilweise auch erst nach Jahren: wer, wie beispielsweise Zündapp mit der von Richard Küchen gebrachten Dreistromspülung, glaubte, nicht mit den DKW-Schutzrechten zu kollidieren, mußte sich, teilweise von Deutschlands höchsten Richtern (Zündapp verlor den Prozeß vor dem Reichsgericht in Leipzig) belehren lassen, daß nicht gegen die Schnürle-Patente anzukommen sei – und mußte an DKW Lizenz zahlen.

Ausgenommen waren lediglich die grundsätzlich von der Umkehrspülung dem Prinzip nach verschiedenen Kreuzstromspülungen, mit denen beispielsweise Fichtel & Sachs, die englischen Villiers- und später die Ardie-Zweitakter arbeiteten. Solche Motoren konnten ungestraft gebaut werden – allerdings ohne (wegen der fehlenden zwangsläufigen Wandanlehnung) die Qualität der Umkehrspülung zu erreichen. Erst als nach dem zweiten Weltkrieg die DKW/Schnürle-Patente frei wurden, konnten alle Zweitakt-Hersteller ihre Motoren mit

Schnürle-Umkehrspülung bauen – und da war keiner, der diese Möglichkeit nicht genutzt hätte, in Europa so wenig wie in Japan. Und selbst dort, wo sich andere Bauarten und Spülungen bewährt hatten (wie z.B. bei Puch in Österreich die Doppelkolbenmotoren), bewirkten nicht zuletzt die wirtschaftlichen Vorteile der Umkehrspülung ihre Einführung.

Zur heutigen weltweit dominierenden Stellung des Zweitaktmotors im Motorradbau (ganz besonders aber seit dem Verbot zusätzlicher Aufladeorgane im Motorrad-Rennsport) war die Umkehrspülung eine entscheidende Voraussetzung. Denn auch die modernsten Spülsysteme, mit vier, fünf und sechs Spülkanälen, sind nichts anderes als lediglich modifizierte Umkehrspülungen.

UNION noch bessere Resultate hinsichtlich Leistung und Verbrauch brachten als die Schnürle-Umkehrspülung. Die AUTO UNION aber ließ diese Schutzrechte in der Schublade, um ihre eigenen Argumente, mit denen die Patentprozesse gewonnen worden waren, nicht zu unterminieren.

Dr. Venediger und Rasmussen verband gegenseitige Hochachtung; Venediger stand auch noch zu seinem Chef, als andere es in den ersten AUTO UNION-Jahren für opportuner hielten, schon mit dessen Ausscheiden zu rechnen und sich dementsprechend einzustellen. Dr. Venediger verließ DKW 1940. Er hat nach dem Krieg weiter an der Entwicklung von Zweitaktmotoren in Deutschland und in Amerika gearbeitet. Schon 1947

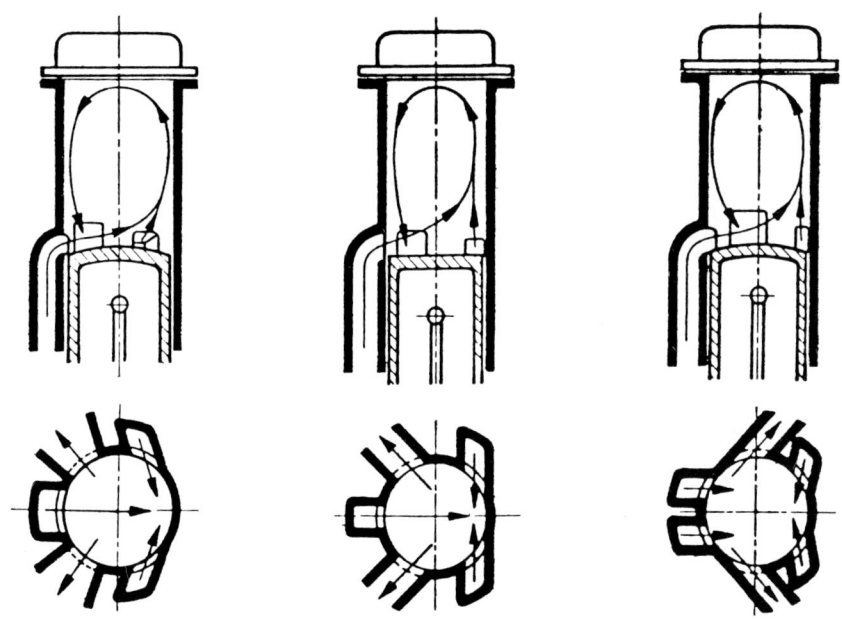

Von Dr. Venediger in Zschopau u. a. entwickelte Umkehrspülungen, die ihm bzw. der AUTO-UNION mit Patent 685 173 bzw. 716 989 1935 geschützt wurden.

Daß Modifizierungsmöglichkeiten bestanden, hatte nicht zuletzt schon Dr. Venediger erkannt, der in Zschopau jahrelang umfassende Untersuchungen zahlloser Spülmöglichkeiten durchführte. Daraus resultierten auch ihm patentierte neue Spülverfahren (s. Skizzen), die bei Messungen in der Zentralversuchsabteilung der AUTO

veröffentlichte er mit einer der ersten Fachbuch-Neuerscheinungen im Nachkriegs-Deutschland ein Werk über »Zweitaktspülung – insbesondere Umkehrspülung«. Jeder Zweitakter-Konstrukteur sollte es kennen. Keine der dort zu findenden grundlegenden Feststellungen von ihm ist bis heute überholt.

Der Zweitakter als Hochleistungsmotor:
DKW-Rennmotoren 1920 – 40

In Zschopau bestand von Anfang an die Überzeugung, daß wettbewerbssportliche Betätigung mit Motorrädern aus zweierlei Gründen nützlich und deshalb notwendig sei: einmal, weil erfolgreich bestrittene Wettbewerbe an sich schon eine gute Direktwerbung für die siegreiche Marke bei den Zuschauern seien und sich im Anschluß daran auch in der Medien-Werbung gehörig auswerten ließen – zum andern, weil die forcierten Beanspruchungen der Fahrzeuge und Motoren im Wettbewerbseinsatz Erfahrungen vermitteln könnten, die früher oder später auch der Weiterentwicklung der Serienmodelle zugute kommen müßten. Rasmussen hat, solange er die Geschicke der Marke DKW lenkte, an dieser Überzeugung festgehalten – nach seinem Ausscheiden wurden Entwicklung und Einsatz von DKW-Rennmotoren und -Rennmaschinen dann so stark intensiviert, daß sich die Rennmotorentechnik mehr und mehr von der Serie ent-

fernte. Damit trat zwar die zweite der genannten Zielsetzungen immer mehr in den Hintergrund (die Rennabteilung war mit allem Drum und Dran eine kleine Fabrik für sich geworden) – aber dafür sorgten die bei allen nationalen und internationalen Rennen erzielten DKW-Erfolge für aussagekräftige Werbung: DKW wurde nicht nur mit seinen Serienmaschinen die größte, DKW wurde mit seinen Rennmaschinen auch zur erfolgreichsten Motorradfabrik der Welt.

Die Zschopauer Zweitakt-Rennmotoren entwickelten sich bis 1939 zur überlegenen Konkurrenz der früher die Rennszene beherrschenden Viertakter, wenn auch mit kaum geringerem mechanischen Bauaufwand als diese – und mit erheblich höherem Kraftstoffverbrauch. Aber danach fragte zu jener Zeit noch niemand – entscheidend war das Plus an Beschleunigungsfähigkeit und Spitzengeschwindigkeit.

Schon 1922 tauchten zahlreiche DKW-Rennmaschinen insbesondere bei Bahnrennen auf – wie hier auf der Avus; der mit Schwungradgebläse ausgerüstete Motor (und deshalb meist standfester als die Konkurrenz) saß hier bereits im Rahmendreieck verstärkter Spezialfahrräder – Vorläufer des Reichsfahrtmodells.

Das Reichsfahrtmodell wurde vielfach bei sportlichen Wettbewerben eingesetzt, vor allem auch von Privatfahrern. Der Hinterradantrieb erfolgte noch mit Riemen – es gab die Maschinen mit Tretkurbeln oder schon mit Fußrasten.

AM ANFANG
STAND DAS »REICHSFAHRTMODELL«

Die Geschichte der rennsportlichen Betätigung mit DKW-Motoren begann schon sehr früh: bereits mit den ersten, Fahrrädern noch sehr ähnlichen Maschinen, die den ursprünglich als Hilfsmotor über dem Hinterrad montierten Zweitakter nun im Rahmendreieck trugen, bestritten Werks- und zahlreiche Privatfahrer Rundstrecken- und Bergrennen auf abgesperrten Straßen.

Und als dann 1922 das nach seinem sensationellen Erfolg über weit stärkere Motorräder (mit bis zu 8 PS) bei der ADAC-Reichsfahrt quer durch Deutschland nach dieser benannte »Reichsfahrtmodell« in erheblichen Stückzahlen serienmäßig zur Lieferung kam – teils mit dem 118er, teils auch schon mit 150 cm³-Motor –, erschienen nur leicht modifizierte Serienmaschinen dieses Typs immer häufiger bei Straßen- und Zementbahnrennen und anderen motorradsportlichen Wettbewerben, manche mit, manche ohne Tretkurbeln.

Otto Voigt aus Pratau bei Wittenberg war einer dieser Privatfahrer.

Schon 1924 saß auch Arthur Geiss/Pforzheim auf dem Reichsfahrtmodell und gewann zahlreiche bedeutende Wettbewerbe.

Der Antrieb erfolgte von der im Motorgehäuse 1:3 unter-
setzten Riemenscheibe mit Keilriemen; die Motoren waren zunächst fahrtwind-, später gebläsegekühlt, der
ständig zu Störungen Anlaß gebende, unten am Gehäuse angeordnete und von der Vorgelegewelle über einen Stössel betätigte Unterbrecher wurde durch einen
unter der Schwungscheibenglocke geschützt liegenden
abgelöst. Diese Maschinen hatten weder Kupplung noch
Starter noch Mehrganggetriebe (nur später vereinzelt
die sogenannte »Lomos«-Kupplung) – aber trotz ihres
einfachen Aufbaus zeigten die leichten kleinen Fahrzeuge sich immer wieder auch stärkerer Konkurrenz
überlegen.

Mit fortschreitender Entwicklung und zwangsläufiger
Leistungssteigerung genügte die Gebläsekühlung des
Nasenkolben-Zweitakters nicht mehr. Er erhielt deshalb
einen ummantelten Zylinder und dazu einen zunächst
nach Packtaschenart über das obere Rahmenrohr ge-
hängten kleinen Kühler vor dem (vergrößerten) Tank –
die Kühlung erfolgte nun (übrigens bis zu den letzten,
1939 gebauten Kompressormaschinen) als ohne
Pumpe funktionierende Thermosiphon-Wasserkühlung.
Der ursprüngliche, in der Einstellung heikle schwimmer-
lose Vergaser wurde bald durch einen Schwimmerver-
gaser ersetzt. Die Leistung dieser Motoren betrug ca.
5 PS bei 3500 U/min. Mit solchen Maschinen fuhren die
DKW-Rennfahrer bis zum Jahr 1924.

Leistungssteigerung führte zur Wasserkühlung. Hier fährt
Meister Sprung eine der ersten Rennmaschinen mit kleinem,
über das Oberrohr gesatteltem Kühler.

Im Zweirad-Museum Neckarsulm steht ein Exemplar dieser DKW-Rennmaschine – noch eng an das Konzept des Reichsfahrtmodells angelehnt, aber schon mit wassergekühltem Zylinder und Kopf (dieser nicht abnehmbar) vom serienmäßig gebauten Stationärmotor. Die im linken Bild gezeigte Maschine wurde u. a. auch von Chefkonstrukteur Hermann Weber selbst im Rennen gefahren, wie die späteren Rennmodelle ARE (175 cm³) und ORE (250 cm³).

DIE ERSTEN LADEPUMPEN-MOTOREN

1924 tauchten dann von Hermann Weber konzipierte neue DKW-Rennmaschinen auf, zum Einsatz in der damals recht aktuellen Klasse bis 175 cm³ bestimmt; erstmals spezielle, in vielem von der Serie (in der es schon die Modelle ZL, ZM und SM gab) abweichend. Echte, kleine Motorräder, die einen organischen Eindruck machten – und im Rennen ein gutes Bild:

In einem unten offenen, durch das Motorgehäuse und eine Temperguß-Getriebebrücke geschlossenen zweidimensionalen Rohrrahmen mit Einstecktank war der Motor mit stehendem, wassergekühltem Zylinder (noch ohne abnehmbaren Kopf) eingesetzt, eine offenlaufende Rollenkette führte zum handgeschalteten (englischen) Sturmey-Archer-Dreiganggetriebe mit Korklamellen-Kupplung, eine zweite Kette dann zum Hinterrad. Vor dem Tank, der vorn der Kühlerform angepaßt war, befand sich der mit Schellen am Rahmen-Ober- und -Vorderrohr befestigte Wabenkühler – so hoch gegenüber dem Zylinder, daß einwandfreier Kühlmittelumlauf gesichert war. Der Doppelort-Zylinder saß so auf dem Kurbelgehäuse, daß sich eine originelle Führung der beiden (glatt bis zur Höhe der Hinterachse durchlaufenden) Auspuffrohre ergab – das eine direkt nach hinten, das andere im Bogen nach hinten (s. Bild S. 68 oben).

Hermann Weber (rechts) mit Meister Sprung nach siegreich beendeter Winterfahrt 1925.

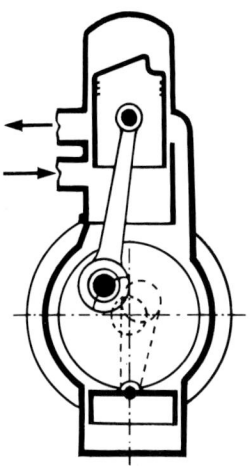

Man brauchte mehr Füllung im Zylinder, wenn die Drehzahl und damit die Leistung gesteigert werden sollte. Da entsann man sich der von Ruppe vorgeschlagenen gegenläufigen Hilfspumpe im Kurbelgehäuse und rüstete die Rennmotoren damit aus.

Der Clou des neuen Motors aber war, auf Vorschläge von Ruppe zurückgehend, eine unten am Motorgehäuse angeordnete Hilfspumpe, in der, mit Exzenterpleuel von der Kurbelwelle angetrieben und gegenläufig zum Hauptkolben arbeitend, ein schmaler, ultrakurzhubiger Kolben das Ansaugvolumen des Motors um etwa 40 % vergrößerte. Das ergab eine Steigerung der Drehzahl und der Spitzenleistung – freilich zu Lasten des Kraftstoffverbrauchs, denn dank der symmetrischen Kolbensteuerung von Überström- und Auslaßschlitz ging nun mindestens in den unteren Drehzahlbereichen noch mehr angesaugtes Kraftstoff/Luft-Gemisch als bisher ungenutzt zum Auslaß hinaus.

1926 erschien eine verbesserte Ausführung der unter den Fahrern Weber, Sprung und Friedrich/Chemnitz 1925 schon sehr erfolgreichen Maschine mit der Typenbezeichnung ARe 175. Bei ihr hatte der auch weiterhin mit dem gegenläufigen Pumpenkolben ausgestattete Motor einen neuen, mit abnehmbarem (Grauguß-) Zylinderkopf ausgerüsteten Zylinder erhalten, dessen beide Auspuffflansche an der Vorderseite lagen, so daß sich eine beiderseitige, symmetrische Führung der Auspuffrohre ergab – höhere Verdichtung und ein geändertes Steuerdiagramm sowie vergrößerte Gas-Passagen brachten eine weitere Leistungssteigerung auf ca. 12 PS bei 4600 U/min. Bereits von dieser Spezialmaschine wurden nun auch in begrenzter Stückzahl Exemplare an

Der erste DKW-Lade-
pumpen-Rennmotor
(mit unten am Gehäuse
angeordneter Hilfs-
pumpe) mit seitlich
liegenden Auspuff-
Flanschen und dem-
entsprechender
Führung der beiden
Auspuffrohre.

DKW-Ladepumpen-Maschinen beim
Bahnrennen: Müller/Zschopau und
Friedrich/Chemnitz – ihre Motoren
sind an der typischen Kühlerform
und an der Auspuffrohrführung gleich
zu erkennen. Oben am Bahnrand
der Schweizer Zehnder auf einer
Zehnder, daneben Ernst/Breslau
mit einer AJS, und ganz unten ein
Fahrer mit einem englischen Black-
burne-Motor.

Später erhielt der 175er Rennmotor
dann einen ganz neu gezeichneten
Zylinder (aber noch immer mit nicht
abnehmbarem Graugußkopf), dessen
beide Auspuffflansche vorn lagen.
Der Hinterradantrieb erfolgte über
ein Dreigang-Renngetriebe mit Handschaltung.

rennfahrende DKW-Händler abgegeben. Sie beherrschte noch bis 1931 unbestritten die 175er Klasse, wo immer sie auftauchte. Gefertigt wurden die im Serienkonstruktionsbüro gezeichneten Maschinen von Spezialkräften zusammen mit den Serienmodellen (zu denen ab 1927 ja auch bereits Zweizylindermaschinen gehörten).

Zu den größten Erfolgen dieser Maschine gehörte der internationale Rekord der Klasse bis 175 cm³ über eine Stunde auf der Berliner Avus unter dem Fahrer Arthur Müller, Zschopau, im Jahr 1926 mit 106 km/h Schnitt und, mit dem Fahrer Henkelmann, der Gewinn der Europameisterschaft 1927 auf dem Nürburgring. Zu den Fahrern dieser Maschine zählten damals bereits später so bekannte Namen wie Walfried Winkler und Arthur Geiss, der schon genannte Henkelmann, Goldbach, Gelsenkirchen, und Goldbach, Frankfurt.

1927 hielten Rasmussen und Dr. Hahn es für zweckmä-

In dieser Ausführung beherrschten Werks- und Privatfahrer über Jahre die 175er-Klasse (ARe-Motor erkenntlich an den Auspufflanschen). Schwungscheibe aus Elektronguß.

Teilweise aufgeschnittener Ladepumpenmotor mit 175 cm³ (Typ ARe 175), der nun einen abnehmbaren Zylinderkopf besaß – hier in der letzten Ausführung in Leichtmetall. Der kurzhubige Pumpenkolben wurde mittels Exzenter bewegt.

ßig, die ausufernde Rennmaschinenfertigung einer zentralen Leitung in einer eigenen Rennabteilung zu unterstellen. Für diese Aufgabe holte man sich aus Berlin einen Mann, der durch den Bau von Zweitaktern als Hilfsmotoren für Segelflugzeuge auf sich aufmerksam gemacht hatte: August Prüssing. Zwar blieb die Rennmaschinen-Konstruktion auch weiterhin unter Webers Leitung, und auch die Teilefertigung geschah größtenteils zunächst noch mit im Rahmen der Serienproduktion. Aber die Montage erfolgte bereits in der neuen Rennabteilung, die sich ständig vergrößerte und die später auch die Möglichkeit bot, für Privatfahrer Rennsportmaschinen in begrenzter Stückzahl zu produzieren, die im Inund Ausland verkauft wurden.

Durch den Erfolg der 175er angeregt wurde 1928 versuchsweise ein Motor mit dem wassergekühlten Zylinder eines 250er Stationärmotors montiert – unter Walfried Winkler konnte auch dieser Prototyp sich sofort gegen die ausländische Konkurrenz durchsetzen. Und da das Interesse an der 175er Klasse ohnehin abnahm und vor allem international die Viertelliterklasse den Vorrang erhielt, wurde nun ein 250er Rennmotor, der die Typenbezeichnung ORe 250 erhielt, konstruiert. Dieser unterschied sich, wenn auch im Grundsätzlichen dem bewährten 175 cm³-Motor gleichend, allerdings schon äußerlich von dem kleineren Vorgänger: das Gehäuse war

Das war die nicht minder erfolgreiche ORe 250, im Aufbau grundsätzlich der 175er gleich, erkenntlich am großen verrippten Überströmdeckel und an den Auspuff-Überwurfmuttern.

Antriebsseite einer ARe 175 (kleiner Überströmdeckel!), schon mit Leichtmetallkopf. Im Gegensatz zum späteren 250er Modell ein kleiner Überströmkanal-Deckel.

verstärkt, die Hilfskolbenpumpe vergrößert (und, wieder über Exzenterpleuel, von der anderen Kurbelwellenseite angetrieben, so daß nun der Ladepumpenzylinder mehr nach rechts wanderte). Der – in seiner Kanalführung wesentlich vergrößerte – Zylinder war an einem großen, verrippten Überströmkanaldeckel an der Rückseite und dem Leichtmetall-Zylinderkopf zu erkennen, er trug zwei Gewinde-Auslaßstutzen (weil die Flanschbefestigung

am 175er Zylinder zu starr war und zu Rohrbrüchen Anlaß gab). Für das Gehäuse und die große außenliegende, den Permanentmagnetring tragende Schwungscheibe war hier schon Elektron verwendet. Auf Anhieb leistete der Motor 14 PS bei 5000 U/min; wie alle Vorgängermodelle arbeitete er mit einem seitlich am Zylinder angesetzten Nadeldüsen-Schwimmervergaser, mit Mischungsschmierung (Castrol 1:12–1:15) sowie offe-

Links: Der Motor Typ ORe 250 war für seine Zeit ein begeisternd schönes Stück Zweitaktmotorenbau. Auch das Kurbelgehäuse und der Ladepumpenzylinder (mit Laufbuchse) waren aus Elektronguß. – Rechts: Eine wunderschön restaurierte ORe 250 – nur die Abdeckkappe am Vergasereinlaß ist nicht stilecht.

nem Kettenantrieb zum dreigängigen, kickstarterlosen Sturmey-Archer- oder Hurth-Getriebe mit enger Gangabstufung und Mehrplatten-Korklamellen-Kupplung. Hermann Weber, der Chefkonstrukteur, fuhr diese Maschine (als letzte, dann verbot ihm Rasmussen die Rennfahrerei) noch selbst – außer ihm Walfried Winkler, Arthur Geiss, Arthur Müller sowie Hans Winkler und Gmelch/München. Später auch Ewald Kluge, der sich seine Zweitakt-Erfahrungen auf einer privat gefahrenen englischen Dunelt-Rennmaschine mit Stufenkolben geholt hatte, ehe er von Dresden nach Zschopau überwechselte (und, wie Walfried Winkler, später im »Rennfahrerdörfchen« Adelsberg bei Chemnitz seßhaft wurde). In den Jahren 1927 und 1928 wurde Walfried Winkler mit der ORe 250 deutscher Straßenmeister. Ihre Leistung betrug 1930 17 PS bei 5000 U/min, 1932 fast 18 PS bei 5300 U/min.

NUN AUCH ZWEIZYLINDER-DKW-RENNMASCHINEN

Nachdem es seit 1927 bei DKW auch bereits in der Serie eine Zweizylindermaschine gab, zunächst luft-, dann wassergekühlt, lag es nahe, parallel zu dieser auch eine Rennmaschine zu bauen, schon aus werblichen Gründen. Das geschah 1928 – praktisch durch Verdoppelung des 250er Einzylindermotors zum Zweizylindertyp PRe 500. Die erste Ausführung sah noch zwei – aus Platzgründen unten am Gehäuse im V angeordnete – Ladepumpenzylinder vor, die aber bald durch einen einzigen in Gehäusemitte ersetzt wurden. Dessen exzenterbetätigter Kurzhubkolben wirkte doppelseitig – die Oberseite für den einen, die Unterseite für den anderen Zylinder. Die Arbeitszylinder trugen je nur einen einzigen Auslaßstutzen. Die Leistung des mit nur einem gemeinsamen

Nachdem es auch in der Serie DKW-Zweizylindermotoren gab, dauerte es nicht lange, bis die Rennabteilung ebenfalls eine Waffe für den Kampf in der 500er-Klasse gegen die Viertakt-Konkurrenz schmiedete: Schnittmodell des PRe 500-Motors mit Leichtmetall-Zylinderkopf und exzenterbetätigter, doppeltwirkender Hilfspumpe unten am Kurbelgehäuse.

Warum auch immer – an der 350er-Renn-Klasse war man damals bei DKW noch nicht sonderlich interessiert. Aber es gab schon einen PRe 350-Motor, einen wassergekühlten Ladepumpen-Zweizylinder, mit dem hier Hans Winkler, München, zur Freude seines Zschopauer Chefs (neben ihm) gerade ein Eisrennen auf dem Eibsee gewonnen hat.

Auch der 500er Motor bzw. die Halbliter-
DKW-Rennmaschine wurde von vielen Fahrern
Sonntag für Sonntag eingesetzt; hier eine
dieser Maschinen (bei denen der Kühler nach
Serienbauart als »Balkonkühler« ausgeführt
war – nicht so elegante Lösung wie bei den
Einzylinder-Rennmaschinen); der Fahrer
ist der Hamburger Niemeck.

Es gab auch eine Dirttrack-Rennmaschine
mit dem 500er Ladepumpen-Zweizylindermo-
tor.

Spektakulärer Sturz Toni Bauhofers mit einer
500er Ladepumpen-DKW beim Rundstrecken-
rennen in Königsbruck 1931.

72

Chefkonstrukteur Hermann Weber (Mitte) als Klassensieger beim Inselbergrennen 1925.

Amal-TT-Vergaser ausgerüsteten Motors, der wieder über ein getrennt angeordnetes Burman- oder Hurth-Viergang-Renngetriebe das Hinterrad über Kette/Kettenantrieb, betrug 1929 28 PS bei 4000 U/min, 1930 34 PS bei 5300 U/min, 1931/32 (als das Modell aufgegeben wurde) 36 PS bei 5400 U/min. Diese Leistungssteigerungen standen nicht zuletzt auch mit der schrittweise erarbeiteten günstigsten Nacheilung des Ladepumpengegenüber dem Hauptkolben zusammen. Sie betrug (auch beim 250er Einzylinder) 36° Kurbelwinkel – sicher eines der ersten Beispiele für die Richtigkeit der Theorie, daß moderne Verbrennungsmotoren keine Verdränger-,

sondern Strömungsmaschinen sind. Eine Theorie, von deren entscheidenden Auswirkungen auf die spätere Entwicklung des Hochleistungszweitakters man zu jener Zeit wohl noch kaum etwas ahnte.

Der erste Start der neuen 500er DKW erfolgte 1927 beim 24-Stunden-Rennen auf der Opelbahn und wurde mit der Mannschaft Sprung/Müller zu einem vollen Erfolg: der über 2300 Kilometer erzielte Gesamtschnitt betrug 96 km/h. Besonders eindrucksvoll aber war 1928 der mit den Fahrern Zündorf und Stegmann gegen die BMW-Maschinen von Stelzer und Henne beim Avus-Rennen erzielte Eins/Zwei-Sieg – von da ab gab es praktisch an jedem Sonntag ein Duell zwischen BMW und DKW in der späteren »Königsklasse«, wie sie ob ihrer Attraktivität später genannt wurde.

Von dieser Zweizylindermaschine gab es auch Einzelexemplare mit auf 350 cm³ heruntergebuchstem Motor. Auf Anhieb wurde Meister Sprung mit einer solchen Maschine beim ersten Start Zweiter beim Eilenriederennen 1928 – aber die Weiterentwicklung dieser PRe 350 wurde abgebrochen. Die Klasse wurde für DKW erst fast zehn Jahre später wieder interessant.

DOPPELKOLBEN-MOTOREN
ALS ENTWICKLUNGS-PERSPEKTIVE

1931/32 war es dann soweit, daß man bei DKW die Unmöglichkeit einsehen mußte, mit der bisherigen Einkolben-Konzeption mit symmetrischem Steuerdiagramm

Der DKW-Rennstall in der Hoch-Zeit der Ladepumpenmaschinen 1929 auf der Eilenriede; von links nach rechts u. a.: Fahrer Barthels, Walfried Winkler, Winkler/München, Meister Sprung, Klein/Frankfurt, Niemeck/Hamburg, Xaver Gmelch/München (dahinter Rennleiter Prüssing), Friedrich/Chemnitz und Arthur Geiss. In der Mitte (mit Hut) Direktor Blau/Zschopau. Gefahren wurde hier in den Klassen 175, 250 und 500 cm³.

die für den Konkurrenzkampf gegen die (ja ebenfalls entwicklungsmäßig nicht stehengebliebenen) Viertakter notwendigen Leistungssteigerungen zu erzielen.

Zu dieser Zeit war (s. Seite 59) der Konstrukteur Arnold Zoller für DKW tätig, der sich ebenfalls schon seit geraumer Zeit mit Zweitaktmotoren beschäftigte. Er benutzte die (zu diesem Zeitpunkt längst bekannte und von verschiedenen Konstrukteuren und Herstellern praktizierte) Doppelkolbenbauart, für die er ein Anlenkpleuel entwickelt hatte, das später allgemein als »Zoller-Pleuel« bezeichnet wurde. Mit dieser Konzeption ließ sich, im Gegensatz zum schlitzgesteuerten Einkolbenmotor, ein unsymmetrisches Steuerdiagramm erreichen – mit Hilfe von unterschiedlichen Pleuelanlenkungen konnte die Diagramm-Unsymmetrie noch variiert werden.

Zoller nutzte damit das, was auch Prüssing und Weber sofort erkannten: mit dem unsymmetrischen Steuerdiagramm ergibt sich die Möglichkeit, durch Offenbleiben des Überström- nach Schließen des Auslaßschlitzes das leistungshemmende (und verbrauchssteigernde) Abströmen von kostbarem Frischgas durch den Auslaß zu verhindern, ja sogar zu einer Überladung des Doppelzylinders zu kommen, sofern nur ein ausreichendes Ladevolumen zur Verfügung steht.

Zoller selbst war ursprünglich gar nicht wegen der Möglichkeit, mit Hilfe dieser Konstruktion Hochleistungszweitakter zu bauen, zum Doppelkolben-Zweitakter gekommen. Er wollte vielmehr zusammen mit dem von ihm entwickelten Flügelgebläse, einen solchen Motor im Endeffekt so elastisch machen, daß er, wie eine Dampfmaschine, ohne Getriebe auskäme. Es war das Schicksal Zollers, daß er immer wieder von seiner eigentlichen Zielsetzung abgedrängt und zum Bau von Hochleistungs-Zweitaktern veranlaßt wurde (auch der Berliner Rennfahrer Macher fuhr beispielsweise einen DKW-Rennwagen, in dem zwei Zoller-Zweizylinder-Doppel-

Konstrukteur Arnold Zoller, der den Doppelkolben-Motor nach Zschopau brachte und der dort auch bereits mit Drehflügel-Ladern experimentierte.

Kaum daß die ersten 250er Doppelkolben-Rennmaschinen auch in Privatfahrerhand bei internationalen Rennen aufgetaucht waren, brachte die französische Fachzeitschrift Moto Revue – bekannt für ihren hervorragenden Inhalt – diese Detailzeichnungen des DKW-Ladepumpenmotors.

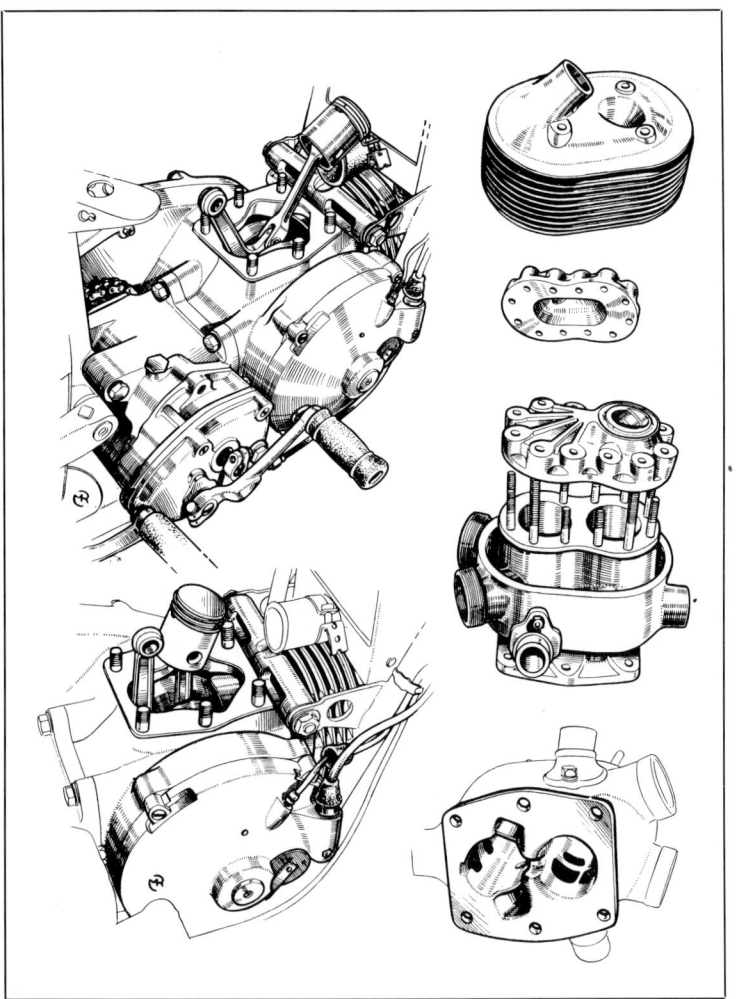

74

kolbenmotoren mit dazwischengesetztem Zoller-Kompressor zu einem Einliter-Rennmotor zusammengebaut waren, s. Seite 121).

Prüssing jedenfalls griff die Zollerschen Gedanken auf und stellte die gesamte DKW-Rennmotorenentwicklung in Übereinstimmung mit Rasmussen und Chefkonstrukteur Weber auf Doppelkolben um. Einen solchen Motor kann man sich (s. Seite 58) aus einem in der Mitte zu einem U umgebogenen langen Zylinder mit zwei ursprünglich gegenläufigen Kolben vorstellen, die nun, bei parallel stehenden, über einen Zylinderkopf mit gemeinsamem Brennraum verbundenen Zylindern, über zwei getrennte oder kombinierte Pleuel auf einen gemeinsamen Hubzapfen arbeiten. In dem einen Zylinder befinden sich die Überström-, im anderen die Auslaßschlitze, so daß das einströmende Frischgas das verbrannte Altgas vor sich herschieben muß, also nicht vorzeitig durch »Kurzschluß« (wie beim Einkolbenmotor möglich) entweichen kann. Die erwähnte Unsymmetrie des Steuerdiagramms verbessert diese Verhältnisse noch.

In der zusätzlichen Entwicklung eines Kompressors nach Bauart Zoller als Ladeorgan für die neu zu konzipierenden Doppelkolben-Rennmotoren freilich sah man in Zschopau zu große Schwierigkeiten. Deshalb griff man auf den Kolbenlader zurück, der aber – ursprünglich wollte man ihn nach der bisherigen Modalität nur zur Vergrößerung des Kurbelkammer-Ladevolumens be-

Walfried Winkler mit einer der ersten Membran-Maschinen.

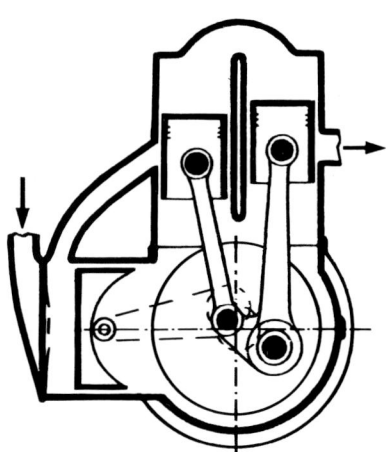

Funktionsschema des Doppelkolben-Werksrennmotors mit Membran-Einlaßsteuerung in den kurbelgehäuse-unabhängigen Ladepumpenraum.

nutzen – nicht als Ergänzung der Kurbelkammerpumpe dienen, sondern mit seiner Oberseite direkt in den vorderen Zylinder laden sollte. Damit die Überströmleitung möglichst kurz gehalten werden konnte, wurde der Ladepumpenzylinder mit dem (nunmehr, wegen seines erheblich größeren Durchmessers, durch zwei Exzenterpleuel betätigten Kolben rechtwinklig zum stehenden Hauptzylinder vor dem Motor angeordnet. Und da der kurzhubige Kolben für eine Schlitzsteuerung nicht geeignet erschien, erfolgte die Einlaßsteuerung durch ein System von Membranplättchen (mit denen man bei DKW ja bereits Erfahrungen am 350er Serienmotor gewonnen hatte). Durch zwei nach den Seiten herausgeführte Vergaser erfolgte die Beaufschlagung des im Ladepumpen-Deckel untergebrachten Membransystems bzw. die Lieferung der Kraftstoff/Luft-Ladung. Da das Kurbelgehäuse bei dieser Konzeption frischgas- und damit ölfrei blieb, mußte der Motor statt mit der auch in den Rennmotoren bewährten simplen Mischungs-

75

Auch die Werksfahrer-Doppelkolbenmaschinen waren zunächst mit dem Gehäuse der SB-Modelle aufgebaut und hatten sogar deren Kickstarter. Die geänderte Funktion der Ladepumpe bedingte Getrenntschmierung (man erkennt die Ölpumpe in Verlängerung der Kurbelwelle).

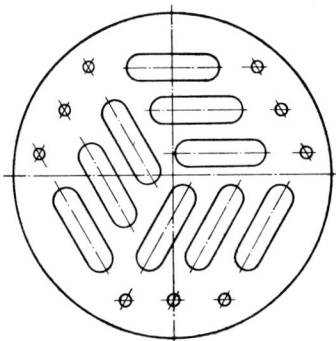

Anordnung der Einlaßmembran-Zungen am Motor der URe 250.

schmierung mit einer Frischöl-Pumpenschmierung arbeiten. Der Kraftstoff erhielt trotzdem, quasi zur Obenschmierung im Zylinder, noch einen Ölzusatz (von allerdings nur 1:50).

Als erste Doppelkolben-Konstruktion entstand 1933/34 bei DKW das Modell URe 175/250. In diesem Fall betrug (bei zweimal 40 bzw. 47,5 mm Bohrung und 68,5 mm Hub) die gefundene günstigste Voreilung (hier nicht

Nacheilung!) des Ladepumpenkolbens 34° Kurbelwinkel, die Überströmschlitze im vorderen Zylinder blieben noch 15° nach Schließen der Auslaßöffnung zur (begrenzten) Überladung offen.

Der 250er Motor (der der wichtigste war) hatte sofort seine Maximalleistung schon bei 4200 U/min mit 22 PS. Besonders beeindruckend und wichtig aber war der Verlauf der Leistungs- und Drehmomentkurven – mit keiner

1935 sah das Triebwerk der URe 250 dann schon so aus: noch immer Blockgetriebe, aber geänderte Zylinderausführung mit vom (Bronze-)Zylinderkopf getrennter, verrippter Leichtmetall-Wasserhaube. Doppelrohrrahmen mit Kühler zwischen den Vorderrohren (noch ohne Hinterradfederung).

1937 wurden Zylinder und Kühler senkrecht gestellt, das Fahrwerk erhielt die DKW-typische Hinterradfederung mit geführter Schwinge nach Benelli-Bauart. Schwungradmagnetzünder noch mit außen laufender Elektron-Schwungscheibe. Getrenntes Vierganggetriebe.

anderen Steuerung wurde später die für den Durchzug des Motors von unten herauf (also sein Beschleunigungsvermögen) so günstige Motorcharakteristik wieder erreicht, wie ein Vergleich der Kurven in den Diagrammen (s. Seite 84) zeigt.

Ein dauerndes Sorgenkind aber war gerade die für diese Charakteristik verantwortliche Membransteuerung: nach mancherlei Versuchen fand sich schließlich in schwedischem Uhrfederstahl das relativ bestgeeignete Material für die Membranzungen, die bei höheren Drehzahlen einfach »nicht mehr mitmachten«, das heißt unkontrolliert die Einlaßöffnungen in den Pumpenzylinder freigaben oder verschlossen und die, Ursache häufiger Brüche, im Stroboskop die wildesten Eskapaden erkennen ließen, wenn die Drehzahl der kritischen Schwingungen erreicht war.

Aber die Leistung, die im Laufe der Weiterentwicklung auf knapp 24 PS gesteigert werden konnte, ließ die Richtigkeit des eingeschlagenen Weges erkennen. Nur eben scheiterte eine weitere Leistungssteigerung (die im Hinblick auf die nachziehende Viertaktkonkurrenz unbedingt erforderlich war) an der Membransteuerung, die keine Drehzahlerhöhung über 4800 U/min zuließ. Dazu kam die Notwendigkeit, von der Anordnung der Ladepumpe abzugehen, die starke Rüttelschwingungen bei höheren Drehzahlen verursachte. Außerdem erschien der Verbindungskanal zwischen Ladepumpe und vorderem Arbeitszylinder doch noch ungünstig lang.

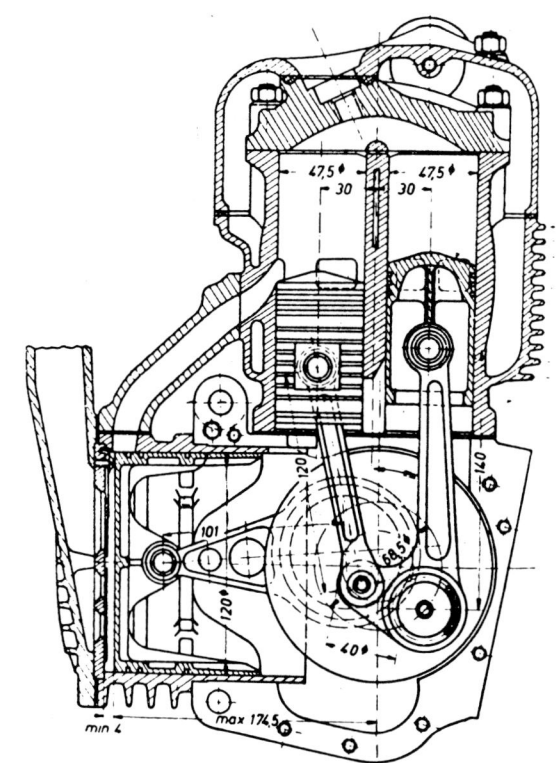

Schnittzeichnung des DKW-Membranmotors mit 250 cm^3. Die Trennung von Zylinderkopf und Wasserhaube ist gut erkennbar, ebenso die Anordnung der Ladepumpe.

1937 leistete der Membranmotor etwa 24 PS bei 4500 U/min bei ausgezeichnetem Durchzugsverhalten von unten heraus – aber die Membranschwierigkeiten verhinderten die notwendige weitere Steigerung der Spitzenleistung.

DER GROSSE WURF: DIE DREHSCHIEBER-ZWEIHUNDERTFÜNFZIGER

Als Konsequenz dieser Überlegungen gelang dann – nach einer Zwischenlösung (s. Seite 78) mit stehend vor dem Motor angeordneter, kettengetriebener Ladepumpe mit eigenem Kurbeltrieb und dem Membransystem auf dem Zylinderdeckel (und kurzer Überströmpassage zum Arbeitszylinder) im Jahr 1936 – die nicht den erhofften Erfolg brachte, weil ja die Nachteile der Membransteuerung geblieben waren – 1937 der entscheidende Schritt. Die wiederum vorn stehend angeordnete Ladepumpe mit eigenem Kurbeltrieb erhielt anstelle des Membransystems in ihrem Zylinderdeckel einen Walzendrehschieber mit zwei beidseits angeschlossenen Amal-TT-Vergasern. Der Antrieb der Ladepumpe erfolgte über Stirnzahnräder von der Motor-

77

Links: Zwischenlösung: Membraneinlaß in gesondert angetriebene Kolben-Ladepumpe (erstmals eingesetzt bei der TT 37).

Rechts: Funktionsschema des Drehschieber-Doppelkolbenmotors (erstmals eingesetzt beim Großen Preis 1937 in Spa).

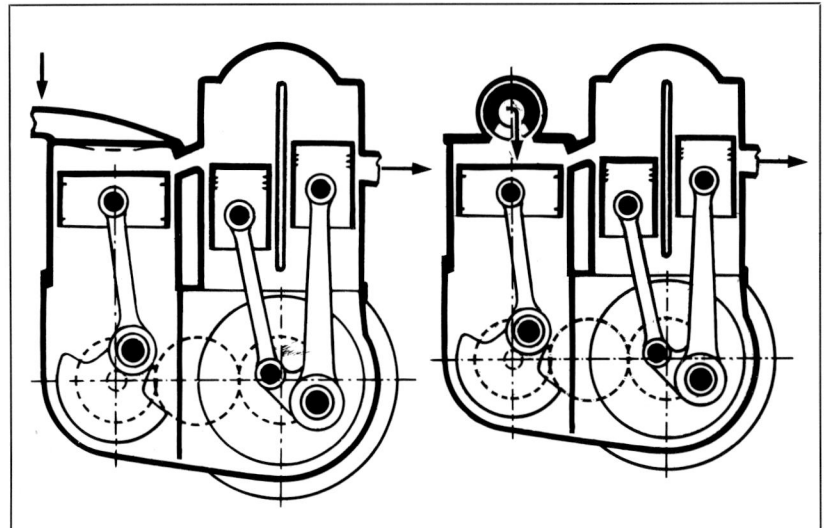

1937 erfolgte der Übergang zur Drehschieber-Einlaßsteuerung und getrennt angeordneter, mit Zahnrädern angetriebener Kolbenladepumpe (s. Funktionsbild oben rechts).

kurbelwelle, ebenso der Antrieb des Drehschiebers (insgesamt sieben Zahnräder!).

Die neue Motorenkonstruktion, die die Typenbezeichnung ULD 250 trug, brachte sofort mehr Leistung als der Membranmotor, dazu absolute Betriebszuverlässigkeit trotz weiterer Drehzahlsteigerung, so daß der Mehraufwand durch die beiden Zahnradtriebe gerechtfertigt erschien.

Diese geradezu berühmt gewordene Drehschieber-Maschine fuhren Kluge, W. Winkler und Petruschke 1937/38/39 von Erfolg zu Erfolg. So gewann Kluge 1938 außer der Europameisterschaft auch den Großen Preis von Deutschland in Hohenstein-Ernsttal sowie die Großen Preise von Belgien, Holland und Ungarn, dazu zahlreiche Bergrennen; vor allem aber gewann er 1938 die Lightweight-TT auf der Isle of Man. (Nicht Schorsch Meier mit der BMW war also, wie gelegentlich behauptet wird, der erste Deutsche, der 1939 mit einer deutschen Maschine eine TT gewann, sondern, schon ein Jahr früher, Ewald Kluge mit der DKW.) Kluge gewann im übrigen 1938 bei 17 Starts 17mal mit der 250er Drehschieber-DKW.

Erst 1939 fand diese Maschine ihren Meister in der neuen italienischen Moto Guzzi mit Kompressor (der

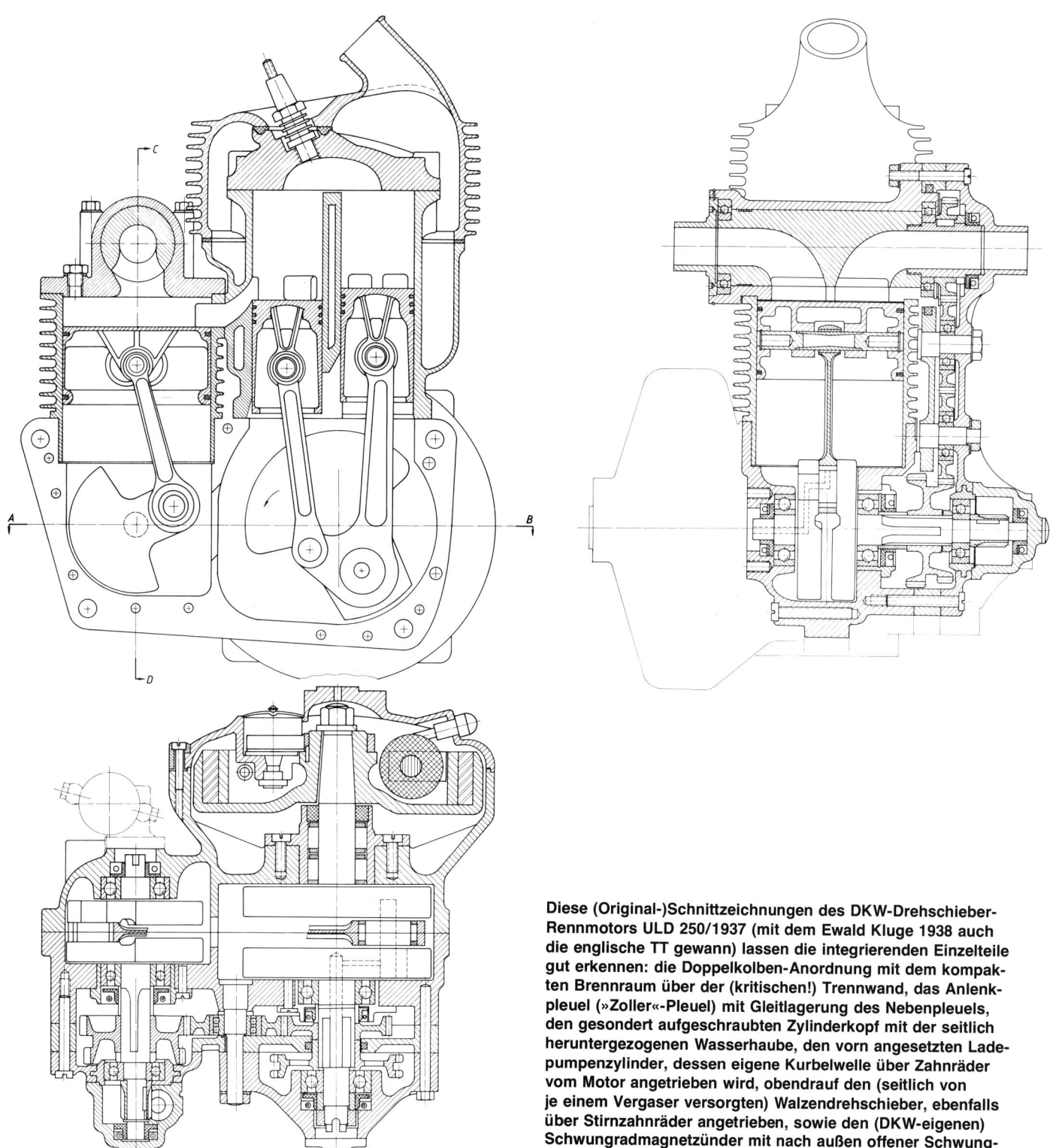

Diese (Original-)Schnittzeichnungen des DKW-Drehschieber-Rennmotors ULD 250/1937 (mit dem Ewald Kluge 1938 auch die englische TT gewann) lassen die integrierenden Einzelteile gut erkennen: die Doppelkolben-Anordnung mit dem kompakten Brennraum über der (kritischen!) Trennwand, das Anlenkpleuel (»Zoller«-Pleuel) mit Gleitlagerung des Nebenpleuels, den gesondert aufgeschraubten Zylinderkopf mit der seitlich heruntergezogenen Wasserhaube, den vorn angesetzten Ladepumpenzylinder, dessen eigene Kurbelwelle über Zahnräder vom Motor angetrieben wird, obendrauf den (seitlich von je einem Vergaser versorgten) Walzendrehschieber, ebenfalls über Stirnzahnräder angetrieben, sowie den (DKW-eigenen) Schwungradmagnetzünder mit nach außen offener Schwungradglocke, die den Permanentmagnetring trägt – aber mit Bosch-Unterbrecher!

1937 begann die Zeit der DKW-Über-
legenheit, national wie international,
in der 250er-Klasse mit der Drehschiebermaschine, gefahren von
Walfried Winkler, Ewald Kluge (im
Bild) und Petruschke. Die Krönung
war der Sieg Kluges 1938 bei der
englischen TT.

Sieg einer italienischen Einzylinder-Benelli bei der 1939er Lightweight-TT war offenkundig nicht nur eine Frage der höheren Motorleistung des Doppelnocken-Viertakters, sondern auch der – bei den herrschenden katastrophalen Witterungsverhältnissen besonders wichtig – besseren Streckenkenntnis ihres englischen Fahrers Mellors).

Die Drehschiebersteuerung war im unteren und mittleren Drehzahlbereich der Membransteuerung füllungsmäßig unterlegen. Ab 5000 U/min aber setzte sich die Leistungskurve des Membranmotors hier ansteigend fort, und bei 6000 U/min leistete der 250er Drehschiebermotor mehr als 28 PS.

Der 250er-Drehschiebermotor von der Zünderseite – hinterrad-gefedertes Doppelrohr-Fahrwerk, senkrechtstehender Zylinder und Kühler, zwei Vergaser am Walzendrehschieber-Einlaß.

Die Antriebsseite des Drehschiebermotors mit offenlaufendem Primärtrieb zum getrennten Vierganggetriebe. Bauch-Öler zur Versorgung von Motor und Ladepumpe mit Frischöl.

Ewald Kluge auf seiner Siegesfahrt mit der Drehschieber-DKW bei der Lightweight-Tourist Trophy auf der Isle of Man 1938.

ES GEHT NICHT MEHR OHNE KOMPRESSOR

Die sich bereits 1938 abzeichnende und dann 1939 deutlich sichtbar gewordene Gefahr für den Rennzweitakter durch die mit Kompressor ausgerüsteten ein- und mehrzylindrigen italienischen Viertakter zwang in Zschopau zu neuen, tiefgreifenden Entwicklungsarbeiten, damit der errungene Vorsprung gehalten werden konnte. Und während es 1933/34 um die Ablösung des

nicht mehr steigerungsfähigen Einkolbenmotors durch den Doppelkolben gegangen war, ging es nun um einen Ersatz des oszillierenden Kolbenladers, der mit seinen großen hinundhergehenden Massen die Drehzahl bei ca. 6000 U/min begrenzte. In der Beschleunigung waren die Zschopauer Zweitakter den Italienern auch 1938/39 noch gewachsen – aber in der Spitze fehlte es an Leistung. Sollte also zwecks weiterer Leistungssteigerung eine Drehzahlsteigerung erfolgen – dann nur mit einem

Ansicht der Vierkolben-Kompressormaschine in der ersten Ausführung (US 250), noch mit dem gekapselten Schwungrad-Magnetzünder in der bisherigen Ausführung.

Rechts: Ewald Kluge mit der Kompressor-Maschine im Training zum Eilenriederennen 1939.

Ing. Herb. Friedrich, maßgeblich an der Entwicklung der Kompressormotoren und des Kompressors beteiligt.

rotierenden Ladeorgan, einem Rotations-Kompressor. Das seinerzeit im Rennwagenbau überwiegend verwendete Rootsgebläse erschien für den vorliegenden Zweck aus verschiedenen Gründen nicht geeignet. Man entschied sich deshalb für ein sogenanntes Drehflügelgebläse, und zwar zunächst mit freifliegenden Schaufeln. Bei diesem drehte sich in einem zylindrischen Gehäuse ein exzentrisch in den Seitendeckeln gelagerter zylindrischer Rotor mit radialen Einschnitten, in denen Stahlschaufeln (Flügel) gleiten konnten, die sich, wenn

der Rotor in Drehung versetzt wurde, unter Einwirkung der Fliehkraft nach außen, zur Gehäusewandung zu, bewegten. Damit sie aber dort nicht anliefen, in kürzester Zeit den Ölfilm weggerieben hätten und zum Fressen gekommen wären, waren an beiden Rotorseiten im Gehäuse frei rotierende Tragringe aus Bronze eingebettet, gegen die sich die Schaufeln legten und auf diese Weise im Abstand von etwa 0,2 mm von der Gehäusewand gehalten wurden.

Allerdings hatte man Änderungen auch am Motor vorge-

Die 250er-Kompressor-DKW (US 250) von der Antriebsseite – Primärkette offenlaufend.

82

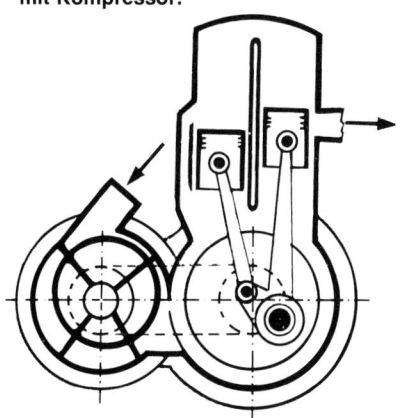

Die US 350 (350er-Kompressor-Ma-schine) in ihrer zweiten Ausführung mit geändertem Kompressor und gekapseltem Primärantrieb.

Funktionsschema der DKW-Doppel-kolbenmotoren 250/350/500 cm³, mit Kompressor.

nommen: der 250er mit bisher zwei Kolben enthielt nun vier und zwei getrennte Brennräume, war also zum echten Zweizylinder geworden. Das Drehflügelgebläse wurde vorn direkt an das Motorgehäuse angeblockt, das vom Gebläse (Kompressor) angesaugte Kraftstoff/Luft-Gemisch über das als Druckausgleichskammer dienende Kurbelgehäuse den beiden Überströmzylindern zugeführt (was den Vorteil brachte, daß dieser Motor nun wieder mit der einfachen Mischungsschmierung – Mischungsverhältnis 1:18 – gefahren werden konnte). Da der Kompressor das Frischgas kontinuierlich ansaugte, bedurfte es keiner Einlaßsteuerung am

Heiner Fleischmann, von NSU zu DKW übergewechselt, sollte bevorzugt mit der 350er Kompressormaschine eingesetzt werden und zeigte schon bei den ersten Einsätzen, wie gut er mit diesem Motorrad zurechtkam. – Rechts: Fleischmann mit der 350er Kompressor-Maschine beim Hamburger Stadtparkrennen im Mai 1939, wo er lange Zeit überlegen seine Klasse anführte, dann aber wegen zweimaligen Kerzenwechsels auf den zweiten Platz zurückfiel. In der Boxe (mit Mütze) Rennmonteur Kurt Haase, links (der Zweite) Elektromeister Rudolph, der bei jedem Rennen zur Stelle war.

Auch von der rechten Seite bot die Kompressor-Maschine (hier die US 350) einen anderen Anblick als die erste Ausführung: der Schwungrad-Magnetzünder (mit der schweren Schwungscheibe) war jetzt durch einen neuen Rennmagnetzünder mit leichtem Innen-Rotor ersetzt, eine Entwicklung des AUTO UNION-DKW-Elektrowerks Chemnitz.

Eingang des Gebläses, das in der ersten Ausführung von der Kurbelwelle über Kette angetrieben wurde.

So erfreulich die mit dem Kompressormotor erreichte Leistung war (nahezu 35 PS bei 6500 U/min, also ca. 25% mehr als der letzte Drehschiebermotor!), so viele Sorgen bereitete der Kompressor. Entgegen den theoretischen Erwartungen entstand doch ein starker, verschleißverursachender Schlupf zwischen den angetriebenen Schaufeln und den freilaufenden Tragringen, der dazu führte, daß schon nach kurzer Laufzeit die Schaufeln wieder an der Gehäusewand anliefen – und dann das Gebläse ganz brüsk zum Blockieren brachten.

So war man in Zschopau zu einer Umkonstruktion gezwungen, die sowohl den Kompressor als auch den Motor betraf (der auch gleich noch in einer 350er Version fertiggemacht wurde).

Das neukonzipierte Gebläse entsprach hinsichtlich seiner Funktion durchaus dem bisherigen. Aber der weiterhin exzentrisch im Gehäuse laufende Rotor war nun hohl, auf einer im Rotor zentrisch zum Gehäuse liegenden Welle waren die Schaufeln einzeln wälzgelagert. Sie führten durch Schlitze im Rotor und wurden, unabhängig von der Drehzahl des Kompressors und den einwirkenden Fliehkräften, durch ihre zentrische Lagerung stets

Die beiden Diagramme vermitteln einen guten Eindruck von der Leistungs-Entwicklung der 250er und 350er DKW-Rennmotoren (GS 250 bzw. 350 sind die Leistungskurven der an anderer Stelle beschriebenen, unter Prüssings Leitung in einem sowjetischen Konstruktionsbüro nach dem Krieg in Chemnitz entwickelten Gegenkolben-Zweitaktmotoren).

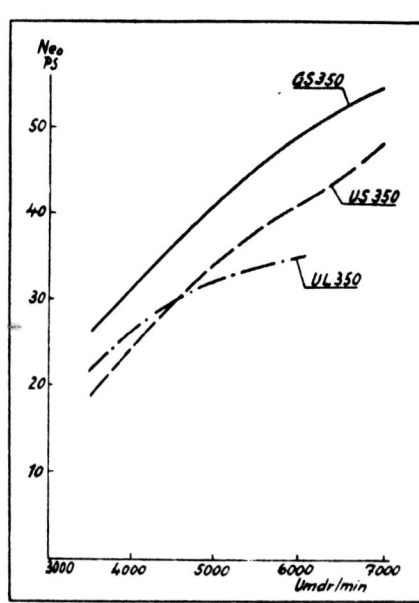

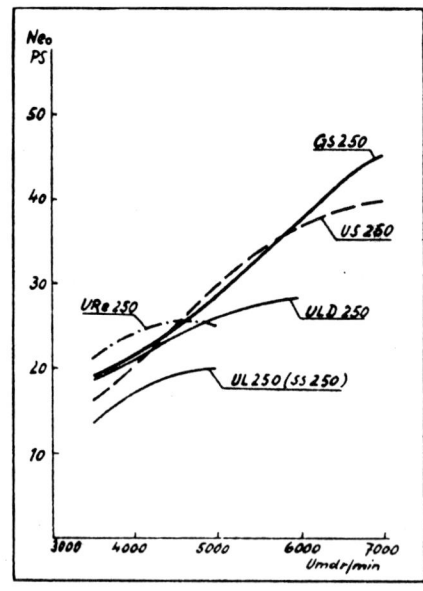

84

Die Hauptteile des fünfhunderter Dreizylinder-Kompressor-Motors, provisorisch zusammengesteckt. Im Hinblick auf die Kompressorentwicklung war der US 500-Motor weiter zurück, als die Entwicklungsarbeiten während des Krieges abgebrochen werden mußten.

verschleißfrei in genau bemessenem, geringfügigem Abstand von der Gehäusewand gehalten. Die Entwicklung dieses Kompressors und der Motoren lag in den Händen von Renningenieur Friedrich, der – als letzter »Übriggebliebener« der bei Kriegsbeginn 1939 stillgelegten Rennabteilung – diese Arbeiten auch noch mit Erfolg zu Ende führen konnte.

Denn wenn auch mit dem so geänderten Kompressor sich keine Schwierigkeiten durch anlaufende Schaufeln mehr einstellten, so nun durch den Rotor. Der erreichte hohe volumetrische Wirkungsgrad des Kompressors in seiner neuen Ausführung (bis 75%) erforderte möglichst geringe Spaltluft zwischen Rotor und Gehäuse dort, wo beide sich nahezu berühren. Eine gewisse Elastizität des Rotors führte zur Durchmesserzunahme bei hohen Drehzahlen, und die nach einiger Zeit zu Dauerbrüchen. (Das war auch die Ursache, warum 1939 am Sachsenring statt der Kompressor- nochmals die Drehschiebermaschine im Rennen eingesetzt werden mußte, die dann, erwartungsgemäß, von der höheren Spitzengeschwindigkeit der Moto Guzzi geschlagen wurde.) Was leistungsmäßig in der neuen Vierkolbenmaschine steckte, demonstrierte 1939 beim Hamburger Stadtparkrennen Heiner Fleischmann, der Rundenzeiten fuhr, die nahe an die der 500er Kompressor-BMWs herankamen. Dieses relativ kurze Rennen hielt der Kompressor durch – daß die DKW trotzdem nur auf den zweiten Platz kam, lag an Zündschwierigkeiten und einer durchblasenden Kurbelwellendichtung.

Ing. Friedrich hat dann, wie bereits gesagt, weiter am Kompressor arbeiten können und ihn bis Mitte 1941 (als auch die letzten Versuchsarbeiten mit Rennmotoren eingestellt werden mußten) noch zu voller Standfestigkeit gebracht. Zwar gab es zu dieser Zeit keine Gelegenheit mehr, das unter Beweis zu stellen – wohl aber einige Jahre später. Dann freilich unter Voraussetzungen, an die 1941 noch kaum jemand hätte denken können. Jedenfalls leisteten die Kompressormotoren auf ihrem

Dieses sicher einmalige Foto, das nach dem Krieg aufgenommen wurde, als ein Zwickauer Rennfahrer in den Besitz der übriggebliebenen Teile eines US 500-Motors gekommen war und ihn komplettieren wollte, vermittelt einen interessanten Eindruck von dieser Neuentwicklung – auch wenn es sich nur um Einzelteile handelt. Bemerkenswert vor allem die Ausbildung des dreizylindrigen Blocks (die Einzel-Köpfe fehlen), um den sich der Wassermantel ebenso schließt wie die (verrippte) Wasserhaube über den Köpfen. Die Kurbelwelle ist noch ohne die Anlenkpleuel. Der lange Kompressor-Rotor läßt die Schwierigkeiten ahnen.

letzten Entwicklungsstand 1941 bei 7000 U/min knapp 40 PS als 250er und 48,5 PS als 350er. Je ein 250er und 350er Motor waren außerdem für Rekordversuche fertiggemacht worden (zu denen es aber dann nicht mehr kam); sie leisteten 50 PS aus 250 und 60 PS aus 350 cm³ – allerdings mit Alkohol-Kraftstoff (der ja für Rekordfahrten zugelassen war).

Im Zuge der Kompressormotoren-Entwicklung war auch eine 500er Version in Vorbereitung, die ersten Versuchsmotoren waren bei Kriegsbeginn schon montiert. Es handelte sich um einen Dreizylinder- (also Sechskolben-)Motor, in der Grundkonzeption der 250er und 350er Variante gleich, aber mit entsprechend längerem Kompressor (und da der in der ursprünglichen Ausführung verständlicherweise eher noch mehr Schwierigkeiten erwarten ließ als die kürzere Ausführung für die kleineren Vierkolben-Motoren, wurde die Entwicklung des interessanten 500er Dreizylinders zunächst bis zur Lösung der Kompressor-Probleme zurückgestellt).

Aufbau-Schema der Zweizylinder-Doppelkolbenmotoren, wie sie mit 350 und 500 cm³ für die Solo- und mit 600 und 700 cm³ für die Gespannmaschinen gebaut wurden. Rechts Zylinderblock und -kopf.

DIE ENTWICKLUNG DER DOPPELKOLBEN-ZWEIZYLINDERMOTOREN

Als 1933 sich am 250er Motor die Überlegenheit der Doppelkolben- gegenüber der Einkolben-Bauart gezeigt hatte, war man in der Zschopauer Rennabteilung auch an eine Parallelentwicklung für die Halbliterklasse herangegangen. Nachdem mit dem PRe-Motor keine Erfolge mehr zu erzielen waren, entstand der Typ UL 500, mit dem Rosemeyer, Bauhofer, Ley und Mansfeld, auch

Bodmer und Herz, dann ihre Erfolge erringen konnten. Obwohl es auch Versuche mit 500 cm³-Vierkolbenmotoren mit Membran- und Drehschieber-Einlaßsteuerung (ULM und ULD 500) oben auf dem Zylinderdeckel einer zweikolbigen, vor dem Motor stehender Ladepumpe gab (s. Seite 88/89), entschied man sich bei DKW doch (weil diese Ausführungen in der Zweizylinder-Bauart zu kompliziert erschienen) für die mechanisch einfachere mit unten am Gehäuse angesetzter, wiederum doppelt wirkender Ladepumpe und Einlaßsteuerung durch die Kolben der hintenliegenden Arbeitszylinder, Antrieb des Pumpenkolbens von der Kurbelwelle mit Exzenter.

Auch der 500er-Rennmotor wurde 1934 auf die Doppelkolben-Bauart umgestellt, d. h. mit vier Kolben ausgeführt. Die Vorverdichtung erfolgte aber – von andersartigen Experimenten abgesehen – im Kurbelgehäuse, dessen Ansaugvolumen, wie vorher beim PRe 500, durch eine gewaltige doppeltwirkende Ladepumpe beträchtlich erhöht wurde. Das Bild zeigt die erste Ausführung der UL 500 von 1934.

86

Links: Toni Bauhofer mit der 1934/35 eingesetzten UL 500 – noch mit zweidimensionalem, lediglich unten gegabeltem Rohrrahmen und DKW-typischem Kühler (wie in der Einzylinder-Nasenkolbenzeit). – Rechts: Auch Bernd Rosemeyer fuhr noch die erste Ausführung der UL 500 (erkenntlich am Kühler!), nachdem er – nach seinem Weggang von NSU – bei Langstreckenwettbewerben (2000 km-Fahrt, Sechstagefahrt u. a.) auf DKW-Maschinen aktiv und erfolgreich gewesen war.

Schon nach kurzer Erprobungszeit wurde diese Maschine 1934 erstmals unter den Fahrern Bauhofer, Rosemeyer und Ley eingesetzt und brachte sofort vollen Erfolg. Bauhofer siegte auf der Eilenriede in neuer Rekordzeit und wurde Eilenriedemeister, Ley konnte im gleichen Jahr den Großen Preis von Deutschland in Hohenstein-Ernsttal gewinnen.

Hand in Hand mit der Weiterentwicklung des 250er Doppelkolbenmotors gingen verständlicherweise stetige Änderungen und Verbesserungen auch am Fahrgestell – die letzte, ganz entscheidende, war der Übergang zur Hinterradfederung (einer Schwingenfederung mit Federzylindern kurz vor den Achsaufnahmen, die eine hervorragende Steifigkeit besaß und die ähnlich einer Benelli-Konstruktion gebaut war). Die Bilder zeigen an Hand der verschiedenen Entwicklungsstufen der Viertelliter-Rennmaschine auch die Wandlungen, denen das Fahrwerk unterworfen wurde, um eine Straßenlage zu

Für die Saison 1936 wurde die UL 500, deren Straßenlage alles andere als befriedigend war, umgebaut. Sie erhielt ein völlig neues, nunmehr hinterradgefedertes Doppelrohr-Fahrwerk, zwischen dessen Vorderrohren der Kühler untergebracht war, und auch der Motor wurde verbessert und leistungsgesteigert (man erkennt die geänderte Zylinderkopf-Ausführung). Diesen Motor gab es auch mit 600 und 700 cm³ (für die Beiwagenmaschinen).

erreichen, die die immer höher werdende Motorleistung auch auf die Straßen bringen und die möglichen Geschwindigkeiten risikolos ausfahren ließ.

Auch bei der neuen 500er Rennmaschine zwangen die Erfahrungen aus der ersten Rennsaison zur Verbesserung der Straßenlage. Wieder lassen die Bilder erkennen, wie durch Tieferlegen des Schwerpunkts, Zurücknehmen des Kühlergewichts und andere Tankform das

Fahrwerk der Motorleistung angepaßt wurde – nicht zuletzt auch durch Einführung neuer Vollnabenbremsen aus Elektronguß (auch die Felgen bestanden damals schon mindestens teilweise aus Elektron, um Gewicht zu sparen, wo immer das möglich schien); denn Anlage und Inhalt der Wasserkühlanlage bedeuteten ebenso ein Gewichtshandicap gegenüber den leichteren luftgekühlten Viertaktern der Konkurrenz wie das mitzuführende

Ein Versuch, den 500er Vierkolbenmotor mit einer zweizylindrigen zahnradgetriebenen Kolbenladepumpe mit Membraneinlaßsteuerung und zwei Vergasern auszuführen, wurde wieder aufgegeben (Funktion siehe Schemabild der Einzylinder-Versuchsausführung auf Seite 78). Typenbezeichnung wäre URM 500 gewesen.

88

Auch dieser Versuch kam nicht zur Einführung (die rekonstruierte Seltenheit steht im Zweitakt-Museum Augustusburg): statt der Membran-Einlaßsteuerung in die zweizylindrige Kolbenladepumpe des 500er Motors (s. Seite 88) sollte bei dieser ULD 500 ein Walzendrehschieber (wie bei der so erfolgreichen ULD 250, s. Seite 78) Verwendung finden.

Der Versuch, die Vordergabelabfederung der UL 500/1934 anstelle einer Schraubenfeder mit Hilfe der Neiman-Gummielemente auszuführen, wurde schnell wieder aufgegeben.

erhebliche Kraftstoffquantum – die Folge des starken Dursts dieser Hochleistungs-Zweitakter.

Um auch DKW-Erfolge in den beiden Seitenwagenklassen, die zu jener Zeit ausgeschrieben wurden, erringen zu können, wurden auf der Basis des UL 500 Vierkolben-Ladepumpenmotoren mit 600 cm³, später auch mit 700 cm³, fertiggemacht. Bis 1935 wurde für die DKW-Gespanne, die von Kahrmann, Babl, Braun und später Schumann gefahren wurden, noch das Fahrgestell der 1934er Solomaschine benutzt, später ein Spezial-Fahrgestell. Bei diesem war der rechte Unterzug des Doppelrohrrahmens besonders stark und bis zur Hinterachse durchgehend ausgebildet, um einen genügend stabilen Beiwagenanschluß zu ermöglichen – Maschinen- und Seitenwagenrahmen wurden so zu einer steifen Einheit. Ansonsten ähnelte das Fahrwerk weitgehend dem der Solomaschine des Jahres 1936 mit ca. 15° schräg nach vorn geneigt eingebautem Kühler zwischen den vorderen Rahmenrohren.

1935 hatten auch die bei Gespannrennen eingesetzten Maschinen noch den Gesamtaufbau der 1934er Solo-Fünfhunderter.

1936 erhielten dann die Gespannmaschinen Fahrwerk und Motor der geänderten Solo-Ausführung.

Wahrscheinlich das einzige DKW-Seitenwagengespann (von Schumann gefahren), das den Krieg überlebte, befindet sich heute, leider nicht komplett, im Besitz der Nürnberger Hercules-Werke (derzeit im Neckarsulmer Zweirad-Museum).

Der Vierkolben-Motor der Schumannschen Gespannmaschine. In der Gehäusekappe, die außen den Drehzahlmesserantrieb trägt, befindet sich ein zusätzliches Kurbelwellen-Außenlager, das den Primärkettenzug aufnimmt.

Das hier von Kahrmann/Fulda gefahrene DKW-Gespann hatte schon den neuen Rahmen, der Beiwagen- und Maschinen-Fahrwerk zu einer steiferen Einheit werden ließ.

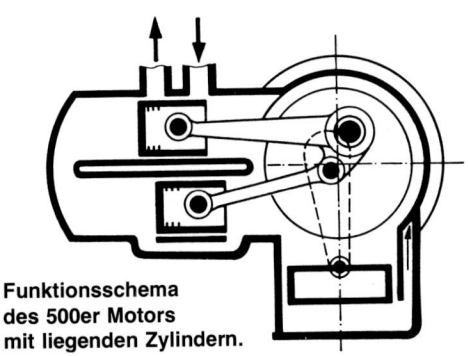

Diese Skizze vermittelt einen Eindruck von dem erwähnten unsymmetrischen Maschinenrahmen, dessen unteres bis zur Höhe Hinterachse durchlaufendes Rohr gleichzeitig das Hauptrahmenrohr des Beiwagenfahrgestells bildete.

EIN INTERESSANTES EXPERIMENT

Nachdem die Probleme mit der Straßenlage bei der Halblitermaschine wegen des hohen Gewichts stets größer waren als bei den kleineren Modellen, wurde 1935 auf Initiative von Renningenieur Franz Ischinger eine Versuchsausführung gebaut, bei der das Fahrgestell nicht aus Rohren, sondern aus Blech bestand, wobei der Kraftstoffbehälter mittragend ausgebildet war. Um eine besonders tiefe Schwerpunktlage zu erreichen, wurde eine Spezialausführung des Vierkolbenmotors mit liegendem Zylinderblock und um 90° dazu versetzter doppelwirkender Ladepumpe gebaut. Der Schwungradzünder mit seiner relativ schweren Schwungscheibe wurde durch einen zahnradgetriebenen Bosch-Standmagnet (mit rotierendem Permanentmagnetanker und feststehender Zündspule) ersetzt, was erheblich bessere Beschleunigungswerte brachte. Für den Einlaß war im Motorgehäuse die Aufnahme für einen Walzendrehschieber vorgesehen, im Renneinsatz wurde der Motor aber

Schon 1935 war auf Initiative Franz Ischingers diese Blechrahmenmaschine entstanden, die einmal durch niedrigere Schwerpunktlage bessere Fahreigenschaften haben, mit einem größeren Tankvolumen auch dem Durst des Zweizylindermotors besser entsprechen sollte. Zu diesem Zweck war der Motor mit liegendem Zylinderblock und rechtwinklig dazu sitzender, nach unten ragender Ladepumpe ausgeführt, der schwere Magnetzünder durch einen kettengetriebenen Bosch-Standmagnet ersetzt worden, und außerdem war (im Bild deutlich erkennbar) am Gehäuse der Einbau eines Walzendrehschiebers vorgesehen. Das Volumen des Tanks war auf über 40 Liter gebracht, und Straßenlage sowie Abzug der (gegenüber der normalen Rohrrahmenausführung erheblich leichteren) Maschine war überzeugend. – Rechts unten: H. P. Müller mit der Blechrahmenmaschine; man erkennt eine relativ leichte Stahlschwungscheibe – die dann versuchsweise auch noch (bis auf die zum Magnetantrieb notwendige Nabe) weggelassen wurde, wodurch die Drehfreudigkeit des Motors beim Hochziehen noch weiter verbessert wurde.

Funktionsschema
des 500er Motors
mit liegenden Zylindern.

nur mit kolbengesteuertem Einlaß gefahren. Die Maschine, die ca. 25 kg leichter war als die Rohrrahmen-Ausführung, war auch in der Spitze besser als diese – und vor allem war sie handlicher und hatte eine sehr gute Straßenlage.

Interne Meinungsverschiedenheiten (und die Tatsache, daß der ebenso bullige wie gegen sich selbst rücksichtslose Mansfeld mit der modifizierten Rohrrahmen-500er gute Erfolge brachte) führten zum Abbruch der Versuche mit der »Blechmaschine« (und im übrigen später zum Überwechseln Ischingers – dem nach Kriegsende die DKW-Motorradproduktion bei der AUTO UNION in Ingolstadt unterstand – zur AUTO UNION-Rennwagenabteilung in Zwickau).

NUN AUCH EINSTIEG IN DIE 350ER KLASSE

1937 entschied man sich bei DKW, wieder in die bisher vernachlässigte Klasse bis 350 cm³ einzusteigen, nachdem es Mr. Moore, dem 1929 nach Neckarsulm gekommenen ehemaligen Norton-Chefkonstrukteur, nicht gelungen war, mit seinem Norton-ähnlichen NSU-Einzylindermotor die die Klasse beherrschenden englischen Maschinen, insbesondere die Original-Norton, zu schlagen. Für dieses Vorhaben war zunächst an eine Vergrößerung des erfolgreichen 250er ULD-, des Drehschieber-Motors, gedacht worden, und die Zeichnungen dafür

waren auch bereits fertig, als man sich entschloß, den 350er Motor auf der Basis des 500ers zu bauen, um schneller einsatzbereit zu sein. So entstand als UL 350 der neue Rennmotor.

Mit 39,5 mm Bohrung und 68,5 mm Hub arbeitete der Motor mit der gleichen doppeltwirkenden Ladepumpe unten am Gehäuse wie seine größeren Vorgänger. Er brachte sofort eine gute Leistung, die dann während der Saison 1938 auf 36 PS bei 6000/min angehoben werden konnte. Damit war die neue 350er DKW der englischen Norton ebenbürtig bzw. leicht überlegen. Gefahren werden sollte sie von Walfried Winkler, Siegfried Wünsche und Walter Hamelehle.

Die Maschine glich im Rahmenbau weitgehend der verbesserten 500er (UL 500-II), der Kühler war senkrecht (um Kopflastigkeit zu vermeiden) im Doppelschleifenrahmen plaziert, der die schon bei der 250er bewährte Hinterradfederung erhielt.

Beginnend mit der Eilenriede wurden 1938 mit ihr alle nationalen Rennen gewonnen – Walfried Winkler wurde Deutscher Meister.

Im Winter 1938/39 wurden Motor und Fahrgestell nochmals überarbeitet, gleichzeitig wurde mit der Entwicklung der 350 cm³-Kompressormaschine (US 350) begonnen. Heiner Fleischmann aber konnte mit der modifizierten UL 350, also der Ladepumpenmaschine, 1939 die englische Konkurrenz eindeutig ausschalten und gewann die Europameisterschaft seiner Klasse. (Da Ewald Kluge 250er Europameister wurde, gewannen

Als sich ein werksseitiger Einsatz auch in der 350er Klasse notwendig machte, wurde die UL 350, eine verkleinerte 500er Vierkolbenmaschine mit doppeltwirkender Hilfspumpe unten am Kurbelgehäuse, in kürzester Anlaufzeit geschaffen und von Walfried Winkler, Heiner Fleischmann und Siegfried Wünsche mit Erfolg gefahren.

Parallel zur Werks-350er wurde in Zschopau 1939 eine kleine Serie einer Maschine für Privatfahrer aufgelegt, die SS 350, die der Werksmaschine weitgehend ähnelte – ein Modell, das die DKW-Freunde nicht weniger begeisterte als die SS 250. Auch von diesem Modell überdauerten einige Exemplare den Krieg und tauchten dann nach und nach bei den Nachkriegsrennen wieder auf – solange nicht das Kompressorverbot ihren weiteren Einsatz verhinderte. Das Bild zeigt das im Besitz von Dr. Krackowizer/Salzburg befindliche Exemplar.

DKW-Zweitakter also in diesem Jahr zwei der ausgefahrenen drei Europa-Meisterschaften!)

Beim Training zum Eilenriederennen im April 1939 waren versuchsweise beide Maschinen, die UL 350 und die US 350, eingesetzt worden; im Training konnte die neue Kompressormaschine abwechselnd von Winkler, Fleischmann und Petruschke mit einigen schnellen Runden gefahren werden, deren Zeiten etwa den bisherigen der 500er Klasse entsprachen.

Im Rennen fuhr Fleischmann dann die verbesserte UL 350 und konnte bei diesem ersten Start auf DKW seine frühere Marke NSU überlegen schlagen. Petruschke auf der Kompressor-US 350 beendete das Rennen dicht hinter Fleischmann als Zweiter (das schlechte Wetter

während des Rennens ließ – nach der Darstellung der Rennabteilungs-Leitung – ein volles Ausfahren der Kompressormaschine nicht zu).

Beim nächsten Einsatz in der 350er Klasse des Hamburger Stadtwald-Rennens fuhr Fleischmann die Kompressormaschine, und es gelang ihm, die Zeiten der 500er Klasse zu erreichen. Trotz mehrerer gefahrener Rekordrunden kam er um den Sieg durch wiederholte Kerzenschwierigkeiten (Sieger wurde der Engländer Thomas auf Velocette). Kerzenschwierigkeiten gab es in jenen Jahren der stürmischen Zweitakter-Entwicklung immer wieder – die Kerzenhersteller kamen mit der Motoren-Entwicklung, die erhebliche Anforderungen an die Kerzen stellte, häufig nicht so schnell mit.

Anders als bei der SS 250 lief die Kette des Primärantriebs bei der SS 350 nicht im Leichtmetallgehäuse gekapselt. Eine Tropfschmierung versorgte die Primärkette.

DKW-WELTREKORDE

Die bei Straßen- und Bahnrennen erzielten Erfolge mit DKW-Maschinen waren mehrmals ein Anreiz, auch bestehende Weltrekorde bzw. -bestzeiten anzugreifen.

Bereits 1929 hatten Freiherr König-Fachsenfeld (ein bekannter Stromlinien-Fachmann und ehemals selbst aktiver Motorrad-Rennfahrer) zusammen mit dem Stuttgarter Meyer mit einem serienmäßigen DKW-Sportwagen mit Hinterradantrieb, in den mit Unterstützung von Obering. Prüssing ein DKW-PRe-Rennmotor (der 500er Nasenkolben-Zweizylinder) eingebaut worden war, auf der französischen Montlhéry-Bahn zwölf internationale Klassenrekorde der Klasse J herausfahren können. (Der im nächsten Jahr mit einem mit dem gleichen Motor ausgerüsteten Frontantriebwagen wiederholte Versuch wurde nur zu einem Teilerfolg, weil der kurveninnere Zylinder des nunmehr quer eingebauten Zweizylindermotors in den – nichtüberhöhten – Bahnkurven nicht einwandfrei arbeitete.)

1932 überbot Walfried Winkler auf der Betonstraße von Tat bei Budapest die ersten vier Weltrekorde der Klasse 250 cm³.

1934 konnten die Fahrer Geiß und Winkler die Rekorde der Klassen 175 und 250 cm³ nochmals überbieten. Im gleichen Jahr wurden zwei Serienfahrzeuge des Typs RT 100 unter den Fahrern Geiß, Winkler, Müller und Klopfer auf der Avus zum Angriff auf die bestehende 24-Stunden-Weltbestleistung angesetzt. Beide Fahrzeuge überboten die bestehenden Bestwerte über 1500 km, 1000 Meilen und 24 Stunden.

1935 wurden die Rekordmaschinen zum ersten Mal mit einer stromlinienförmigen Teilverkleidung versehen. Das Resultat waren neue Rekorde in den Klassen 175 und 250 cm³ auf der Autobahn bei Frankfurt/M.

1937 folgte eine ONS-Rekordwoche auf der Frankfurter Autobahn. Für diese Veranstaltung waren (unter Mitwirkung des Freiherrn König-Fachsenfeld entstandene) vollverkleidete Maschinen eingesetzt worden. Zwar beeinflußte die völlig geschlossene Karosserie das Gleichgewichtsgefühl der Fahrer so ungünstig, daß auf die Vollstromlinie verzichtet werden mußte. Aber nach Ent-

Die DKW-Rennmaschinen wurden nicht nur Rennen, sondern auch Rekordversuche mit Erfolg gefahren. Im Bild links beobachtet gerade der eine Zeitlang auch in Zschopau tätige bekannte deutsche Konstrukteur Richard Küchen die Vorbereitungen an 175er- und 250er-Membranmaschinen, die durch (freilich geringfügige) Modifikationen für Kurzstreckenrekorde, die von Walfried Winkler gefahren wurden, zurechtgemacht waren. – Rechts: Walfried Winkler (mit Stromlinienhelm und Bugverkleidung) auf Rekordjagd.

Teilverkleidete DKW-Rekordmaschine
mit 250er Membranmotor, bei der
der normale Kühler mit seinem hohen
Luftwiderstand durch eine Spezial-
Wasserhaube zur Vergrößerung
des Kühlmittelvolumens ersetzt und
Triebwerk wie Maschine weitgehend
verkleidet waren.

1938 wurden wieder Rekordversuche
auf der Autobahn angesetzt (und
auch bis zum Abbruch wegen widri-
ger Windverhältnisse erfolgreich
durchgeführt). Ursprünglich war
diese Vollverkleidung für die Rekordmaschinen vorgesehen, die in Zusammenarbeit mit dem bekannten
Strömungsfachmann Baron Koenig-
Fachsenfeld geschaffen worden war.

Die volle Einkapselung nahm jedoch
den Fahrern das Gleichgewichtsgefühl – deshalb wurde die obere Haube
der Verkleidung teilweise wegge-
schnitten und die Maschine dann
so gefahren, wie das Bild zeigt.

96

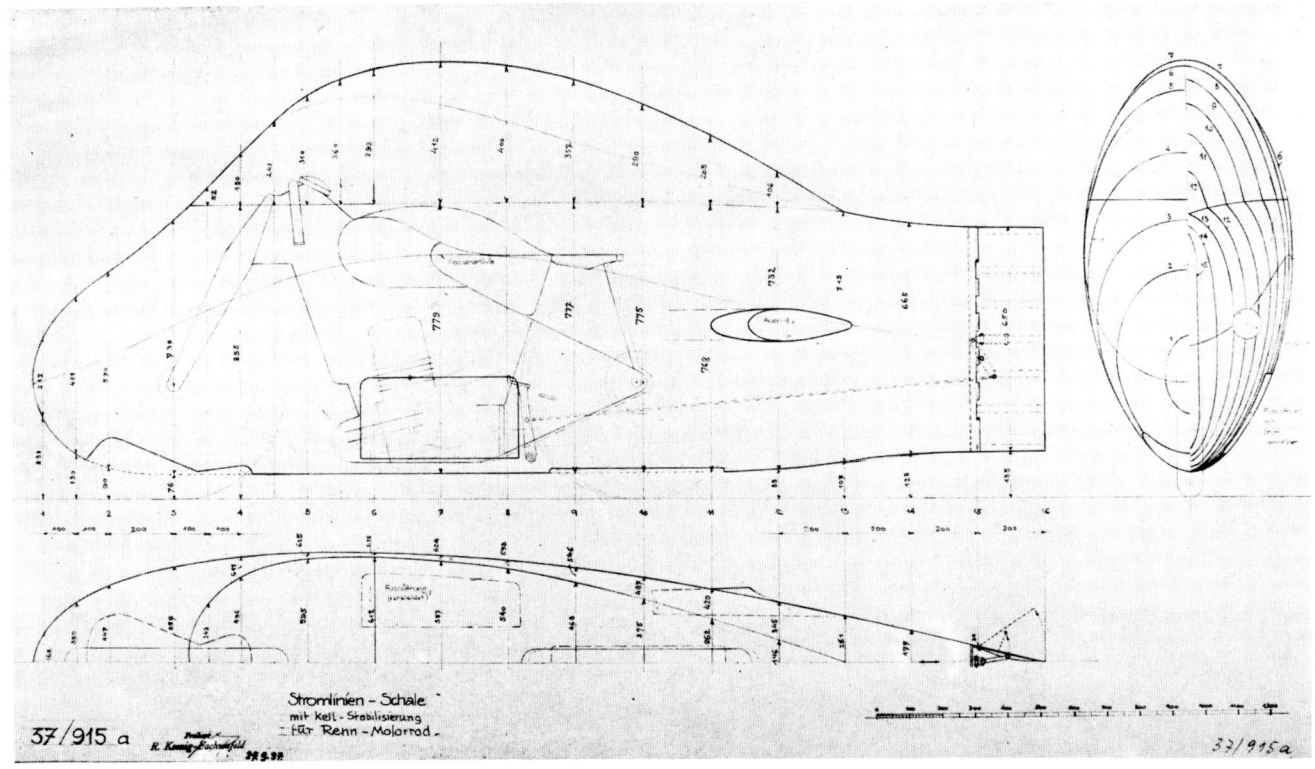

Die Vorstudien Koenig-Fachsenfelds, die dem Bau der Verkleidung für die DKW-Rekordmaschinen zugrunde lagen.

Ewald Kluge und Walfried Winkler – mit stromförmigen Schutzhelm-Ansätzen (à la »Henne/BMW«).

97

Anfang 1939 wurden im Windkanal des Luftschiffbaus Zeppelin in Friedrichshafen erneut Luftwiderstandsmessungen durchgeführt (hier mit einer – im oberen Bild unverkleideten – 125-cm^3-Doppelkolben-Membranmaschine). Zu den Rekordversuchen kam es freilich nicht mehr – aber auch von den neuen Kompressor-Motoren wurden während der ersten beiden Kriegsjahre in Zschopau noch Sonderausführungen für Alkoholbetrieb fertiggestellt, die zu Rekordversuchen dienen sollten. Auch zu diesen kam es nicht mehr.

Rechts oben: Der bekannte Stromlinien-Experte Baron Koenig-Fachsenfeld bei Rekordversuchen mit DKW-Maschinen, für die er die Vollverkleidung entwickelt hatte.

fernen der obersten Kappe konnten die bestehenden Rekorde von Ewald Kluge sofort überboten werden. Einsetzender stark böiger Wind unterband dann die Fortsetzung der Rekordversuche, die bei windstillem Wetter zweifellos noch weit bessere Resultate gebracht hätten.

DKW-RENNMASCHINEN FÜR PRIVATFAHRER

Es wurde schon erwähnt, daß Ende der zwanziger Jahre von den Nasenkolben-Ladepumpenmaschinen ARe 175 und ORe 250 begrenzte Stückzahlen in den Werksmaschinen nahezu gleichender Ausführung und Leistung auch an Privatfahrer geliefert wurden – wahrscheinlich, in Deutschland bestimmt, die ersten »production racer«.

1935 wurde dann, um Privat- bzw. Nachwuchsfahrern wieder eine konkurrenzfähige Rennmaschine zu erschwinglichem Preis anbieten zu können, die Reihe der SS 250-Modelle begonnen.

In den ersten Jahren waren deren Fahrwerke noch weitgehend unter Verwendung von Serienteilen aufgebaut – der (hinten noch ungefederte) Preßteil-Rahmen mit der Preßteil-Parallelogrammgabel mit geschlossenen

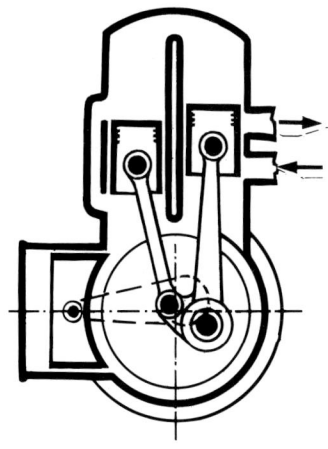

Bei den 250er Supersportmaschinen (sozusagen production racer für die Privatfahrer) diente die vorn am Gehäuse angeordnete, durch zwei Exzenter betätigte Hilfspumpe zur Vergrößerung des Gehäuse-Ansaugvolumens, wie schon vorher bei den Nasenkolbenmotoren, nur mit erheblich mehr Gesamtvolumen. Die Ansaugsteuerung der beiden Vergaser erfolgte durch den hinteren (den Auslaß-)Kolben. Die Supersportmaschine gab es in den ersten Jahren auch straßenzulassungsfähig (mit Scheinwerfer!).

Scheiden der SB 500, mit großen Trommelbremsen in beiden Rädern und dem kurzen SB-Tank, nahm den Triebwerksblock auf. Der bestand aus dem ersten Doppelkolbenmotor (UL 250) mit vorn am Gehäuse sitzender und dessen Fördervolumen vergrößernder Kolbenladepumpe und dem – zunächst drei-, später viergängigen – hand- und fußgeschalteten SB-Getriebe mit Zahnrad-Primärantrieb und Naßkupplung sowie Kickstarter. Der Kühler war noch, schrägstehend wie auch der Zylinder, analog den wassergekühlten 500er Serienmodellen ein »Balkonkühler«, der in der Mitte eine Aussparung für die Aufnahme der vorderen Rahmenpartie aufwies. Leistung des Motors 20 PS bei 4800 U/min.

1936/37 wurde die SS 250 dann mit (hinten ungefedertem) Doppelschleifen-Rohrrahmen und zwischen den Vorderrohren sitzendem Kühler geliefert, Zylinderkopf und Kühlhaube des Motors getrennt, Getriebe noch immer in SB-ähnlichem Gehäuse, aber nunmehr nur noch fußgeschaltet, mit länger gezogenem schmalem Renntank und ohne Lichtanlage. Die Vordergabel entsprach erst noch der SB-Ausführung, später war es dann schon die echte Renngabel.

Ab Ende 1937 hatte die SS 250, mit auf 22 PS bei 4800 U/min gesteigertem Motor, dann ein völlig anderes, den Werksmaschinen noch ähnlicheres Aussehen: der Motor mit verripter Kühlhaube am Zylinderkopf, die Vergaser beiderseitig schräg nach oben zeigend angesetzt, das getrennte fußgeschaltete Renn-Vierganggetriebe an das Motorgehäuse angeblockt, der Doppelschleifenrahmen mit der hochwertigen Original-Renngabel und mit der (angeschweißten) Schwingen-Hinterradfederung nach Benelli-Bauart mit den vertikalen Führungszylindern, durch die die Schwingen-Endstücke geführt waren.

1935 saß der Doppelkolbenzylinder der SS 250 (mit kleinem, direkt aufgeschraubtem Leichtmetallkopf) auf einem SB-Gehäuse (zunächst mit Dreigang-, später Vierganggetriebe). Rahmen und Vordergabel entsprachen den Bauteilen der SB 500-Serienmaschine. Kombinierte Hand- und Fußschaltung. Mit solchen Maschinen (aber mit Batterie- statt Magnet-Zündung) gewannen die DKW-Werksfahrer 1935 bei der Internationalen Sechstagefahrt die Silbervase erstmals für Deutschland.

Ab 1936 wurde die SS 250, wenn auch noch immer im Stahlblech-Fahrwerk ohne Hinterradfederung, nur noch in Rennausführung (aber noch immer mit dem SB-Blockgehäuse und mit Kickstarter!) geliefert.

Ab 1936 hatte die SS 250 dann Vierganggetriebe.

SS 250-Straßenausführung (mit Batteriezündanlage – Spulenkasten! – und Auspufftöpfen).

Ende 1936 wurde die SS 250 wesentlichen Änderungen unterzogen: nunmehr Doppelrohr-Rahmen und schlanke Preßstahlgabel, großer Tank, Kühler zwischen den Vorderrohren, Zylinderkopf und Wasserhaube getrennt (wie bei den Werksmotoren), Vergaser schräg nach hinten gestellt. Leistung nun etwa 22 PS bei 4800 U/min.

Der geänderte 36er Motor im Rohrrahmen-Fahrwerk.

1937 war dann die SS 250 den
Werksmaschinen (mit ihrem großen
Tank und der Original-Renngabel)
noch ähnlicher geworden.

Die 1938er Ausführung glich der des Vorjahres weitgehend, nur trugen die Vergaser stromförmige Abdeckkappen am Lufteintritt.

1939 schließlich waren die beiden Vergaser, nach wie vor am hinteren (dem Auslaß-) Zylinder angesetzt, zwischen die etwas weiter nach außen gerückten Auspuffrohre gewandert. Als Bremsen fanden nun die großen, wunderschönen Elektron-Zentralbremsnaben, wie sie die Rennmaschinen hatten, Verwendung. Insgesamt wurden im Lauf der Jahre etwa 200 Exemplare der SS 250 gebaut und geliefert. Ihre Betreuung im Renneinsatz erfolgte in den späteren Jahren nach dessen Rückzug aus der aktiven Rennerei durch Arthur Geiss (auch für die organisatorische und publizistische Betreuung der Werksrennfahrer hatte man August Prüssing ab 1937 einen besonderen Rennleiter, den bekannten und versierten Motorjournalisten Adolf Meurer (ADOMEU) beigegeben; eine solche Trennung zwischen der technischen und der organisatorischen Leitung eines Werks-Rennstalls wurde später allgemein üblich).

1939 wurden außer der SS 250 auch etwa 50 Exemplare einer SS 350-Rennsportmaschine, die weitgehend der Werksrennmaschine UL 350 glich, gebaut (s. Seite 94). Die 250er und 350er DKW-Rennsportmaschinen über-

lebten zum Teil wenigstens die kriegerischen Ereignisse der folgenden Jahre und bildeten dann mit die Basis für den Wiederbeginn des Motorrad-Rennsports in Deutschland nach Kriegsende.

Vergaseranordnung der SS 250 Anfang 1937.

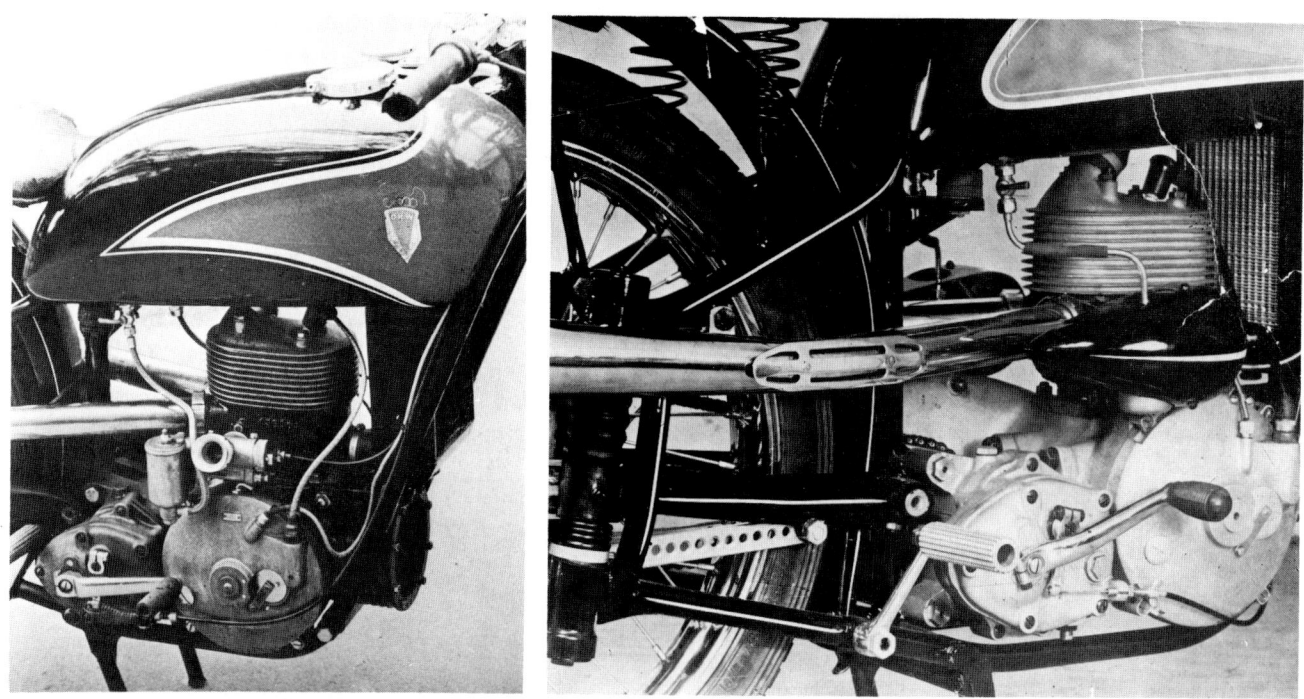

Links: Ende 1937 kam dann eine ganz neue SS 250: Fahrwerk mit Hinterradfederung, Kühler und Zylinder (um den Schwerpunkt weiter nach hinten zu bringen) geradegestellt, verrippte Wasserhaube, getrenntes Viergang-Renngetriebe ohne Starter. Rechts: Die SS 250 von 1938; im wesentlichen die Vorjahresausführung, Vergaser durch stromförmige Kappen abgedeckt.

Die SS 250 von 1939 mit den beiden Vergasern jetzt hinter dem Zylinder zwischen den Auspuffrohren – ein bildschönes Motorrad, der Wunschtraum vieler junger Fahrer mit rennsportlichen Ambitionen (und eine wichtige Basis für den Wiederanfang des Rennsports in Deutschland nach dem Krieg, denn immerhin wurde eine beträchtliche Anzahl dieser Maschinen gebaut).

DKW-GELÄNDESPORTMASCHINEN

Die bei Geländesport- und Langstrecken-Zuverlässigkeitsfahrten einschließlich der Sechstagefahrten eingesetzten DKW-Maschinen waren über viele Jahre hinweg normale, nur sorgfältig vorbereitete (zum Teil mit hochgelegten Auspuffanlagen, gegen Wasser abgedichteten Zündanlagen sowie Gehäuse-Steinschlagschutz und doppelten Bowdenzügen ausgerüstete) Serienmaschinen der Modellreihen SB, RT und NZ. 1937/38 wurde im DKW-Verkaufsprogramm der Auto Union eine NZ 350-Geländemaschine sogar serienmäßig angeboten, nachdem Wehrmacht und ihr nahestehende halbmilitärische Verbände und Organisationen außer zahlreichen privaten Interessenten zu den Bestellern von geländetauglichen Motorrädern zählten.

1935 wurde die Silbervase bei der Internationalen Sechstagefahrt (die in Deutschland ausgetragen wurde) von einer DKW-Dreiermannschaft, bestehend aus den Fahrern Ewald Kluge, Walfried Winkler und Arthur Geiss, gewonnen (obwohl Winkler die letzten Tage mit stark verletztem Fuß fahren mußte). Damit wurde die kaum weniger als die Internationale Trophy begehrte Silbervase zum ersten Mal von einer deutschen Mannschaft errungen. (Die Trophy gewann, wie im Vorjahr in England, das BMW-Werksteam.) Interessanterweise

Im Zuverlässigkeitsreport der Vorkriegsjahre, deren Strecken nur teilweise durch echtes Gelände führten, wie es den Charakter der Nachkriegs-Geländefahrten prägte, wurden von Werks- und Privatfahrern nur wenig von der serienmäßigen Straßenausführung abweichende Maschinen eingesetzt, wie diese SB 350 (1936).

Auf (nahezu serienmäßigen) RT 3 PS (mit 98 cm³) blieb die DKW-Werksmannschaft Herrmann-Klopfer-Walter/Guben bei der Internationalen Sechstagefahrt 1938 in Wales strafpunktfrei.

Links: Ilse Thouret, erfolgreiche Zuverlässigkeitsfahrerin auf DKW in den dreißiger Jahren, mit ihrer SB 250 bei der Abnahme. – Rechts: Auch dieses DKW-Werksfahrer-Team fuhr im internationalen Zuverlässigkeitssport normale, nur sorgfältig zurechtgemachte SB-Serienmaschinen: Kirchberg (später Versuchsleiter in Ingolstadt), Ischinger (später Fertigungsleiter in Ingolstadt und technischer Direktor in Nürnberg), Keitel (später stellv. Versuchsleiter bei Zündapp).

Links: 1935 gewannen die AUTO UNION-Werksfahrer Walfried Winkler, Arthur Geiß und Ewald Kluge mit straßenmäßig zurechtgemachten SS 250 Ladepumpen-Rennmaschinen bei der Sechstagefahrt die Silbervase. – Rechts: Nach dem Erfolg mit den Ladepumpenmaschinen bei den Sixdays 1935 versuchte man es 1936 nicht nur in der 250er, sondern auch in der 500er Klasse mit wassergekühlten Rennmaschinen – aber es wurde ein Fehlschlag. Hier H. P. Müller, der zusammen mit Ischinger und Kirchberg die Halbliter-Ladepumpenmaschinen fuhr (und als einziger strafpunktfrei blieb).

Diese RT 125 wurde schon 1938 als Werksmaschine, mit Hinterradfederung ausgerüstet, in der Sechstagefahrt gefahren – 1939 in einer Mannschaft des holländischen DKW-Importeurs bei den Sixdays in Salzburg. Im Besitz des Autors überstand sie Kriegs- und Nachkriegszeit im sächsischen Chemnitz.

Ing. Franz Ischinger baute in der Zschopauer Rennabteilung für den werksseitigen Geländeeinsatz drei verschiedene Versionen von luftgekühlten Umkehrspülungsmotoren mit gegenläufiger Ladepumpe unten am Kurbelgehäuse: einmal eine 175er Version mit stehendem Graugußzylinder (Bild Mitte), außerdem eine 250er (unteres Bild) mit leicht nach vorn geneigt eingebautem Motor mit ausgebuchstem Leichtmetallzylinder (deren wahrscheinlich einzig erhaltene im Augustusburger Museum steht) und schließlich eine 350er mit Zweizylindermotor und doppeltwirkender Kurbelgehäuse-Ladepumpe (Gehäuse mit Pumpe von einem der ehemaligen Nasenkolben-PRe-Motoren), Zylinderblock Leichtmetallabguß des serienmäßigen 500er SB-Motors, ausgebuchst auf 350 cm³ heruntergebracht. Alle drei Modelle mit getrenntem Viergang-(Hurth-)Getriebe, Rohrrahmen mit Schwingen-Hinterradfederung der Rennmaschinen, auch Trapezgabel und Bremsnaben stammten von den Rennmaschinen.

handelte es sich bei den eingesetzten DKW-Maschinen (die unter der Betreuung von Wolf Doernhoeffer standen) um nur wenig für diese spezielle Aufgabe modifizierte SS 250-Rennsportmaschinen, also mit wassergekühlten Doppelkolben-Ladepumpenmotoren, die die schwere Fahrt ohne jegliche Beanstandung durchstanden. (Die Verletzung Winklers war übrigens der Anlaß, daß der Vorstand der Auto Union die weitere Teilnahme von Werksrennfahrern an Geländesport- und ähnlichen Veranstaltungen untersagte, um die für den Straßenrennsport unentbehrlichen Spitzenfahrer nicht einem zusätzlichen Risiko auszusetzen.)

Im darauffolgenden Jahr wurden erneut modifizierte DKW-Rennsportmaschinen bei der wieder in Deutschland stattfindenden Sechstagefahrt an den Start gebracht – darunter auch 500er Zweizylinder-(Vierkolben-)Maschinen, die H. P. Müller, Ischinger und Kirchberg fuhren – aber diesmal war das Glück den DKW-Männern und ihren »entfremdeten« Rennmaschinen nicht hold (auch die BMWs fuhren übrigens schon 1935 mit Kompressormaschinen im Trophy-Team!).

Renningenieur Ischinger, dem in der Rennabteilung bis zu seinem Weggang zu Horch die Geländesportabteilung unterstand, baute auch spezielle Geländemaschinen. Als ORS 175 und 250 cm^3 mit stehendem, luftgekühltem Flachkolbenmotor mit Umkehrspülung, der (nach Art der früheren ORe-Rennmaschine) unten am Gehäuse eine gegenläufige Ladepumpe trug. Deren Leichtmetallzylinder der 250er war mit einer eingeschrumpften Laufbuchse ausgestattet, das getrennte Getriebe (mit Spezial-Gangstufen) stammte von Hurth, München. Motor und Getriebe waren in einen Spezial-Rohrrahmen eingebaut, der eine Trapez-Renngabel vorn, erhöhte Bodenfreiheit und die Hinterradfederung der Rennmaschinen aufwies. Im Zweitaktmuseum Augustusburg (DDR) steht das wahrscheinlich einzig erhaltene Exemplar der nur in wenigen Stücken gebauten wunderschönen ORS 250.

Eine im Grundsätzlichen ähnliche Maschine (von der es aber nur zwei Exemplare gab) hatte Ischinger auch für die 350er Klasse konzipiert. Hier war ein ebenfalls luftgekühlter Zweizylinder-Flachkolbenmotor mit doppeltwirkender Ladepumpe (diese war samt dem Gehäuse noch von den ehemaligen PRe-Motoren übernommen, während der Zylinderblock ein ausgebuchster Leichtmetallabguß des serienmäßigen SB 500-Zylinders war) in das nahezu dem der ORS 250 gleiche Fahrwerk, ebenfalls mit einem Hurth-Getriebe, eingebaut. Ing. Ischinger fuhr diese Maschine selbst bei der (nicht mehr voll zu Ende geführten) Sechstagefahrt 1939 mit Standort Salzburg.

Für den Drehzahl- und Leistungsbereich von Motoren, die für Geländesport-Einsatz bestimmt waren, war es offenbar möglich, auch einen Umkehrspülungsmotor mit der zusätzlichen Gehäuse-Ladepumpe auszurüsten und damit eine Leistungssteigerung zu erzielen. Erklärlicherweise war eine solche Möglichkeit zum Zeitpunkt, als der Übergang vom Nasenkolben- zum Doppelkolbenmotor im Rennmaschinenbau erfolgte, ebenfalls in Betracht gezogen worden (denn dieser Zeitpunkt fiel ja mit der Einführung der Umkehrspülung im Serienbau zusammen). Aber Versuche ergaben, daß bei den höheren Drehzahlbereichen der Rennmotoren die Erhöhung des Kurbelkammer-Fördervolumens sich nachteilig auf den Spülverlauf beim Gaswechsel im Zylinder auswirkte, so daß die Entscheidung – keine falsche, wie die Zukunft zeigte – für den Rennmotorenbau zugunsten der Doppelkolben-Bauart fiel.

UMFANG UND AUSSTATTUNG DER RENNABTEILUNG IM DKW-WERK ZSCHOPAU

Die Rennabteilung im Werk DKW war – bis zu ihrer Auflösung bei Kriegsbeginn 1939 – eine von der Produktion vollkommen unabhängige Abteilung (lediglich die Konstruktion unterstand dem Chefkonstrukteur des Werkes). Entstanden aus kleinsten Anfängen (einem Anhängsel der Versuchsabteilung), wurde sie schließlich zu einer »Fabrik in der Fabrik«.

Die Aufgaben der Rennabteilung waren:

1. Konstruktion von Renn- und Geländesportmaschinen
2. Herstellung der Einzelteile
3. Erprobung und Versuche
4. Transport
5. Rennbeteiligung (Außendienst).

Das Renn-Konstruktionsbüro bestand aus

1 Konstrukteur als Abteilungsleiter

4 Konstrukteuren für Motor, Getriebe und Fahrwerk

Das Personal der Rennabteilung bestand aus:

- 1 Oberingenieur (Leitung)
- 1 Versuchsingenieur
- 1 Prüfstand-Ingenier mit
- 3 Bremsstand-Monteuren für Motorentwicklung
- 1 Ingenieur mit
- 8 Mechanikern für Geländesportmaschinen-Entwicklung
- 1 Techniker mit
- 1 Schreibkraft für Materialbeschaffung und Terminüberwachung
- 1 Meister mit
- 34 Mann für die mechanische Werkstatt
- 1 Meister mit
- 20 Mann und
- 1 Anreißer
- 1 Kontrolleur
- 1 Lagerhalter
- 1 Helfer für den Fahrgestellbau
- 1 Meister mit
- 8 Mann für den Motoren- und Getriebebau
- 1 Vorarbeiter
- 3 Klempner
- 3 Schweißer für die Klempnerei
- 1 Versuchsfahrer für die Renn- und
- 2 Fahrer für die Geländesport-Abteilung
- 20 Lehrlinge.

Der Außendienst unterteilte sich in den technischen und den organisatorischen Bereich. Die technische Leitung lag auch hier in den Händen des die Abteilung leitenden Oberingenieurs. Zu seiner Unterstützung wurde bei größeren Rennen der Prüfstandingenieur mit eingesetzt, und zwar vor allem im Training für die Zeitnahme, Aufstellung von Übersichtstabellen über Trainings- und Rennverlauf sowie Beaufsichtigung der Maschinenumbauten während des Trainings.

Das technische Personal für den Außendienst bestand im übrigen aus
- 1 Meister oder Obermonteur
- 1 Mechaniker
- 1 Zündungsspezialisten

Dazu kamen
- 7 Werksfahrer
- 2 Lastwagenfahrer für die Renndienstwagen

Die Geländesportabteilung wurde auch im Außendienst vom leitenden Ingenieur betreut.

Die Räumlichkeiten der Renn- und Geländesport-Abteilung umfaßten 1939 ca. 835 m². Da sie sich als ungenügend erwiesen, waren – mit gleichlaufender Ausweitung des Bearbeitungsmaschinenparks – 2000 m² als Ausbaustufe ab 1940 eingeplant. Auch dazu kam es nicht mehr.

In der Rennabteilung wurden in den Jahren 1937–1939 durchschnittlich pro Jahr

- 20–25 Rennmaschinen für die Werksfahrer
- 50–75 Rennsportmaschinen für Nachwuchsfahrer
- 20–25 Geländesportmaschinen für Werksfahrer
- ca. 50 Geländesportmaschinen für Wehrmacht und Behörden

hergestellt. Dazu kamen noch nach jeder Veranstaltung Reparaturen, 20–30 pro Jahr.

Der Transport der Rennmaschinen zu den Rennen erfolgte mit einem 5 t-M.A.N.-Lastkraftwagen, mit dem pro Jahr zwischen 30 000 und 40 000 km zurückgelegt werden mußten.

BILANZ EINER EPOCHE

Obering. Prüssing (1967 †) hat nach dem zweiten Weltkrieg (in dessen Verlauf ihm die Gesamt-Betriebsleitung des DKW-Werks Zschopau der AUTO UNION übertragen wurde) in einem »Rückblick und Ausblick« Bilanz über den Stand der DKW-Rennmotorenentwicklung gezogen – zu einem Zeitpunkt, als in Deutschland die Zukunft völlig ungewiß war. Es ist nicht uninteressant, mehr als drei Jahrzehnte später seine Gedanken zu lesen:

»Alle im Werk DKW gebauten Rennmotoren waren Bausteine zur Schaffung eines Hochleistungs-Zweitaktmotors. Frei von beim Viertaktmotor bestehenden Vorbildern mußten eigene Wege gegangen werden, und deshalb war in den langen Jahren der Zschopauer Entwicklung von Renn-Zweitaktern immer nur ein schrittweises Vorgehen möglich.
Versuche, den normalen Dreikanal-Einkolben-Zweitaktmotor zum Hochleistungsmotor zu entwickeln, scheiterten an den hohen Spülverlusten durch die Art des Gaswechsels und das symmetrische Steuerdiagramm. Deshalb gelangte, nicht zuletzt durch untragbar hohen Kraftstoffverbrauch, die Weiterentwicklung der mit gegenläufiger Kurbelgehäuse-Ladepumpe ausgestatteten Nasenkolben-Rennmotoren ARe, ORe und PRe an ihre Grenze. Die zusätzliche Ladepumpe ermög-

Links: Prüssings Zweitakthilfsmotor für Segelflugzeuge (den er vor seiner DKW-Zeit in Berlin baute) 1924 im Segelflug-Schulflugzeug von Wolf Hirth. – Rechts: Prüssing als DKW-Rennleiter in der Boxe – gleich muß Wünsche zum Tanken reinkommen!

lichte zwar im oberen Drehzahlbereich eine Füllungsverbesserung, im unteren Drehzahlbereich aber wurde der Verbrauch als Folge ungenutzt durch den Auslaß entweichenden Frischgases zu hoch.

Die Umkehrspülung brachte beim normalen Dreikanal-Zweitaktmotor ohne Auflademöglichkeit Vorteile durch günstigere thermische Verhältnisse, bessere Leistung im unteren Drehzahlbereich und geringeren Kraftstoffverbrauch. Versuche aber, die Umkehrspülung mit zusätzlichen Ladekolben zu kombinieren, führten nicht zu brauchbaren Ergebnissen, da offenbar die Gasgeschwindigkeit im Zylinder im oberen Drehzahlbereich zu groß wurde und zu Detonationserscheinungen führte, die es beim Nasenkolben-Ladepumpenmotor nicht gegeben hatte.

Es wurden Versuche mit einem Steuerkolben bzw. Tellerventil zur Steuerung von Ein- oder Auslaß im Zylinder-Arbeitsraum gemacht. Auch hier entsprachen die Ergebnisse nicht den Erwartungen, zumal die Motoren komplizierter wurden und der mechanische Aufwand in keinem Verhältnis zum erreichten Resultat stand.

Dagegen brachte der U-Zylinder-Motor mit einer Anlenkpleuel-Ausführung nach Zoller durch sein unsymmetrisches Steuerdiagramm die Möglichkeit der Auf- bzw. sogar Überladung und dadurch sowie durch die gewonnene Gleichstromspü-

lung erheblich höhere Hubraumleistungen, mit denen die DKW-Zweitakt-Rennmotoren der internationalen Konkurrenz mindestens bis 1938 überlegen waren. Aber auch die Möglichkeiten des Doppelkolbenmotors sind durch den Zylinderabstand, die Brennraumform und die Desachsialität des Motors begrenzt.

Mehr Aussichten, einen Hochleistungszweitaktmotor mit Aufladung zu schaffen, bietet die Gegenkolben-Bauart. Jedoch macht hier die Ausbildung des Kurbeltriebs Schwierigkeiten, sei es bei Verwendung von zwei Kurbelwellen, die über Zahnräder auf eine gemeinsame Abtriebswelle arbeiten, sei es bei Verwendung von Schwinghebeln und Zusatzpleuelstangen durch die dabei auftretenden drehzahlhemmenden Massenkräfte der oszillierenden Bauteile. Versuche in dieser Richtung (mit Schwinghebeln und Zusatzpleuelstangen) fanden im Werk DKW statt, mußten aber erfolglos abgebrochen werden – auch wenn diese Bauart für langsamlaufende Motoren ihre Berechtigung haben mag.

Der bekannte Gegenkolbenmotor nach Bauart Junkers dürfte wegen des zu hohen mechanischen Aufwands und der unerwünscht großen Massenkräfte ebenso für einen Renn-Zweitaktmotor ausscheiden. Im Zylinderkopf oszillierende Steuerkolben dagegen führen, vor allem bei luftgekühlten Motoren, zu thermischen Schwierigkeiten im Zylinderkopf.

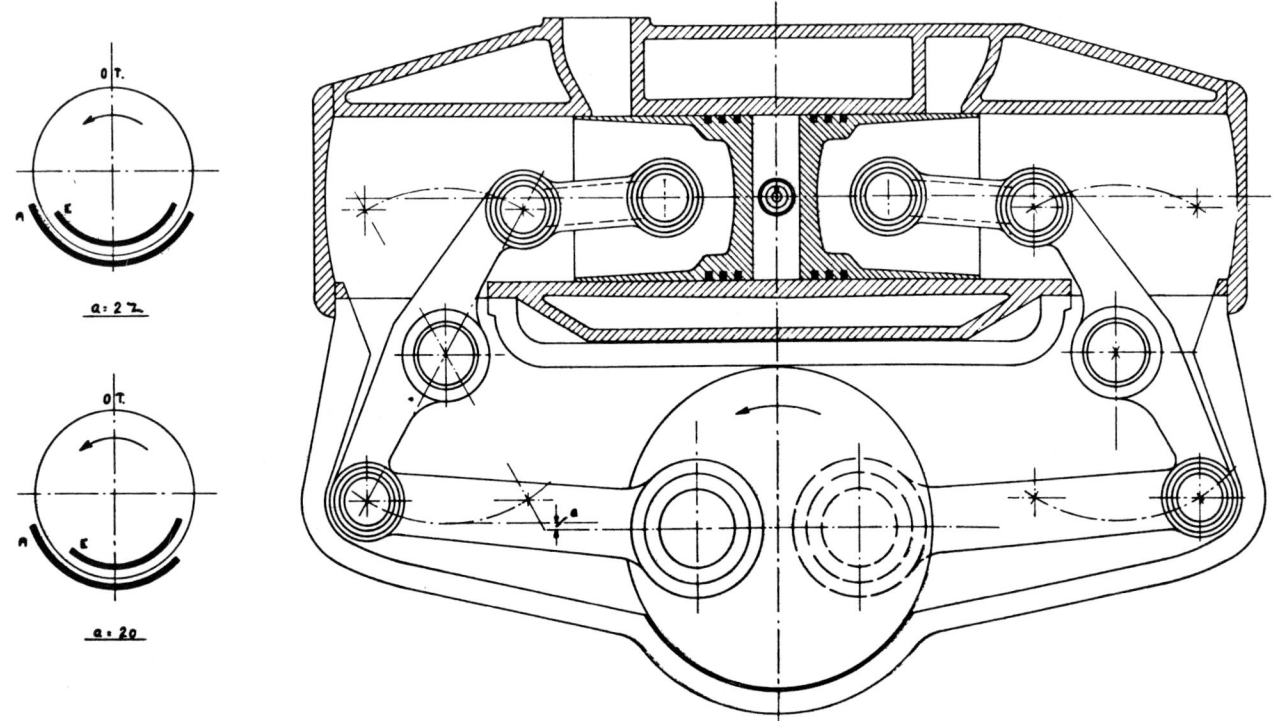

Schema des von Richard Küchen nach unbefriedigend verlaufenen Versuchen bei Zündapp später auch bei DKW in Zschopau gebauten Gegenkolben-Motors mit Schwinghebel-Kurbeltrieb (die beiden Diagramme links zeigen, wie sich durch verschieden große Desachsierung eine Unsymmetrie des Steuerdiagramms erzielen ließ). Auch bei DKW wurden die Versuche ohne Erfolg abgebrochen. Erst später griff man die Idee der Gegenkolbenbauart wieder auf – aber in anderer Anordnung des Kurbeltriebs.

Die Möglichkeiten der normalen Doppelkolben-Bauart dagegen scheinen trotz des Gesagten noch nicht erschöpft. Nur muß der Weg, mit Gemischspülung zu arbeiten, verlassen werden. Denn es ist auch beim Doppelkolben nicht zu vermeiden, daß in bestimmten Drehzahlbereichen ein Teil des durch das Ladeorgan in den Zylinder gebrachten Frischgases durch den Auslaß ungenutzt entweicht. Es ist deshalb darauf hinzuarbeiten, die Gemischaufbereitung nicht außerhalb des Zylinders, sondern erst in diesem vorzunehmen. Schwierigkeiten dabei werden zunächst die Einspritzeinrichtungen bereiten, denn Pumpen für die benötigten kleinen Mengen sind nur mit hohem Kostenaufwand herzustellen, auch wenn hier die Einspritzung nicht mit den extrem hohen Drücken wie beim Dieselmotor erfolgen muß. Die bisher zur Verfügung stehenden Pumpen erscheinen für den vorliegenden Perspektiv-Zweck noch als nicht geeignet.

Erschwert wird die Einspritz-Entwicklung durch die unverkennbare Tendenz im Rennmotorenbau, das Klassen-Hubvolumen in kleine Zylindereinheiten zu unterteilen, wie die nachstehenden Beispiele ausgeführter Rennmotoren zeigen:

500 cm³-Vierzylinder	Gilera/Italien
	Ariel/England
	AJS/England
250 cm³-Vierzylinder	Benelli/Italien
Doppel-U-Zylinder	DKW 250 cm³
	DKW 350 cm³
Dreifach-U-Zylinder	DKW 500 cm³

Dadurch werden die Einspritzmengen pro Zylinder noch kleiner, aber die Schaffung geeigneter Pumpen wird eine vordringliche und sicher lösbare Aufgabe sein – sofern es nicht gelingt, Einspritzverfahren zu entwickeln, die frei von Hochpräzisions-Pumpen sind.

Zwei Wege wären hierzu möglich:

1. Einspritzung bzw. Einblasung eines fertigen Kraftstoff/Luft-Gemischs, das außerhalb des Zylinders erzeugt wird;
2. Einführen des Kraftstoffs während des Überströmvorgangs in den Überströmkanal. Hierbei ständen längere Aufbereitungszeiten für das Gemisch zur Verfügung.

Eine weitere Möglichkeit wäre, die Einspritzung elektroma-
gnetisch zu steuern, wie es bei Moto Guzzi sowie einigen
Flugmotoren bereits gelungen ist. Allerdings wird auch in diesem Fall die Lösung der Aufgabe beim Zweitaktmotor durch
die verdoppelte Zahl der Einspritzungen in der Zeiteinheit
schwieriger sein.

Bei geeigneter Lösung des Einspritzproblems aber wird der
Doppelkolben- wie der Gegenkolben-Zweitakter wirtschaftlicher arbeiten können, da mit reiner Luft gespült und Kraftstoff-
verluste durch Vermischung von Alt- und Frischgas weitgehend verhindert werden könnten. Der mechanische Aufwand
bei Zweitakt-Hochleistungsmotoren dieser Bauarten würde
zwangsläufig höher sein als bisher, da Überladung nur mit einem Kompressor möglich und der Übergang zur getrennten
Schmierung notwendig wäre, vom Aufwand der Doppelkol-
ben- bzw. Gegenkolben-Bauart ganz abgesehen.

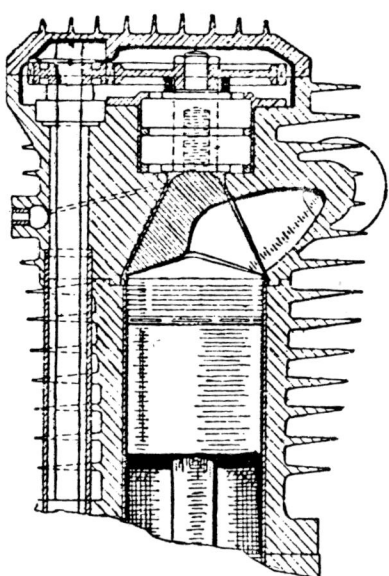

Auch davon spricht Prüssing in seiner »Bilanz« als eventuell
möglicher Zukunftsentwicklung eines Hochleistungs-Zweitak-
ters: Einkolbenmotor, bei dem der Kolben die Einström-(Spül-)
schlitze steuert (in der Zeichnung nicht gezeigt), während
der Auslaß über einen konischen Drehschieber (Aspin-Schie-
ber) gesteuert werden soll.

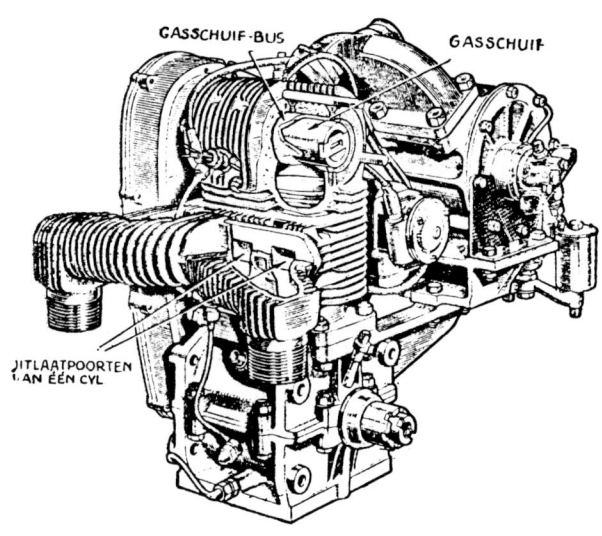

Teilschnittdarstellung einer englischen Zweitaktmotoren-Ent-
wicklung; es handelt sich um einen durch Kompressor aufgeladenen Zweizylinder, dem das Frischgas über einen Walzendrehschieber im Zylinderkopf zugeführt wird, während die
Kolben die Auslaßschlitze steuern – praktisch wegen der
thermischen Kolbenbelastung nicht zu realisieren (s. Prüssings »Bilanz«).

Beachtung verlangen aber auch – trotz des Obengesagten –
sicherlich die weiteren Versuchsergebnisse mit Schieber-
steuerungen im Zylinderkopf nach Bauart Cross oder Aspin,
wobei der Aspin-Kegelschieber für eine Anwendung im Zweitaktmotor aussichtsreicher erscheint. Es ist nicht bekannt,
welche Fortschritte die beiden englischen Konstruktionen
während der Kriegsjahre gemacht haben.

Nur was den – in jedem Fall für künftige Hochleistungs-Zwei-
taktmotoren erforderlichen – Kompressor betrifft, scheinen die
bisher bei DKW geleisteten Entwicklungsarbeiten auch für die
Zukunft als der richtige Weg.«

Manches, was August Prüssing damals niedergeschrie-
ben hat, geschah auf der Basis des damaligen Standes
der Technik und unter der Voraussetzung, daß nicht von
außen in die technische Entwicklung eingegriffen würde.
Denn abgesehen davon, daß niemand die Entwicklung
der Elektronik und der Halbleiter-Technik voraussehen
konnte – in Zschopau wußte man beim Abbruch der
Rennmotorenentwicklung noch nichts von den unge-
ahnten Möglichkeiten, die Gasdynamik für den Arbeits-
ablauf im Zweitaktmotor nutzbar zu machen. Und an die
Möglichkeit eines Kompressorverbots für Rennmotoren
(das, als es 1951 zum Tragen kam, von den meisten als
das Ende des Rennzweitakters betrachtet wurde)
dachte auch noch keiner.

Alles in allem: als in der Zschopauer DKW-Rennabtei-
lung die Lichter ausgingen, endete eine Epoche der
Zweitakter-Entwicklung, die nicht zuletzt die Männer von
DKW mitgeprägt hatten.

Das zweite Bein: DKW-Automobile

DIE HINTERRADANGETRIEBENEN AUS SPANDAU

Das Interesse Rasmussens am Automobilbau zeigte sich, wie in seiner Lebensgeschichte kurz geschildert, bereits in den Anfangsjahren der Zschopauer Motorenfertigung: außer dem Experiment mit einem eigenen Tandem-Zweisitzer, der unter Verwendung des ersten Ruppeschen Stationärmotors schon 1919/20 im Zschopauer »Kaisersaal« entstand, entsprang ja auch sein spontanes Interesse für den SB-Elektrowagen des Berliners Dr. Slaby (und dessen spätere vorübergehende Ausrüstung mit einem 175 cm³-DKW-Zweigang-Motorradtriebwerk) dieser Neigung.

Sollte aber eine – und wenn auch nur für die unterste Leistungsklasse zu projektierende – Kleinauto-Konzeption Basis einer nennenswerten Serienfertigung sein (und nur an einer solchen konnte es Rasmussen gelegen sein), so war ein mehrzylindriger Motor für die erforderliche Leistung unabdingbar. Da es sich aus Rasmussens Sicht auch für diesen Verwendungszweck nur um einen Zweitakter handeln konnte, mußte also die Reihe der DKW-Einzylindermotoren zwangsläufig durch einen Zweizylindermotor ergänzt werden. Einen solchen wollte Rasmussen zur Ausweitung seines Motorradprogramms aber ohnehin haben – und als er dann, zunächst mit 500 und 600 cm³, 1927 serienreif war, war damit auch die Voraussetzung für den Bau eines echten Kleinwagens gegeben. Rasmussens Engagement in Berlin bzw. Spandau (erst mit seinem Eintritt in Dr. Slabys Firma und dann mit der Übernahme des Betriebs und seine Verlegung in die ausbaufähigen Spandauer Werksanlagen) war zweifellos zielsicher auf die Realisierung seiner Automobilbaupläne abgestellt. Daß er

30 Mann demonstrieren die Tragfähigkeit der selbsttragenden Sperrholzkarosserie.

Der im Spandauer DKW-Wagen eingebaute, aus dem Motorrad-Triebwerk entwickelte wassergekühlte Zweizylindermotor mit angeblocktem Dreiganggetriebe. Lichtmaschine mit Zündverteiler vorn von der Kurbelwelle direkt angetrieben.

Der erste, im Werk Spandau entwickelte DKW-Wagen P 15 mit 600 cm³-Zweizylindermotor und Hinterradantrieb und selbsttragender kunstlederbespannter Holzkarosserie – hier als zweisitziger Roadster (auch als Cabrio mit zwei Notsitzen im aufklappbaren Heck). Baujahr 1928/29.

Schnitt durch den DKW-Roadster (Cabrio), der den Aufbau und die Aggregatanordnung gut erkennen läßt.

sich andererseits die weitere Mitarbeit Dr. Slabys, den er zum technischen Direktor seines Spandauer Zweigwerks machte, gesichert hatte, zeigte, in welcher Konzeption er sich den kommenden DKW-Wagen vorstellte: mit selbsttragender, kunstlederbespannter Sperrholzkarosserie mit Holzgerippe.

Das nach Rasmussens Vorstellungen von Dr. Slaby entwickelte erste DKW-Automobil erschien im Mai 1928. Unter der Typenbezeichnung P 15 wurden ein offener Zweisitzer (Roadster) und ein Zweisitzer-Cabrio geliefert, bei letzterem konnten im Heck (dessen Klappe dann die Rückenlehne bildete) zusätzlich zwei Personen (mehr schlecht als recht) befördert werden. Eine Karosserieausführung, die es zu jener Zeit auch von anderen Kleinwagenherstellern, beispielsweise von Hanomag, gab.

Der wassergekühlte 600 cm³-Zweitakt-Twin (mit Nasenkolben) saß, mit der Kurbelwelle in Längsrichtung eingebaut, am konventionellen Platz vorn unter der Haube. Über eine Einscheibenkupplung lief der Kraftfluß zum Dreiganggetriebe (von der Berliner Firma Prometheus, an der Rasmussen beteiligt war) und von dort über eine Kardanwelle zum (Prometheus-)Ausgleichgetriebe in der starren Hinterachse. Die Abfederung der Räder bzw. Achsen übernahmen (wie schon bei früheren Slaby-Konstruktionen) Querblattfedern.

Im zweiten Baujahr (1929) kamen noch eine drei- und eine viersitzige Cabrio-Limousine (mit feststehenden Türrahmen) hinzu – und 1930 außerdem ein formmäßig wohlgelungener, in den Sachsen-Farben weiß/grün gehaltener Sportzweisitzer mit 600er 18 PS-Motor und »Bugatti«-Heck (mit dem Fahrer, die dazu einen lei-

Das zweisitzige Cabrio, Baujahr
1928/29.

Der erste DKW-Auto-Prospekt aus
Zschopau 1928

Dieses 1929er Cabrio war ein echter
Dreisitziger (dritter Sitz hinten quer).

Hier hatte sich der 600er DKW schon
zum viersitzigen Cabrio (besser:
Cabrio-Limousine) gemausert. Baujahr 1929/30.

114

Der 1930 und 1931 gebaute
DKW-Sportwagen Typ PS 600
Sport mit 18 PS-Motor bestach
durch seine Linienführung (auf
die ironische Frage eines Interessenten, der die lange Haube öffne-
te, wo denn der Motor sei, erhielt
er von einem DKW-Mann die
Antwort »Fassen Sie nur rein,
wo's heiß ist, ist der Motor!«).
Mit RM 2500,– war er billiger
als das dreisitzige Cabrio!

Nachdem im DKW-Werk Spandau
die Fertigung der SB Einsitzer
sowohl mit Elektro- wie (versuchsweise) DKW-Motor-Antrieb
ausgelaufen war (s. Seite 19),
wurde dort ein größerer Elektrowagen gebaut, der vornehmlich
als »Droschke« (Taxi) aber auch
als Lieferwagen gedacht war.
Der Antrieb erfolgte durch einen
4,6 PS-Elektromotor (Unterflur-
motor) in Wagenmitte über Kardanwelle auf die Differential-Hinter-
rachse. Die 120 Ah-Batterie befand
sich unter der vorderen Haube.

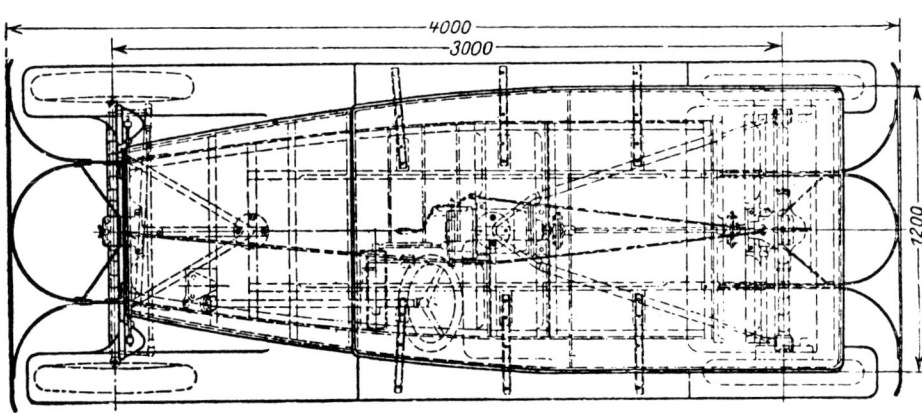

Daß dieser Elektrowagen die
direkte Vorstufe zum 1928 herausgebrachten ersten »echten«
DKW-Wagen (P 15) war, zeigen
die Baudetails: der tragende Wa-
genkasten (ohne Chassis!) bestand aus Sperrholz mit Holzver-
steifungen, er war mit dünnem
Kupferblech (!) überzogen, die
Starrachsen waren mit Querblattfedern gegen die selbsttragende
Karosserie abgefedert. Gewicht
mit Batterien 900 kg, Geschwindigkeit 40 km/h, Aktionsradius
100 km.

115

Mit dem zweizylindrigen Motorrad-Ladepumpenmotor ausgerüstet war der weiß/grüne DKW-Sportwagen bei Rennen oft überlegener Sieger seiner Klasse – hier fährt ihn der Berliner Rennfahrer Simons.

Der ehemals als Motorradrennfahrer, später als Stromlinien-Experte bekannte Freiherr Koenig-Fachsenfeld stellte mit dem 500er DKW-Ladepumpenmotor im serienmäßigen Sportwagen im April 1930 12 neue internationale Klassen-Bestleistungen (über 100, 200, 500 und 1000 Meilen, 200, 500, 1000 und 2000 Kilometer sowie 3, 6, 12 und 24 Stunden) auf der französischen Montlhéry-Bahn auf.

Tankpause während der Rekordfahrten auf der Montlhéry-Bahn. An der Motorhaube Obering. Prüssing, der den Motor zur Verfügung gestellt hatte, hinter ihm Koenig-Fachsenfeld.

Der DKW-Motor verschwindet fast unter dem 40-Liter-Tank des DKW-Rekordwagens, der Stundendurchschnitte zwischen 104 und 110 km/h erzielte.

bei dem für jede Zylinderreihe eine doppeltwirkende, kurbelgehäuse-unabhängige Ladepumpe vorgesehen war, die abwechselnd mit der einen oder der anderen Kolbenseite für die Frischgasfüllung der Arbeitszylinder sorgten. Das vertikal geteilte Zylinder/Kurbelgehäuse (auf diese Teilungsart hatte Paffrath ein Patent erhalten) wurde also nicht als Vorverdichtungsraum genutzt, so

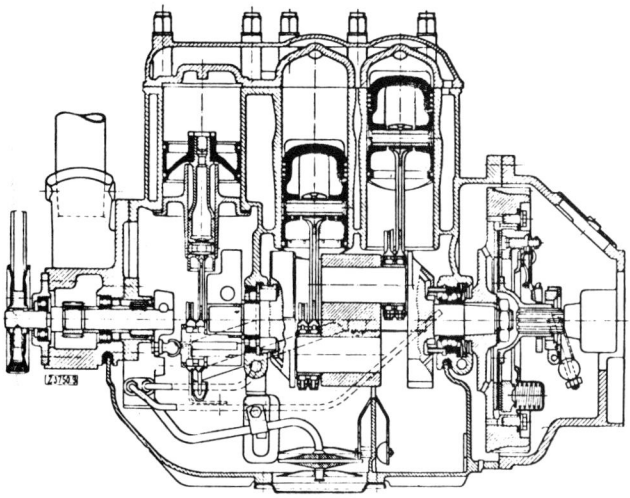

Schnitt durch eine Zylinderreihe des DKW-Vierzylinder-Zweitaktmotors mit doppeltwirkender Ladepumpe vorn.

stungsstärkeren Ladepumpenmotor aus der Zschopauer Rennabteilung erhalten hatten, sich à cto. des nur wenig über 500 kg liegenden Gewichts bei Sportveranstaltungen durchaus sehen lassen konnten).

Mittlerweile war freilich in Zschopau ein größerer Automobil-Zweitaktmotor entstanden. Er stammte von dem bereits durch andere Arbeiten (auf dem Motorrad- bzw. Motorensektor) bekanntgewordenen Ingenieur Paffrath, dessen Konstruktion (samt seinem Mitarbeiter Gehle) Rasmussen übernommen hatte. Es handelte sich um einen Vierzylinder-90°-V-Zweitaktmotor mit Nasenkolben,

daß der Motor nicht mit Mischungsschmierung, sondern zunächst mit Schleuderschmierung (s. Bild S. 118), später mit Pumpen-Druckschmierung (s. Bild oben) arbeitete.

Dieser Motor, der ab 1929 in verschiedenen Hubraumvarianten noch bis in die ersten Kriegsmonate gebaut

Vierzylinder-Limousine 4 = 8 mit 25 PS Baujahr 1929/30.

117

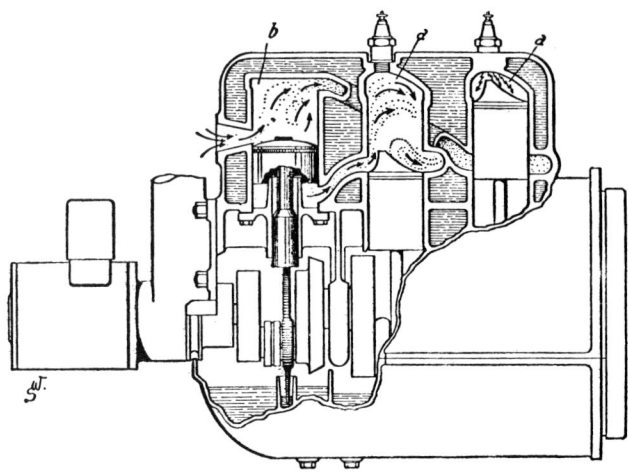

Funktionsschema des DKW-Vierzylindermotors (mit Nasenkolben und druckfreiem Kurbelgehäuse).

achse«, erhalten hatte, die von da ab in allen DKW-Wagen, auch den ausschließlich in Zwickau gebauten Frontwagen, verwendet wurde), und anschließend in der statt der Holz- mit einer dem WANDERER W 24 ähnlichen Stahl-Karosserie auf einem Chassisrahmen ausgerüsteten »Sonderklasse«. Schon ab 1932 war das Dreigang- durch ein (später von Hurth/München geliefertes) Vierganggetriebe mit abschaltbarem Freilauf abgelöst worden.

Der Freilauf, den später auch die DKW-Frontwagen erhielten, wurde in der Werbung, nicht ohne Berechtigung, im Hinblick auf die mit ihm erzielbare Kraftstoffeinsparung herausgestellt. Tatsächlich diente er aber dazu, das lästige Stottern des Zweitakters im Schiebelauf zu vermeiden – und da die Bremswirkung von Zweitaktmotoren systembedingt ohnehin nur unbedeutend ist, konnte so quasi aus der Not eine Tugend gemacht werden.

Der Vierzylindermotor (der wegen der Lage der doppeltwirkenden Ladepumpen sich auch nicht auf Umkehrspülung umstellen ließ) war und blieb (wegen seines Kraftstoffverbrauchs und seiner mechanischen Laufgeräusche) bis zuletzt, als er durch verlängerte Auspuffkrümmer thermisch gesünder und durch einen für alle vier Zylinder gemeinsamen Fallstromvergaser kultivierter geworden war) ein Sorgenkind der Zschopauer. Zu seiner Ablösung war der Dreizylinder-Reihenmotor des zum Serienanlauf 1940 vorgesehenen F 9-Frontwagens bestimmt.

wurde, wurde von der Werbung unter dem Signum 4 = 8 (als Vierzylinder-Zweitakter einem Achtzylinder-Viertakter entsprechend) herausgestellt. Er wurde mit 60 × 68 mm B/H und 780 cm³, mit 68 × 68 mm B/H und 980 cm³ (Leistung 20 bzw. 25 PS bei 3200/3500 U/min), schließlich, ab 1935, mit 70 × 68,5 mm B/H und 32 PS bei 3800 U/min aus 1054 cm³ gebaut. Die letztere Variante befand sich zunächst in der »Schwebeklasse« (die ihren Namen von der hier erstmals verwendeten starren Hinterachse mit hochgelegter Querfeder, der »Schwebe-

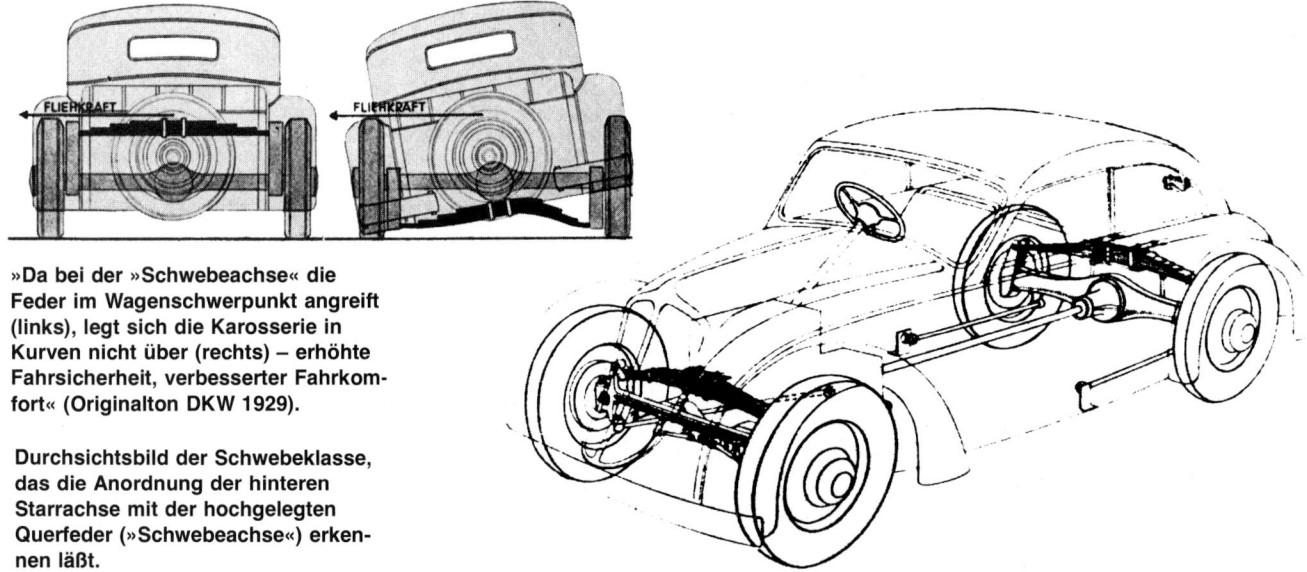

»Da bei der »Schwebeachse« die Feder im Wagenschwerpunkt angreift (links), legt sich die Karosserie in Kurven nicht über (rechts) – erhöhte Fahrsicherheit, verbesserter Fahrkomfort« (Originalton DKW 1929).

Durchsichtsbild der Schwebeklasse, das die Anordnung der hinteren Starrachse mit der hochgelegten Querfeder (»Schwebeachse«) erkennen läßt.

118

DKW-Vierzylindermodell (V 800 bzw. V 1000), gebaut 1930/32, jetzt im Verkehrsmuseum Dresden. Anfangs löste sich häufig die Kunstlederbespannung im Laufe der Betriebszeit (wie hier im Bild zu sehen). Später hatten die Spandauer aber auch das voll im Griff.

Schon 1932 führte der Vierzylinderwagen den Typennamen »Sonderklasse« – 1932/34 behielt man für das im Bild gezeigte Modell die Bezeichnung »Sonderklasse 1001« bei.

Die DKW-Schwebeklasse, die erstmals 1934 und dann 1935 mit auf 30 PS gebrachtem Motor präsentiert wurde, war hinsichtlich ihrer geräumigen, stromförmigen Karosserie ein avantgardistischer Versuch, der Zeit sicher zu weit voraus. Obwohl Leistung, Raumangebot und Straßenlage sehr gut waren (nicht zuletzt durch die hier erstmals verwendete »Schwebeachse«), konnte sie sich keinen großen Freundeskreis erwerben.

119

Schwebeklasse 1934/37 als Cabrio-Limousine.

Drei Schwebeklasse-Werkswagen, bereit zur 2000 km-Fahrt durch Deutschland 1934 (in der Mitte Zentzytzki/Auto Union – Werbeabteilung, der mit fünf Stunden Vorsprung im Ziel einlief!).

Die von 1937 bis 1940 gebaute (dritte!) Sonderklasse mit dem 32 PS-Vierzylindermotor, aber nun mit Ganzstahlkarosserie und Chassisrahmen, dem WANDERER W 24 im technischen Fahrwerks- und Karosseriekonzept ähnlich.

DIE VORDERRADANGETRIEBENEN AUS ZWICKAU

Es dürften keine Unterlagen mehr darüber existieren, wann Rasmussen den Entschluß faßte, die von ihm für die Fertigung im AUDI-Werk Zwickau vorgesehene, zur Spandauer Automobilproduktion parallele Modellreihe kleiner Wagen mit Frontantrieb zu bauen.

Fest steht, daß es notwendig war, für das Zwickauer Werk, dessen einstiger Großwagen-Absatz immer weiter zusammengeschrumpft war, eine neue Auslastung zu finden, um den Betrieb überhaupt weiterexistieren zu lassen. Fest steht auch, daß Rasmussen überzeugt war, eine neue Automobilfertigung werde unter der herrschenden wirtschaftlichen Situation in Deutschland nur zu verantworten sein, wenn es gelänge, einen in Anschaffung und Betrieb konkurrenzlos billigen kleinen Wagen anzubieten. Zeitgenossen erinnern sich auch noch, daß Rasmussen selbst in seinem Zschopauer Werk erste provisorische Studien und »Sitzproben« unternahm, um festzustellen, welche Mindestmaße denn die Karosserie eines kleinen Zweisitzers haben müsse – und mit seinen Feststellungen fand er sich, was die gesuchten Dimensionen betraf, wohl wieder ganz in der Nähe dessen, was Dr. Slaby 1928 mit dem ersten Spandauer DKW-Zweisitzer konzipiert hatte.

Nicht mehr feststellbar ist, ob die recht haben, die sich zu erinnern glauben, daß Kontakte mit dem Münchner Motorrad- und Zweitakter-Konstrukteur Gockerell (auch Cockerell geschrieben) bestanden. Solche Mutmaßungen sind aber deshalb durchaus wahrscheinlich, weil Gockerell bereits 1926 in München (nachdem dort sein Megola-Motorrad mit 640er Fünfzylinder-Umlaufmotor im Vorderrad und eine Reihe gut gemachter kleiner Motorräder mit [überwiegend wassergekühlten] liegenden Zweitaktmotoren serienmäßig gebaut wurden) Prototypen von Automobilen mit Vorderradantrieb laufen hatte, darunter einen mit Zwei- und einen mit Sechszylinder-Zweitakt-Reihenmotor. Für Kontakte zwischen Rasmussen und Gockerell (die vielleicht die Entscheidung für den Frontantrieb bewirkt haben könnten) spricht auch, daß einer der bei DKW (und später bei Framo in Hainichen) tätigen Brüder Stiebling im Konstruktionsbüro von Gockerell in München gearbeitet hatte, der vielleicht die Kontakte zwischen dem Münchner Konstrukteur und Rasmussen hergestellt haben könnte.

Der Berliner Rennfahrer Gerhard Macher (der vorher schon mit Erfolg den 600er DKW-Sportwagen gefahren hatte), startete 1933 (und später) mit einem in Spandau für ihn gebauten Monoposto (hier auf der Avus), der mit zwei Zoller-Doppelkolbenmotoren und Zoller-Kompressor ausgerüstet war (mit Hut Dr. Slaby).

Blick unter die (hier wirklich ausgefüllte) Haube des 1,5 Liter-DKW-Rennwagens: der Kompressor sitzt zwischen den beiden gekoppelten Zoller-Doppelkolbenmotoren mit je vier Kolben.

Jedenfalls gab Rasmussen seinem Zwickauer Werk AUDI einen genau umrissenen Auftrag zur Entwicklung eines Kleinwagens mit Vorderradantrieb, wie aus einer Dokumentation hervorgeht, die einer der damals dem AUDI-Werk von einst 24 verbliebenen zwei(!) Konstrukteure rückblickend zusammengetragen hat. Darin heißt es auszugsweise:

»Im Oktober 1930 erschien zusammen mit Werksdirektor Schuh Herr Rasmussen im Konstruktionsbüro und wünschte kurzfristig die Konstruktion und den Versuchsbau eines Kleinwagens unter Benutzung eines von den Zschopauer Motorenwerken fabrizierten DKW-Zweitakt-Motorradantriebsaggregates. Herr Rasmussen erklärte, daß er beabsichtige, einen billigen, aber leistungsfähigen, volkstümlichen Wagen zu bauen, der großen Absatz finden könne.
Für die Konstruktion sollten berücksichtigt werden:

> *350 cm³, evtl. 500 cm³ Motorradaggregat,*
> *Vorderradantrieb mit Tracta-Gelenken,*
> *Radaufhängung vorn und hinten an Querfedern,*
> *Schneckenlenkung Fabrikat Spandau,*
> *schmaler Chassisrahmen,*
> *besonders niedrige Schwerpunktlage.*

Es wurde kürzeste Terminabgabe verlangt und eine Zeit von 5–6 Wochen für die Konstruktionsarbeiten festgelegt. Der Versuchsbau von drei Fahrzeugen sollte gleichzeitig erfolgen, und mindestens ein Fahrzeug sollte in sechs Wochen laufen. Dieser Termin war nur dadurch zu halten, daß an die Werkstatt provisorische Zeichnungen zur Ausgabe gelangten, um die Zeichenarbeiten auf ein Mindestmaß zu beschränken. Jede Formalität bei der Auftragserteilung an die Werkstatt wurde vermieden. Die Zeichnungspausen kamen vom Konstruktionsbüro direkt zum Meister in den Versuchsbau. Eine reguläre Arbeitsplanung entfiel also.
Werk AUDI hatte bis zum Einsatz des DKW-Frontwagens hauptsächlich große, starke Personenwagen und einige Lastwagentypen bis zu 3 to gebaut. Aber auf diese Weise waren die Konstrukteure nicht mit Vorbildern bei der ihnen gestellten Aufgabe, etwas grundlegend Neues zu schaffen, belastet.
Kurz vor Ablauf der festgesetzten Frist von sechs Wochen startete der erste Versuchswagen, und im Beisein des Herrn Rasmussen wurden auf der AUDI-Versuchsstrecke Fahreigenschaften und Geschwindigkeit geprüft, wobei der Wagen von allen Beteiligten gefahren wurde. Übereinstimmend wurden die ausgezeichneten Fahreigenschaften und die gute Leistung festgestellt. Das Gewicht des unbesetzten, vollgetankten Wagens mit dreisitziger offener Blechkarosserie betrug 450 kg. Als maximale Geschwindigkeit wurden 85 km pro Stunde gestoppt.
Nach diesen Probefahrten faßte Herr Rasmussen sofort den Entschluß, das Fahrzeug in Serie zu bauen und zur Automobil-Ausstellung im Frühjahr 1931 damit herauszukommen.«

Von Anfang an unterschieden sich also die in Zwickau gebauten DKW-»Frontwagen« (diese Bezeichnung war DKW geschützt!) in zwei grundsätzlichen Details von den Spandauer Modellen: sie hatten Vorderradantrieb, und sie hatten zwar (abgesehen von den Stahlblechkarosserien der zwei- und viersitzigen Vollcabrios und Sportzweisitzer) eine kunstlederbespannte Sperrholzkarosserie – aber diese war nicht selbsttragend, sondern auf einem (im Laufe der Entwicklung mehrfach variierten) Chassisrahmen montiert.
Eines aber hatten alle DKW-Automobile bis zuletzt gemeinsam: den Zweitaktmotor.

Das Fahrgestell des DKW F 1: Einzelradaufhängung an oberer und unterer Querfeder, hinten zusätzliche Führungs- und Dämpfungsfedern, vorn Schneckenlenkung und noch die Tracta-Gelenke (die später durch die von Ing. Jung konstruierten DKW-eigenen Weitwinkelgelenke ersetzt wurden). Trotz der Kreuzversteifung war der Rahmenträger nicht genügend steif und wurde später durch einen geschlossenen Kastenträger, zuletzt durch einen seitlich weit ausgreifenden Profilträgerrahmen ersetzt (s. auch Bilder auf Seite 124).

DKW-Frontwagen F 1, hier mit der nur in kleiner Stückzahl zur Auslieferung gekommenen Stahlblech-Roadster-Karosserie.

Der überwiegende Teil der F 1-Roadster wurde mit einer bedeutend weniger eleganten kunstlederbespannten Holzkarosserie geliefert, in der zweiten Generation allerdings mit Türen und Kofferklappe.

Bis zur Einführung der Umkehrspülung (1933) auch bei den DKW-Frontantrieb-Wagenmotoren mit 600 und 700 cm^3 wurden auch diese Motoren mit Nasenkolben geliefert. Die Dynastartanlage ist noch die erste, in Stuttgart gebaute »Blech-Luma« (später wurde das unstabile Blech- durch ein Aluminiumguß-Gehäuse ersetzt). Am Getriebeausgang noch die einfachen Hardy-Scheiben innen an den Gelenkwellen.

Der oft erfolgreiche DKW-Front-Monoposto, links Ove Rasmussen beim Eisrennen (Greifer auf den Rädern!).

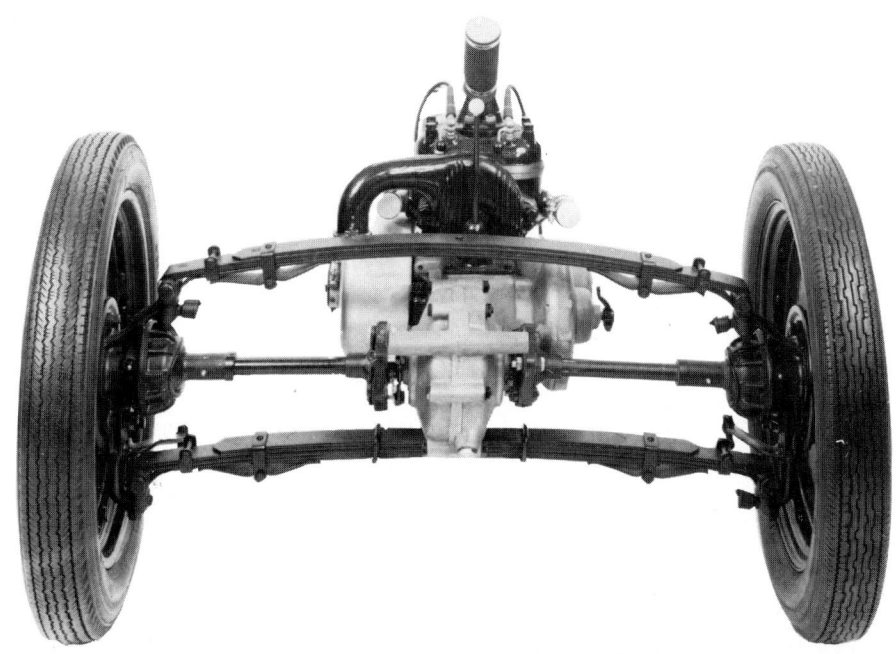

Aufhängung (an Querblattfedern oben und unten) und Antrieb der Vorderräder beim F1 – Hardy-Scheiben innen, Tracta-Weitwinkelgelenke außen.

Vorderrad-Schwenklager und Gelenkanordnung am F1 – beachtenswert die Schmierbüchsen!

Nach den so erfolgreichen Rekord-versuchen des Freiherrn Koenig-Fach-senfeld 1930 mit dem hinterradange-triebenen DKW-Sportwagen auf der Montlhéry-Bahn wurden 1931 erneute Rekordversuche auf Initiative eines »Herrn M./Stuttgart« mit einem 500er Monoposto unternommen. Sie wurden abgebrochen (nachdem eine Kurz-strecken-Bestzeit erzielt werden konnte), weil in den nicht überhöhten Kurven durch die nicht berücksich-tigte Fliehkrafteinwirkung der kurven-innere Zylinder wegen Kraftstoffman-gel aussetzte.

Der Blick unter die Motorhaube des Frontantriebs-Rekordwagens von 1931 läßt den mit einem 500er PRe-Zweizylinderrennmotor versehenen Fronttriebwerksblock erkennen. Der am querstehenden Zylinderblock angeflanschte Motorrad-Rennvergaser erwies sich wegen der Fliehkrafteinwirkung in den nicht überhöhten Kurven der Montlhéry-Bahn als ungeeignet und verhinderte die Erreichung neuer Rekorde. Zündung mit Schwungrad-Magnetzünder (rechtes Bild).

DKW-Meisterklasse 701 Typ F 2, Baujahr 1932/33 als Cabrio-Limousine. 700 cm³ 20 PS.

Teilgeschnittener Triebwerksblock des DKW-Frontwagens mit Umkehrspülung. Am Gehäuse rechts der Hebel zum Ein- und Ausschalten des auf der Kurbelwelle sitzenden Freilaufs im abtreibenden Kettenrad. Die neuen, gummigepolsterten Innengelenke haben die früheren Hardy-Scheiben abgelöst. In der Zeichnung die sechsfach rollengelagerte Kurbelwelle des Zweizylindermotors. 600 cm³ (Reichsklasse) mit 74 × 68 mm B/H und 18 PS bei 3500 U/min, 700 cm³ (Meisterklasse) mit 76 × 76 mm B/H und 20 PS bei 3500 U/min.

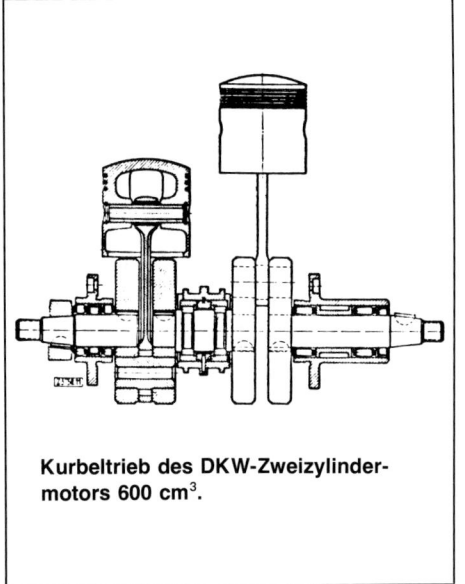

Kurbeltrieb des DKW-Zweizylindermotors 600 cm³.

DKW-Meisterklasse Typ F 4 Baujahr 1934/35 als Cabrio-Limousine.

126

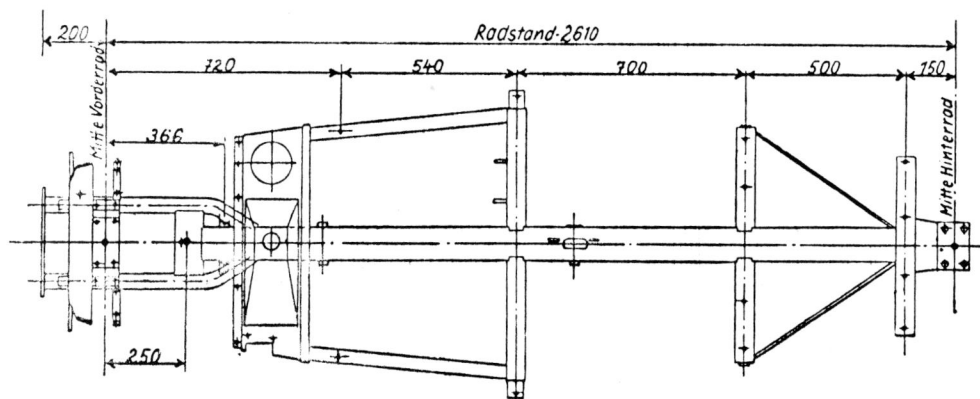

Die Modelle F 5 und F 7 hatten – mit geringfügigen Abweichungen – diesen Rahmen mit Vierkant-Mittelträgerrohr.

DKW-Meisterklasse Cabrio-Limousine Typ F 5 700 cm³ Baujahr 1935/36.

DKW-Frontwagen Typ F 5 K – Luxus Sport 700, offener Zweisitzer mit Stahlblech-Karosserie, Baujahr 1936/37.

127

DKW-Reichsklasse 600 cm³ Cabrio-
Limousine Typ F 5 Baujahr 1936.

DKW-Reichsklasse 600 cm³ Limousine Typ F 7 – Baujahr 1937/38.
600 cm³ 18 PS.

DKW-Meisterklasse F 8 700 cm³ 20 PS
Typ F 8 (erkennbar an den vertikalen
Kühlergrill-Stäben) als Limousine,
Baujahr 1939/42.

Im Bild links DKW-Meisterklasse Typ F 8-700 Cabrio 2 (2) Sitze, rechts DKW Front Luxus Typ F 8-700 Cabriolet-Zweisitzer 1939.

Maßskizze des Vierkant-Rohrrahmens DKW-Reichs- und Meisterklasse F 8.

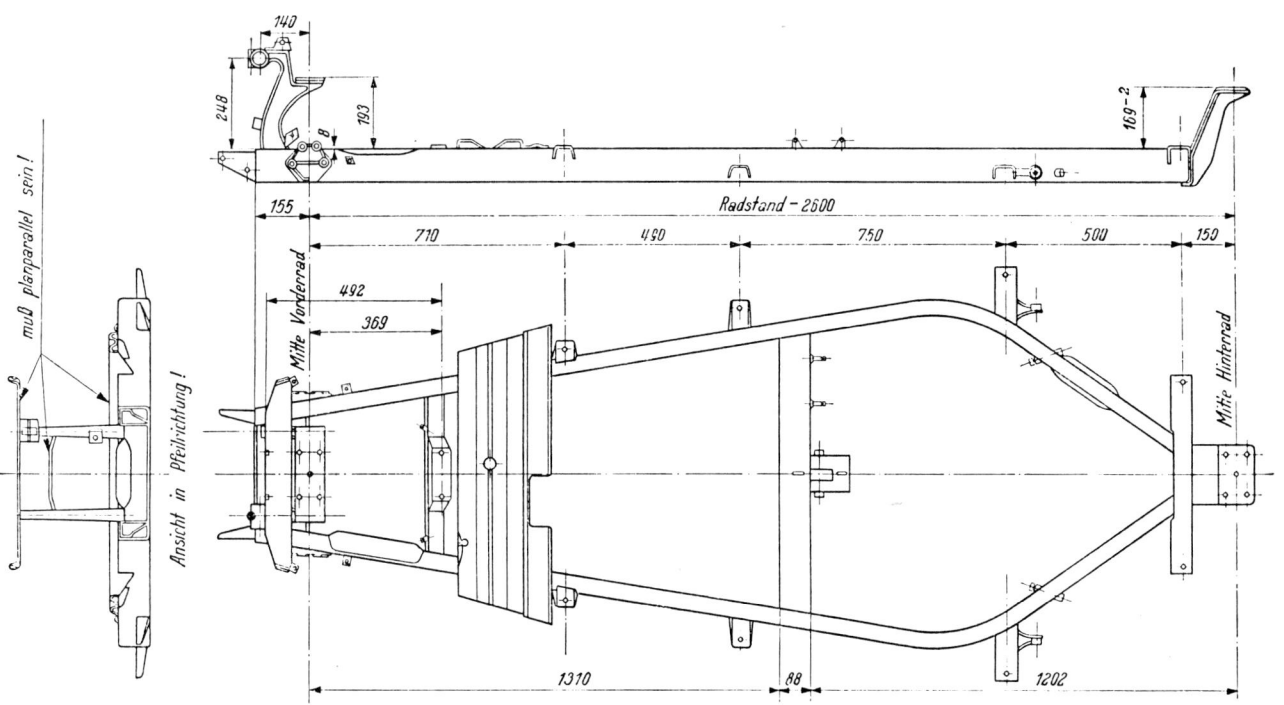

DKW-Einbaumotoren

Die ersten Fertigungsobjekte im DKW-Werk Zschopau waren Motoren: abgesehen vom allerersten, dem Spielzeugmotor, gab es ja schon 1919 den auf der Leipziger Messe vorgestellten (und dann auch als Triebwerk des ersten Versuchs-Pkw Rasmussens dienenden) Stationärmotor mit 5 PS (von dem leider weder technische Unterlagen noch persönliche Erinnerungen existieren) – und auch die ersten Fahrrad-Hilfsmotoren wurden ja eben als solche, zum Einbau durch den Händler- oder Privatkunden, lose (d. h. ohne Fahrzeug) geliefert.
Aber auch dann, als ab 1921 komplette DKW-Zweiradfahrzeuge geliefert wurden, blieb der Motorensektor ein wichtiger Teil des DKW-Programms. Denn diese Motoren (zuerst ohne Getriebe bzw. nur mit der im Motorgehäuse untergebrachten Zahnraduntersetzung zur Vorgelegewelle, später mit ebensolchem Zweiganggetrie-

Links: DKW-Motorenangebot Mitte der zwanziger Jahre. Rechts: DKW-Motor Typ E mit Untersetzung und Ventilator-Zwangskühlung, für Fahrzeugeinbau an Konfektionäre geliefert. Auch mit Wasserkühlung lieferbar.

DKW-Einbaumotor Typ A (ohne Untersetzung) mit Kühlgebläse

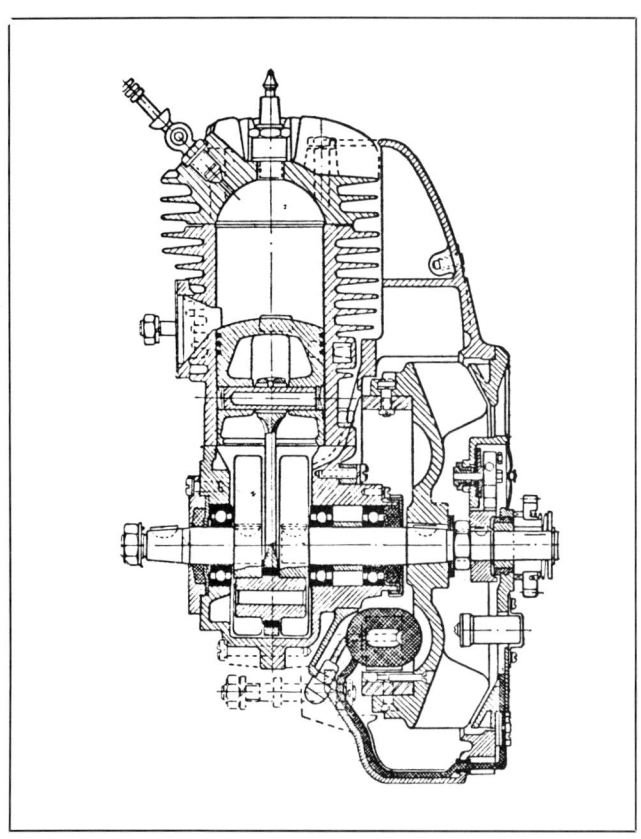

Schnittzeichnung des DKW-Motors Typ A mit Kühlgebläse

Einbauzeichnung des A-Motors

Elcamo-Außenbord-Aggregat

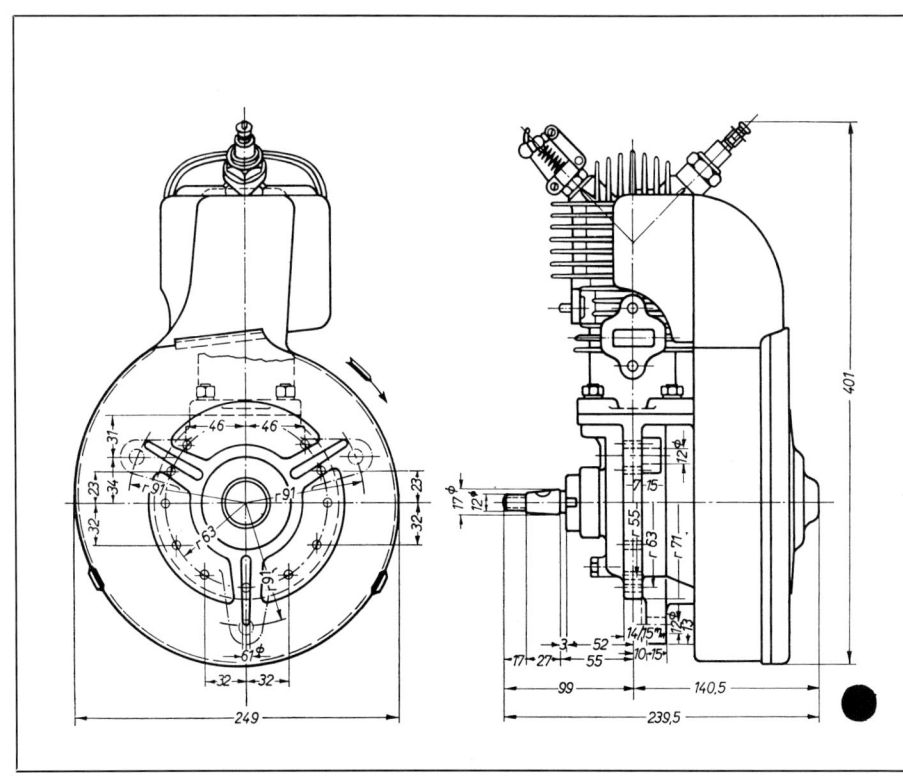

DKW-Zweizylindermotor 600 cm^3 mit Wasserkühlung und Schwungmagnetzünder als Flugmotor.

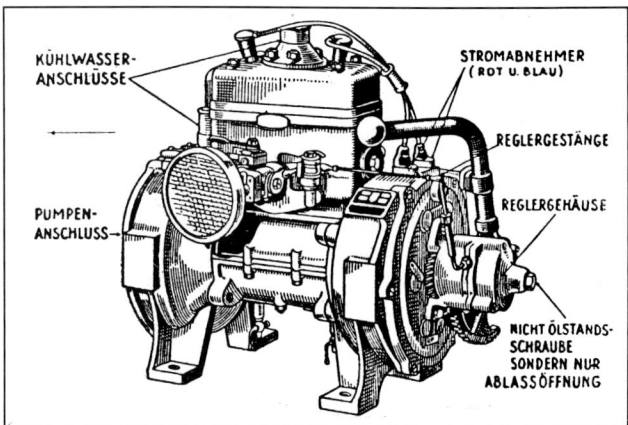

DKW-Zweizylindermotor, wassergekühlt, Typ ZW 600 mit Drehzahlregler, zum Antrieb von Pumpen, Generatoren und Löschgeräten.

DKW-Zweizylindermotor, wassergekühlt, Typ ZW 600 mit Drehzahlregler, zum Antrieb von Pumpen, Generatoren und Löschgeräten.

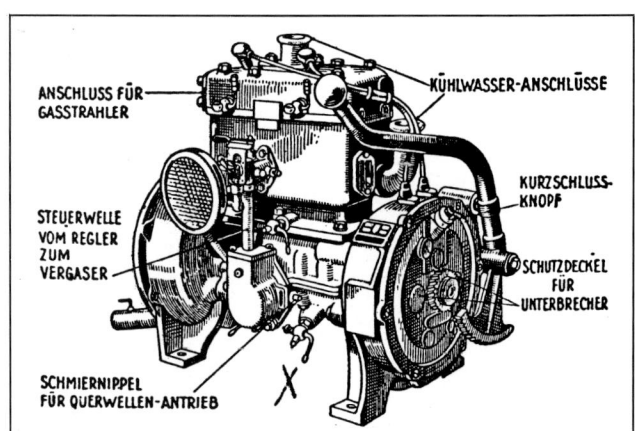

Ein schon in den zwanziger Jahren entstandener DKW-Boxer-Zweitaktmotor, luft- und wassergekühlt, mit und ohne Untersetzung 1:2,4. Dieser Motor, der auch für Flugzeugeinbau angeboten wurde, war mit 64 mm Hub und 59 mm Bohrung als 350er, mit 64 mm Bohrung und Hub als 412er sowie mit 68 mm Bohrung und Hub als 500er lieferbar. Die bei 3800 U/min

erzielbaren Leistungen der genannten Varianten betrugen luftgekühlt 8, 10 und 13 PS, wassergekühlt 11,14 und 18 PS.

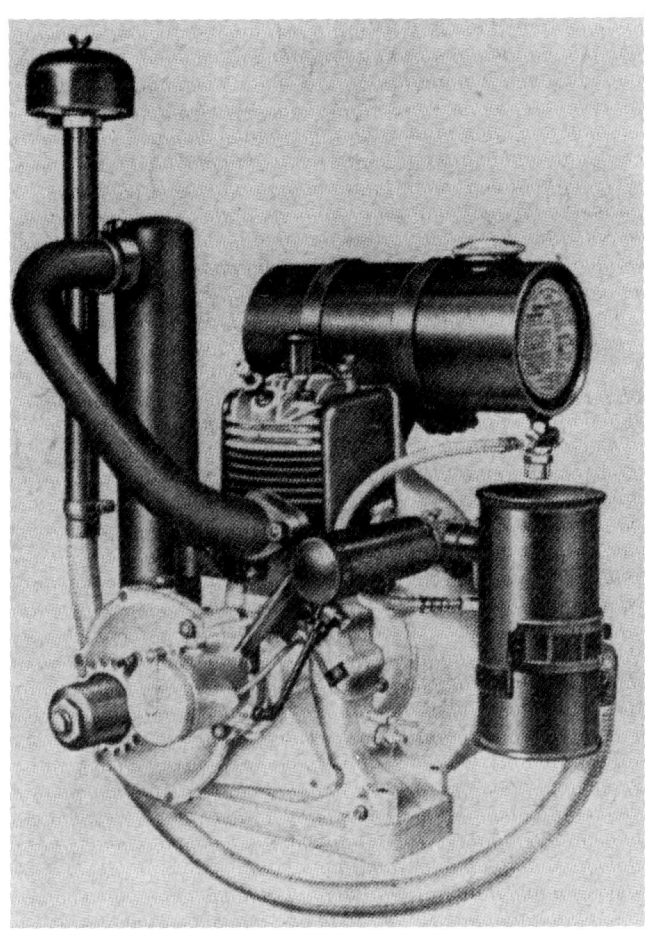

DKW-Einbaumotor mit Drehzahlregler, Untersetzung und
Kupplung Typ 0 Spezial 300 für den Einbau in Mähbinder.

DKW-Motor im Mähbinder (diese Erntemaschinen waren die
Vorläufer der späteren Mähdrescher).

Baum- und Hopfenspritze mit DKW-Motor

Kramer-Motormähmaschine 1925 mit DKW-Motor

Links: Stationäres Elektro-Aggregat – von gebläsegekühltem DKW-Motor angetriebener Generator. Rechts: Hochdruck-Kreiselpumpe mit Antrieb durch DKW-Motor (Aggregat Schumann/Leipzig).

be) wurden ja an zahlreiche Einbaufirmen geliefert, die diese Motoren als Triebwerke für ihre eigenen zwei- oder dreirädrigen Fahrzeuge verwendeten.

Und auch dann noch, als viele Zweirad-Konfektionäre ihre Fertigung aufgegeben hatten, gab es DKW-Einbaumotoren bereits in den zwanziger Jahren und noch bis zum Ende der Zschopauer Fertigung 1945 in zahlreichen Grundtypen (luftgekühlte Einzylindermodelle mit 100, 200, 300 und 461 cm³, dazu den luftgekühlten Zweizylinder TL 500 sowie die wassergekühlten Zweizylindermodelle ZW 600 und ZW 1100). Diese Grundtypen gab es in einer großen Zahl von Varianten, die sich aus den speziellen Wünschen der Abnehmer ergaben, welche um so mehr erfüllt werden mußten, als im Laufe der

dreißiger Jahre einige sehr rührige Konkurrenten (z. B. Fichtel & Sachs und Ilo) sich auch auf diesem nicht uninteressanten Markt etabliert hatten. So zählte man im DKW-Motorenverkauf Ende der dreißiger Jahre mehr als 500 solcher Varianten – teilweise nur durch Länge und Steigung des Konus auf der Abtriebswelle unterschieden!

Schon 1921 hatte der Feuerwehrgeräte-Fabrikant Flader in Jöhstadt erstmals eine kleine Motorfeuerspritze mit einem DKW-Motor, wie er im »Lomos« verwendet wurde, zusammengebaut. Das war damals eine Pioniertat, denn zu dieser Zeit gab es außer den üblichen Handspritzen nur große und teure Dampf- und Motorspritzen. Aus diesem Anfang ist dann später die Firma Flader zu

Egon Scheuch/Erfurt entwickelte den »Scheuch-Einachsschlepper«, der als Zugtierersatz diente. Der den Antrieb besorgende DKW-Motor O Spezial 300 (s. Seite 133) konnte leicht demontiert werden und dann zum Antrieb anderer landwirtschaftlicher Hilfsmaschinen dienen. Das Bild zeigt DKW-Mitarbeiter anläßlich eines Informations-Treffens bei Scheuch (in der Mitte). Der weißhaarige Herr neben ihm war der Senior des DKW-Außendienstes, Ing. Bachem, der als junger Kfz-Werkstattbesitzer in Bad Godesberg dem deutschen Kronprinzen das Motorradfahren beibrachte – und nach dem Zweiten Weltkrieg in Amerika dem ältesten Kronprinzensohn das Fliegen. Am Lenkrad DKW-Schulungsleiter Ing. Doernhoeffer, hinter ihm (Vierter von rechts) sein damaliger Assistent, der Autor dieses Buches.

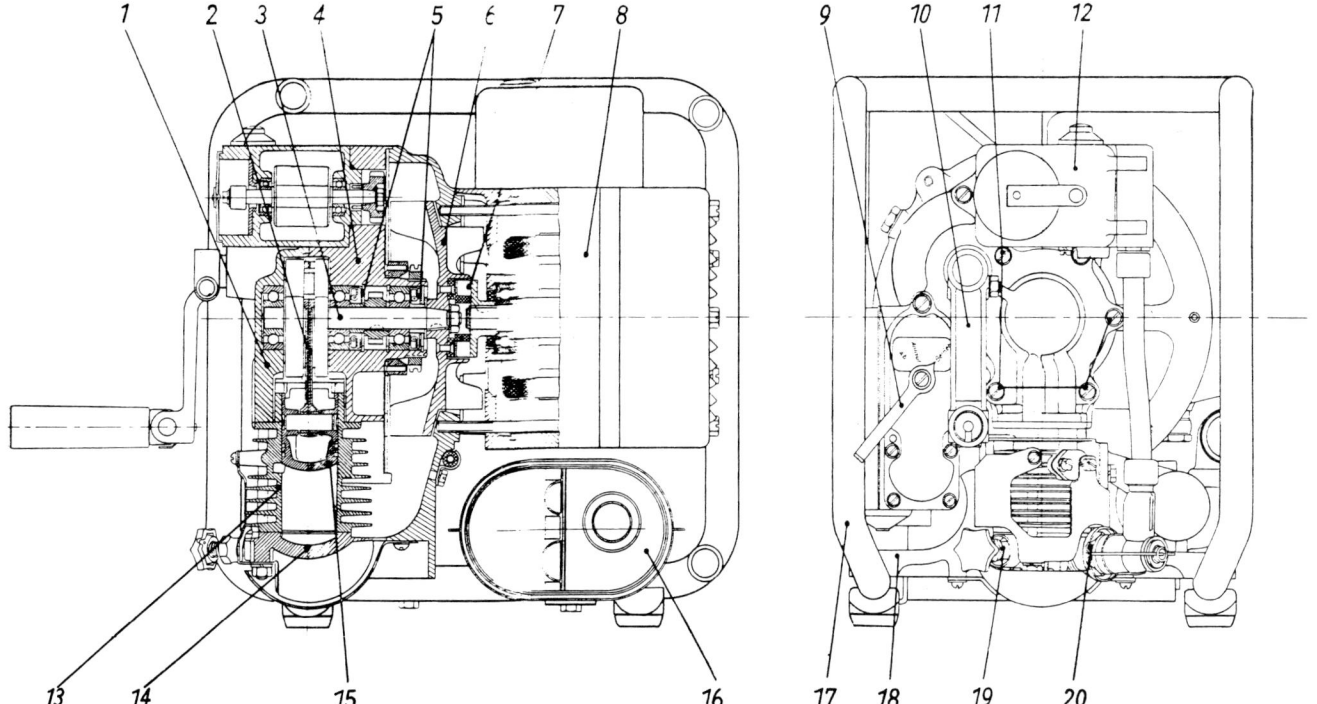

KL 32, der Antriebsmotor des 400 Watt-Generators im WM-Maschinensatz.
1 = Kurbelgehäuse, 2 = Pleuelstange, 3 = Kurbelwelle, 4 = hinterer Kurbelgehäuseteil, 5 = Wellenabdichtung, 6 = Schwungscheibe,
7 = Kupplung, 8 = Generator, 9 = Gashebel, 10 = Anwerfkurbel, 11 = Kurbelgehäuse-Schrauben, 12 = Magnetzünder, 13 = Zylinder,
14 = Zylinderdeckel, 15 = Kolben, 16 = Auspufftopf, 17 = Traggerüst, 18 = Motorfuß, 19 = Entlüfterventil, 20 = Zündkerze.

einem der wichtigsten Abnehmer von DKW-Motoren geworden, in den Jahren vor und während des zweiten Weltkriegs vor allem des 1100er Zweizylinders als Triebwerk für die im Luftschutz so wichtige Tragkraftspritze.

Vorher schon hatte sich die Land-, Forst- und Weinbauwirtschaft als weites Feld zur Anwendung von Motoren entwickelt. Da wurden mit den kleinen und leichten, leistungsfähigen Einzylinder-Zweitaktmotoren (luft-, überwiegend gebläsegekühlt) Grasmäher, Bindemäher, Schädlingsbekämpfungsspritzen, Bodenfräsen (Kultivatoren) und manches andere landwirtschaftliche Gerät motorisiert. Ein Schwerpunkt des DKW-Motorenprogramms lag beim Typ 0 Spezial 300, der zum Antrieb des Mähbindermechanismus (und damit zur Entlastung der Zugtiere) diente. Dieser Motor (oder auch ein kleinerer der DKW-Motorenreihe) wurde auch in Gespanngrasmähern verwendet und so eine nur gering beanspruchte Kuhbespannung ermöglicht. Bei vollmotorisierten Hackmaschinen wurde eine Zugbespannung überhaupt unnötig, der Motor übernahm da auch die Fortbewegung des Gerätes, wodurch das Zertreten der noch zarten Pflänzchen durch die Zugtiere vermieden werden konnte.

DKW-Motoren dienten darüber hinaus zum Antrieb auch von Baumaschinen (Vibrostampfern z. B.), von Kompressoren und Generatoren. Aber auch zur Motorisierung von Kleinfahrzeugen sowohl für Betrieb auf der Straße (z. B. in der »Blitzkarre«, dem ersten Borgwardfahrzeug überhaupt) wie im Gelände (Einachsschlepper).

Zwischen den drei Hauptlieferanten für Einbaumotoren (DKW, Sachs und Ilo) bildete sich im Laufe der Zeit, insbesondere in den Konjunkturjahren ab 1933, eine Art Absatzteilung heraus: DKW (bzw. die AUTO UNION) lieferte vorrangig Motoren für Elektroaggregate und Feuerspritzen, Ilo überwiegend für Liefer- und Transportfahrzeuge, Fichtel & Sachs vor allem für landwirtschaftliche und Baumaschinen.

Schon 1932 hatte DKW die Motoren (samt umfangreichem Zubehör) für den »Klein- und Lademaschinensatz C« (100 cm³) und für den Lademaschinensatz D (460 cm³) des Heeres entwickelt und dann in beachtlichen Stückzahlen über viele Jahre geliefert. Später kam der

DKW-, später Framo-Lieferdreirad auf Basis Lomos-Sesselkraftrad

DKW-Framo-Dreirad-Transporter (aus der kurzen Zeit, in der wegen des anstehenden Wortschutz-Prozesses die DKW-Fahrzeuge unter der Marke DGW [»Das Große Wunder«] geliefert werden mußten)

kleine Elektromaschinensatz 400 W mit dem DKW-Motor KL 32 dazu. Eine interessante, im Werk Zschopau durchgezogene Entwicklung kam nicht mehr zum Abschluß: ein 15 cm³-Kleinstmotor für den Antrieb eines Stromerzeugers, ein sogenanntes »Touristen-« oder »Koppel-Gerät«. Dieser Motor arbeitete, da es damals so kleine Magnetzünder nicht gab, mit Glührohrzündung (er mußte mit einer Lötlampe angeheizt werden). Bei 4800 U/min leistete das Motörchen 0,3 PS – womit sich der Kreis zum ersten Spielzeugmotor (»Des Knaben Wunsch«) wieder geschlossen hatte!

Vor dem Krieg hatte DKW (wie Ilo auch) zweizylindrige Flugmotoren gebaut, die die offizielle Abnahmeprüfung des DLV bestanden. Einzylindrige wassergekühlte DKW-Motoren wurden auch in Außenbord-Bootsaggregaten verwendet, wie sie z. B. von Elkamo/Erfenschlag hergestellt wurden.

Nicht unerwähnt dürfen die umfangreichen Motorenlieferungen an die von Rasmussen gegründeten (und auch nach Bildung der AUTO UNION in seinem Besitz verbliebenen) Framo-Werke in Frankenberg, später Hainichen, bleiben. Framo hatte ein vielgestaltiges Ferti-

136

Der gleiche Transporter mit geschlossenem Aufbau; liegend eingebauter mit der Vordergabel mitschwenkender Motor, Kettenkraftübertragung über Dreiganggetriebe mit zum Handstarter umfunktioniertem Kickstarter.

Framo-Dreirad 1932 (mit mitschwenkendem DKW-Dreigang-Blockmotor mit Kühlluftgebläse)

gungsprogramm und war über Jahre auch als Zulieferant für DKW tätig (u. a. mit Vergasern und Armaturen sowie Motorrad-Sätteln). Mehr und mehr verlagerte sich aber die Produktion auf Transportfahrzeuge.

Dieser Produktionszweig begann mit einem einst noch in Zschopau unter Verwendung von Teilen der »Lomos«-Fertigung begonnenen Dreiradfahrzeug, dem andere solche Fahrzeuge mit drei, später vier Rädern folgten. Darunter befanden sich auch kleine Pkw (wie der originelle »Stromer« als Dreirad-Pkw oder der vierrädrige »Piccolo«), und es blieb weithin unbekannt, daß bei

Framo auch schon sehr früh ein spezieller Geländewagen, quasi ein Vorläufer des Jeeps und seiner späteren europäischen Nachfolger, entwickelt und im Versuch gefahren wurde (s. Bild Seite 139).

Das letzte Modell eines Kleintransporters freilich, der bei Framo in Hainichen entwickelt und gebaut wurde, hatte nicht mehr den luftgekühlten 500er Zweizylinder Typ TL 500 von DKW als Triebwerk, sondern einen eigenen, von Ing. Petersen (ehemals Rennkonstruktionsbüro Zschopau) konstruierten 500er Vierkolben-(Doppelkolben-)Zweitaktmotor mit Wasserkühlung.

Framo-Liefer-Dreiradwagen, mit
Pritsche und geschlossenem Aufbau
lieferbar sowie wahlweise mit Ein-
oder Zweizylinder-DKW-Motor mit
Kühlluftgebläse. Gekapselter Vorder-
rad-Kettenantrieb. Vieranggetriebe
mit Rückwärtsgang. Zentralrohrrahmen. Baujahr 1933/34.

Framo-»Stromer«. Origineller Dreirad-Pkw mit 200 cm^3 DKW-Motor
und Zentralrohrrahmen

Framo-Kleinwagen (Vierrad-Ausfüh-
rung, viersitzig), auf Basis »Stromer«,
aber mit 500er Zweizylindermotor.
Lediglich Prototyp.

Diesen »Volkswagen«-Vorschlag
unterbreitete Rasmussen bzw. Framo
Mitte der dreißiger Jahre der Reichsregierung – er verfiel der Ablehnung.

Der letzte Pkw-Versuch von Framo:
»Piccolo«-Vierrad-Viersitzer mit luftgekühltem 200er DKW-Motor.

Interessanter Prototyp eines dreisitzi-
gen Framo-Geländewagens mit wassergekühltem DKW-Zweizylindermotor
(ZW 600), Vierganggetriebe mit Rückwärtsgang und zweistufigem Vorgelege (acht Gänge). Differentiallose
Schmalspur-Hinterachse, Hinterradantrieb Kette/Kette.

DKW als Basis der Auto UNION

Am 29. Juni 1932 entstand die AUTO UNION A.G.; an diesem Tage wurden die Ergebnisse langwieriger Verhandlungen rechtskräftig vollzogen. Zum Sitz des neuen Unternehmens wurde Chemnitz bestimmt; das erste Geschäftsjahr begann rückwirkend am 1. 11. 1931.

Die Initiative zu dieser Gründung ging ganz wesentlich von der Sächsischen Staatsbank und auf der industriellen Seite von Jörgen Skafte Rasmussen aus. Seine Zschopauer Motorenwerke bildeten die aufnehmende Firma beim Zusammenschluß und damit die Basis und das Rückgrat der AUTO UNION, die eine aus der damaligen wirtschaftlichen Gesamtlage zu sehende »Notgemeinschaft« der (bereits in Rasmussens Besitz befindlichen) AUDI-Werke in Zwickau, der Zschopauer Motorenwerke mit einigen Tochter- bzw. Nebenbetrieben, der HORCH-Werke Zwickau und der Automobilabteilung der Chemnitzer WANDERER-Werke darstellte.

Somit wurden in der AUTO UNION alle Personenwagen-Fabriken des Freistaats Sachsen vereinigt. Es war eine Zeitlang erwogen worden, auch die in Sachsen liegenden Lastkraftwagen-Werke in die Fusion einzubeziehen; dieser Gedanke wurde aber später wieder aufgegeben.

Die gesamte Hauptverwaltung der AUTO UNION mußte zunächst in den für diesen Zweck unzureichenden Büroräumen der Verwaltung des DKW-Werks untergebracht werden, d. h. in jenem schon erwähnten, bautechnisch eigenartigen Gebäude, das an der öffentlichen Fahrstraße von Zschopau nach Marienberg stand und das von den ebenerdigen Empfangs- und Vorstandsräumen sieben Stockwerke hinunterreichte bis auf die mit den Fabrikhallen des DKW-Werks ausgefüllte schmale Sohle des Dischautales. Erst 1935 wurde die stillgelegte Fahrradfabrik der Chemnitzer PRESTO-Werke an der Scheffel- (später Bernd-Rosemeyer-)Straße erworben und nach umfangreichen Um- und Erweiterungsbauten im Juni 1936 zum neuen Sitz der Hauptverwaltung gemacht. Im rückwärtigen Gelände wurden Kundendienst- und Ersatzteile-Abteilungen mit den Ersatzteile-Lagern und den Werks-Reparaturabteilungen der Marken DKW und WANDERER-Automobile untergebracht.

Technische und kaufmännische Verwaltungen der einzelnen Hauptwerke verblieben zunächst bei diesen, aber die Einflußnahme der zentralen Stabsabteilungen nahm ständig zu. Dazu gehörte u. a. auch der Aufbau eines zentralen Konstruktionsbüros (ZKB) und einer ebenso zentralisierten Versuchsabteilung (ZVA) in einem neuerrichteten Gebäudekomplex an der Kauffahrtei-Straße nahe der Hauptverwaltung, denen weiter in die Zukunft reichende Aufgaben unter Führung des technischen Vorstandsmitglieds William Werner übertragen wurden.

DIE HINTERGRÜNDE DER FUSION

Den eigentlichen Anlaß zur Zusammenfassung der sächsischen Automobilwerke bildete die außerordentlich schwierige Wirtschaftslage in ganz Deutschland, anfangs der dreißiger Jahre eine Folge der Weltwirtschaftskrise und der politischen Zustände. Der Zusammenbruch der »Nordwolle« in Bremen und die Schließung der Danat-Bank hatten 1931 zu einschneidenden Maßnahmen der Banken und Börsen und in der Devisenbewirtschaftung geführt, die deflationistischen Bemühungen des ersten Kabinetts Brüning zeigten trotz drastischer Eingriffe (Preisüberwachung, hohe Diskontsätze, Lohn- und Gehaltskürzungen) keine Erfolge, und als im Juni 1932 auch das zweite Kabinett Brüning zurücktrat, lagen sechs Millionen Arbeitslose auf der Straße, umworben von extremen politischen Organisationen. Bürgerkrieg drohte, in Preußen bestand Ausnahmezustand, Notverordnung folgte auf Notverordnung. Bei der Reichspräsidentenwahl kandidierten Hindenburg, Hitler und Thälmann.

Die Sächsische Staatsbank war durch sich rapide häufende Konkurse in arge Bedrängnis geraten. Sie war auch bei den Zschopauer Motorenwerken stark engagiert, als diese durch Absatz- in Liquidationsschwierigkeiten (wenn auch nicht in unmittelbare Gefahr) geraten waren. Weit schwieriger jedoch waren die Verbindlichkeiten der hoffnungslos verschuldeten Zwickauer HORCH-Werke.

Die Lage bei dieser größten sächsischen Personenwagenfabrik war verzweifelt. Wenn hier kein Ausweg gefunden würde, so war zu befürchten, daß die Staatsbank den abzusehenden Konkurs nicht verkraften könnte – und das hätte bedeutet, daß auch andere Schuldner der Staatsbank in den Strudel des wirtschaftlichen Zusammenbruchs hineingerissen würden, darunter sicher auch Rasmussens Zschopauer Motorenwerke.

Die Staatsbank trat deshalb im Frühsommer 1931 an Rasmussen mit dem Vorschlag heran, die HORCH-Werke »bis zum Anbruch besserer Zeiten« stillzulegen und den Zschopauer Motorenwerken die notwendige Betreuung der Werksanlagen und die Ersatzteilversorgung der HORCH-Kunden zu übertragen.

Bei der Erörterung dieses Plans zwischen Staatsbankpräsident Degenhardt, Jörgen Skafte Rasmussen und Dr. Richard Bruhn (der als Delegierter der Staatsbank dem Vorstand der Zschopauer Motorenwerke angehörte) ergaben sich starke Bedenken. Rasmussen und Dr. Bruhn befürchteten, daß eine solche Maßnahme für die HORCH-Werke das Ende bedeuten würde – mit unabsehbaren Folgen für die schwer ringende Kraftfahrzeugindustrie, nicht zuletzt aber für die Belegschaft des Zwickauer Werkes, die die an sich schon so drückende Arbeitslosenzahl in der Bergbau- und Industriestadt Zwickau mit ihren mehr als 2000 Mann unerträglich vergrößern mußte.

So wurde schließlich beschlossen, die vorgesehene Stilllegung zunächst aufzuschieben und nach Möglichkeiten zu suchen, auf andere Weise die drohende Gefahr ab-

zuwenden. Das Ergebnis dieser Überlegungen und Bemühungen war schließlich die Zusammenlegung von HORCH, AUDI und den Zschopauer Motorenwerken (samt der käuflichen Übernahme der WANDERER-Automobilabteilung) zur AUTO UNION.

HORCH UND AUDI – GRÜNDUNGEN VON AUGUST HORCH

Die HORCH-Werke AG, Sachsens älteste Automobilfabrik, waren eine Gründung von August Horch, der 1868  in Winningen an der Mosel geboren wurde. In jungen Jahren war er als gelernter Schmied (wie der Vater) auf Wanderschaft gegangen und hatte sich dann auf dem Technikum im sächsischen Mittweida (das später auch J. S. Rasmussen besuchte) eine gründliche Ingenieur-Ausbildung erworben.

Ihm hatten es die neuzeitlichen »Motorwagen« angetan. 1896 fand er deshalb eine Anstellung bei der Firma Benz & Cie. in Mannheim, wo er die Entwicklung des Automobilbaus in ihren Anfängen miterlebte. Nachdem Benz dort bereits zehn Jahre früher sein erstes betriebsfähiges motorisiertes Fahrzeug gebaut hatte, entstand 1896 unter Horchs Mitarbeit ein wesentlich verbesserter Motorwagen mit $2^3/_4$ PS-Motor, Zweiganggetriebe und Vollgummibereifung. Aber Horch ging das alles zu langsam – er hatte weitreichende eigene Pläne, schied deshalb 1899 bei Benz aus und gründete in Köln-Ehrenfeld die Firma August Horch & Cie., zusammen mit seinem Partner Herz, der ebenfalls die Firma Benz verlassen hatte. 1900 entstand der erste HORCH-Motorwagen – mit Vierzylindermotor (schon mit Leichtmetallgehäuse), Kardanantrieb, Stirnraddifferential und anderen Neuerungen –, der in zwei Varianten (mit 5 und 10 PS-Motor) geliefert wurde.

Als aber bald die Kölner Fertigungsstätte (ein ehemaliger Pferdestall) zu klein geworden war, übersiedelte die Firma 1903 nach Zwickau, wo sich geeignetere Fabrikationsmöglichkeiten angeboten hatten. Das Fertigungsprogramm umfaßte Zwei- und Vierzylinderwagen, die der Marke HORCH bald zu einem guten Ruf verhalfen. 1904 wurde die Firma in eine Aktiengesellschaft unter dem Namen HORCH-Werke AG Zwickau umgewandelt. 1903 hatte es einen neuen Vierzylinder-HORCH-Wagen gegeben, 1904 kam ein 2,6 -Liter-Modell dazu und 1905 ein 40 PS-Wagen, der neue, wegweisende Konstruktionsdetails aufwies.

August Horch betätigte sich aber nicht nur als Konstrukteur und Fabrikant, er war auch ein begeisterter und erfolgreicher Sportfahrer. In den Jahren 1905–1909 errangen – teilweise von ihm selbst gefahrene – HORCH-Wagen in den schweren Zuverlässigkeitsprüfungen der Herkomer- und Prinz-Heinrich-Fahrten weithin beachtete Erfolge, die natürlich auch der technischen Weiterentwicklung der Serienfahrzeuge zugute kamen.

Aber gerade dieses so erfolgreiche sportliche Engagement Horchs führte mit dazu, daß es zu Meinungsverschiedenheiten mit seinem kaufmännischen Vorstandskollegen kam, dem die Kosten für Horchs Entwicklungsaufwand und diese Einsätze zu hoch erschienen. Schließlich wurden die Differenzen so gravierend, daß es anläßlich einer Aufsichtsratsitzung zum offenen Bruch kam – August Horch verließ 1909 verärgert sein Unternehmen.

Aber das sollte nicht das Ende seiner Tätigkeit im Automobilbau sein. Mit Hilfe guter Freunde, potenter Textilindustrieller, wurden – noch 1909 – ganz in der Nähe der HORCH-Werke in einer stillgelegten Fabrik die neuen »August Horch Automobil-Werke GmbH« etabliert.

Bald darauf kam es zu einem gerichtlichen Streit um das Namensrecht »HORCH« – August Horch unterlag und mußte seinen eigenen Namen aus der Firmenbezeichnung streichen. Er wurde durch »AUDI« ersetzt – die lateinische Übersetzung des Wortes »Horch«. Auf sie war, wie Horch in seinen Lebenserinnerungen selbst berichtet hat, der Sohn seines Teilhabers Fikentscher gekommen, als dieser zufällig Zeuge eines Gedankenaustauschs mit Horch über einen neuen Firmennamen im elterlichen Haus wurde. 1910 wurde daraufhin die Firma Audi-Automobilwerke GmbH im Zwickauer Handelsregister eingetragen.

Das neue Unternehmen war auch unter anderem Namen für die HORCH-Werke keine leichtzunehmende Konkurrenz. Dort blieb man zunächst bei den bewährten Modellen, erweiterte aber dann das Programm und brachte 1911 auch kleine Modelle mit 6 und 8 PS-Vierzylindermotoren heraus, die neue Käuferschichten gewinnen sollten.

Bei AUDI dagegen war schon Anfang 1910 der von Horch entworfene 10/25 PS-Wagen fertig – moderner und leistungsfähiger als die Wagen seines früheren Werks. Und natürlich betätigte sich August Horch nun auch wieder selbst bei Wertungsfahrten. Schon 1911 nahm ein Team dreier AUDI-Wagen, dem Horch angehörte, an der Internationalen Österreichischen Alpenfahrt teil – alle drei Wagen blieben strafpunktfrei. Zu diesem Erfolg kamen weitere Siege bei den Alpenfahrten 1912–1914, und bei Ausbruch des ersten Weltkriegs umfaßte das AUDI-Programm außer zwei Last- bzw. Lieferwagen-Modellen fünf Personenwagen.

Nach dem Krieg, während dem AUDI- wie HORCH-Werk mit Rüstungsaufträgen ausgelastet waren, setzte AUDI seine Tradition zunächst mit einem 14/50-Vierzylinderwagen fort, baute dann (mit Sechszylinder-Reihenmotor) das Modell 18/70 PS, dem schließlich der »Imperator« mit Fünfliter-Achtzylindermotor folgte. Dessen Fertigung lief auch noch weiter, als (nach der Übernahme der Aktienmehrheit durch Rasmussen) die mit Rasmussen-(Rickenbacker-)Motoren ausgerüsteten Sechs- und Achtzylindermodelle »Dresden« bzw. »Zwickau« aufgelegt wurden. Noch während des Krieges waren die AUDI-Werke in eine Aktiengesellschaft umgewandelt worden, und als sich 1928 eine erneute Erhöhung des Aktienkapitals notwendig machte, drängte die bei AUDI engagierte Sächsische Staatsbank Rasmussen, die neu ausgegebenen Stammaktien (ein Paket von 1 Mio) gegen Einbringung einer gleich hohen Forderung – und damit die Aktienmehrheit zu erwerben. Rasmussen übernahm zudem den Vorsitz im Aufsichtsrat, Dr. Hahn seine Stellvertretung – auch August Horch gehörte dem Aufsichtsrat weiterhin an. Den Vorstand bildeten zu dieser Zeit Heinrich Schuh als Techniker und Kurt Arzt als kaufmännischer Leiter (die beide bei Gründung der AUTO UNION in ihren Funktionen übernommen wurden).

Auch nachdem Rasmussen maßgeblichen Einfluß auf AUDI genommen hatte, wurde dort zunächst der Bau der großen Pkw fortgesetzt, neben den Rickenbacker-Modellen sogar der des »Imperator« – kein Wunder, daß man (obwohl die Belegschaft drastisch, 1931 bis auf etwa 140 Mann, reduziert wurde) weiter mit Verlust arbeitete. Daran änderte auch die kurzzeitig in Kombination mit dem DKW-Werk Spandau aufgenommene Produktion eines AUDI-Wagens mit Peugeot-Motor nichts, der von Rasmussen als Parallele zum DKW-Wagen mit dem Vierzylinder-V-Zweitaktmotor für die Interessenten gedacht war, die in die Einliter-Hubraumklasse einsteigen, aber keinen Zweitakter haben wollten. Die Gesundung des Werkes AUDI erfolgte erst, als die Produktion des DKW-Front dort zum Laufen kam.

Hätte Rasmussen damals – gegen abraten Dr. Hahns! – AUDI nicht übernommen, so wäre die Marke wohl für alle Zeiten vom Markt und aus dem Gedächtnis verschwunden!

Viel schwieriger als bei AUDI freilich war die Lage in den benachbarten HORCH-Werken. Dort hatte bald nach dem ersten Weltkrieg Dr. Moritz Strauss, Besitzer der Argus-Motorenwerke, die beherrschende Aktienmajorität und den Vorsitz im Aufsichtsrat übernommen und die Verwaltung nach Berlin verlegt. Man hatte bei HORCH nach dem Ausscheiden des Gründers vor und während des Krieges Personen- und Lastkraftwagen gebaut und den erworbenen Qualitätsruf halten können. Den Versuch, mit kleineren Wagen in die Domäne von Opel, NSU und Wanderer einzubrechen, hatte man freilich wieder aufgegeben und sich nach dem Krieg wieder auf das ureigenste Gebiet der starken Wagen beschränkt. Nach 10/50 Luxuswagen (mit obengesteuertem Vierzylindermotor) kam 1926 der von Baurat Daimler (dem Sohn von Gottlieb Daimler) konstruierte Achtzylinder mit zwei obenliegenden Nockenwellen heraus, der erste deutsche Achtzylinder, der aber – nach erheblichen Reklamationen – durch eine Einnockenwellen-Konstruktion ersetzt wurde, die ein großer Erfolg wurde. So konnte HORCH für das Geschäftsjahr 1927/28 sogar 8% Dividende zahlen.

Aber schon der Geschäftsbericht für das übernächste Jahr zeichnete ein anderes, ungünstigeres Bild der wirtschaftlichen Lage des Unternehmens. Während am 1. 11. 1929 noch ein Gewinnvortrag ausgewiesen wurde, war bis zum 31. 10. 1930 ein Verlust von knapp 5 Mio aufgelaufen.

Die hochqualifizierten Erzeugnisse der HORCH-Werke mit dem berühmten Achtzylinder-Reihenmotor für Limousine und Cabriolet sowie einem V-Achtzylinder in Cabriolets hatten in jenen Krisenjahren keinen Markt mehr. Und so kam es zu der finanziellen Situation, die letztlich zur Gründung der AUTO UNION führte.

DIE WANDERER-AUTOMOBILE

Die WANDERER-Werke AG in Chemnitz-Schönau waren 1885 von Richard Jänicke und Johann Baptist Winklhofer gegründet worden. Das Produktionsprogramm umfaßte zunächst hochwertige Werkzeugmaschinen und Schreibmaschinen (Marke »Continental«) sowie Fahrräder. 1902 kam noch eine Motorradfertigung hinzu, und 1911 wurde der Automobilbau aufgenommen. Mit einem Zweisitzer, der als »WANDERER-Puppchen« zum ausgesprochenen Schlager wurde. Der Wagen (mit den Sitzen in Tandem-Anordnung) hatte einen 1150 cm³-Vierzylindermotor mit 12 PS und Magnetzündung, Dreiganggetriebe mit Rückwärtsgang, und entwickelte eine Geschwindigkeit von 70 km/h.

Nach dem ersten Weltkrieg setzte man bei WANDERER die Tradition in allen Fertigungszweigen fort, auch im Automobilbau. Der Vorkriegs-Kleinwagen wurde in stetiger Weiterentwicklung auf 6/18, 5/20 und 6/24 PS gebracht, mit vier Vorwärtsgängen lief er nun gute 90 km/h. 1926 erschien der gut verkäufliche W 235 mit 6/30 PS aus 1,55 Liter Hubvolumen, 1928 der Zweiliterwagen W 240 mit 8/40 PS. In diesem Jahr wurde die Automobilproduktion in das neuerbaute Werk Siegmar bei Chemnitz verlegt. Es folgten ein 10/50 Sechszylindermodell (W 250 mit 2,5 Liter Hubvolumen als Limousine und Cabriolet), aber 1930 ging man, mit verbesserter Konstruktion und ansprechenderer Form, wieder auf ein 6/30 Vierzylindermodell zurück.

1929 war die Motorradfertigung aufgegeben worden. Zeichnungen und bereits erstellte Fertigungseinrichtungen für ein einzylindriges Kardanmodell (dem noch schwere Kinderkrankheiten anhafteten) wurden an die tschechische Waffenfabrik von F. Janecek verkauft, wo man auf dieser Basis mit der Fertigung der später sehr bekannt gewordenen JAWA-Motorräder begann (das übernommene Kardanmodell allerdings bald wieder aufgab).

Um diese Zeit hatte das Unternehmen einen Vertrag mit Dr. Porsche über die Konstruktion eines neuen Motors abgeschlossen (der dann auch von der AUTO UNION übernommen wurde).

Die Vielfalt der Fertigung war ein Faktor, den die WANDERER-Werke den beiden Zwickauer Automobilfabriken voraus hatten: sie waren dadurch weniger konjunkturabhängig und krisenanfällig und mit Recht stolz auf ihre errungene und besser gesicherte Position auf dem Automobilsektor. Darum war es auch keine leichte Aufgabe, die traditionsstolze Firma mit ihren Generaldirektoren Stuhlmacher (und später Klee) von der Notwendigkeit einer Konzentration der sächsischen Automobilindustrie zu überzeugen und zu bewegen, den Teil ihres gerade eben erbauten Werks in Siegmar, das die Automobilfertigung aufgenommen hatte, an die AUTO UNION zu verpachten sowie die Fabrikationseinrichtungen und Warenzeichenrechte (soweit sie auf den Vertrieb der WANDERER-Automobile beschränkt blieben) der neuen Firma zu verkaufen.

RASMUSSENS KONZERN

Rasmussens industrieller Besitz beschränkte sich nicht auf die Zschopauer Motorenwerke mit ihren Nebenbetrieben in Scharfenstein, Annaberg u. a. Eine Darstellung des Konzerns von 1934 (s. Seite 31) läßt die weitgreifenden Ideen erahnen, die Rasmussen leiteten – die allerdings auch starke Risiken in sich bargen. Sie zeigt aber, wie weit gestreut allein geographisch Besitz und Einfluß Rasmussens waren. Auch die Struktur seiner Werke reichte von den Zubringerbetrieben für die Hauptsparte Kraftfahrzeugbau über den Bau von Kühlschränken bis zur Serienfertigung leichter Sportflugzeuge, die in den »Eisen- und Flugzeugwerken Erla« 1933 mit DKW-Motoren aufgenommen wurde.

Wenn auch bei Ausbruch der Krisenepoche der Rasmussen-Konzern mit seinen etwa zwölf Unternehmen, in denen rund 15000 Menschen arbeiteten, noch nicht die letzte Abrundung erfahren hatte, so läßt sich doch klar erkennen, daß der Schwerpunkt des Konzerns die Kraftfahrzeugindustrie war.

Die Zschopauer Motorenwerke standen auch 1930, mitten in der Krise, nicht etwa vor dem Bankrott, aber als sich der Serienanlauf des für das Weiterexistieren des AUDI-Werks unentbehrlichen Frontantriebwagens in Zwickau verzögerte, die DKW-Motorräder sich auf dem Werkshof und in Ausweichquartieren im Erzgebirge stauten und die in Zahlung genommenen, prolongierten Händlerwechsel den Staatsbank-Kredit in bedenklicher

Höhe in Anspruch nahmen, war die Liquidität auch des Rasmussen-Konzerns aufs äußerste angespannt: in der letzten Bilanz vor der Gründung der AUTO UNION (per 31. 12. 1930) wurde bei einer Bilanzsumme von knapp 22 Mio schon ein Verlust von fast 1,8 Mio ausgewiesen – die Bankschulden betrugen 2,277 Mio. In dieser Situation gelang es der Sächsischen Staatsbank, Dr. Bruhn zur Durchführung kaufmännischer Reorganisationsaufgaben in den Vorstand der Zschopauer Motorenwerke AG berufen zu lassen, mit dem zusammen Rasmussen dann auch das Staatsbank-Konzept der Fusion durcharbeitete und schließlich realisierte.

Dabei war zunächst die Frage nach dem Umfang der Fusion zu klären. Daß sich das Fabrikationsprogramm grundsätzlich auf Personenkraftwagen (und Motorräder) beschränken sollte, stand schon von Anfang an endgültig fest, ebenso die Begrenzung auf diesen Industriezweig im Freistaat Sachsen (das Karosseriewerk Spandau bildete eine strukturbedingte notwendige Ausnahme).

Die beiden Zwickauer Werke boten als rassereine Automobilfabriken diesbezüglich ohnehin keine Probleme, und für die Fabrikationsstätte der WANDERER-Automobile war die Abgrenzung nach Ausrüstung und Programm schon in den Vorverhandlungen zweifelsfrei festgelegt worden.

Nur der Rasmussen-Konzern war vielgestaltig, noch dazu mannigfach ineinander verflochten. Hier mußte  eine zweckmäßige Bereinigung erfolgen, die freilich nicht leicht war, denn die Werke des Konzerns waren teils Abnehmer der DKW-Produktion (wie z. B. das Flugzeugwerk Erla), teils Zulieferanten (wie Scharfenstein und Brand-Erbisdorf), teils beides – wie die Framo-Werke in Hainichen, die unter der Leitung des ältesten Rasmussen-Sohns Hans standen.

Für das Gelingen der Sanierung bzw. der Fusion war von ausschlaggebender Bedeutung, daß Rasmussen sich einer einschneidenden Konzentration nicht versagte. Er stimmte auch zu, daß für das DKW-Programm (Automobile, Motorräder und Einbaumotoren) das Zschopauer Stammwerk, die Karosseriefabrik Spandau und die Leichtmetallgießerei Annaberg (Erzgebirge) herausgeschält würden. Dazu kam das von Rasmussen von seinem Vorbesitzer Friedrich Münz übernommene Luma-Werk in Stuttgart, wo die Fertigung der elektrischen Spezialaggregate für die DKW-Produktion erfolgte (bis diese in das von den ehemaligen Schüttoff-Motorradwerken in Chemnitz übernommene Werk Rößlerstraße umgesetzt wurde).

Alle übrigen Teile des industriellen Besitzes von Rasmussen, die nicht unmittelbar und ausschließlich dem geplanten AUTO UNION-Programm dienten, wurden ausgesondert und unter die Verwaltung der »Industrie-Verwaltung und -Treuhand GmbH« gestellt, die zu diesem Zweck gegründet worden war und der Rasmussens Sohn Dr. Ove Rasmussen, Leiter des Metallwerks Zöblitz, vorstand.

Als schließlich alle anderen Voraussetzungen für das Zustandekommen der Fusion, d. h. der AUTO UNION, geschaffen waren, blieben noch zwei Probleme. Das eine war die Notwendigkeit, für den unabdingbaren Betriebsmittel-Millionenkredit der Staatsbank für die neue AUTO UNION eine Staatsbürgschaft des Freistaats Sachsen zu erhalten, für die die Zustimmung des Landtags erforderlich war. Mit der war aber nur zu rechnen, wenn die Nationalsozialisten (die ja zu diesem Zeitpunkt noch nicht an der Macht waren) ihre im Landtag praktizierte Obstruktionspolitik aufgaben. Gauleiter Mutsch-mann erhielt aus München die entsprechenden Anweisungen – und so sabotierte die NSDAP-Fraktion die Landesbürgschaft nicht.

Blieb noch das zweite Problem: die Übernahme der Bürgschaft wurde seitens des Freistaats Sachsen davon abhängig gemacht, daß sich auch die Reichsregierung durch Gewährung eines Steuernachlasses (die beteiligten Firmen hatten beträchtliche, jederzeit vollstreckbare Steuerrückstände) an der Sanierung der sächsischen Kraftfahrzeugindustrie beteilige. In zähen Verhandlungen gelang es, diesen Erlaß zu erreichen. Damit war der Weg zur Gründung der AUTO UNION AG endgültig frei, die handelsgerichtliche Eintragung konnte am 29. Juni 1932 erfolgen.

Zu Vorstandsmitgliedern wurden Dr. Richard Bruhn, J. S. Rasmussen und Freiherr v. Oertzen, zu stellvertretenden Vorstandsmitgliedern Dr. Carl Hahn und Ing. William Werner berufen.

Inwieweit es diesem Gremium mit seinem Mitarbeiterstab in den Werken freilich gelingen würde, sich mit dem neuen Unternehmen ohne Änderung der wirtschaftlichen Situation in Deutschland zu behaupten, stand zunächst in den Sternen.

Hauptverwaltung der AUTO UNION AG in Chemnitz, Bernd-Rosemeyer-Straße (umgebautes ehemaliges Gebäude der Presto-Werke – Automobile und Fahrräder)

145

DKW und die AUTO UNION bis zum Ende in Sachsen

Die Notwendigkeit einer Fusion der vier sächsischen Kraftfahrzeugmarken als Voraussetzung weiterer Existenzfähigkeit stand 1931/32 außer Zweifel – wobei die maßgebenden Wirtschaftler sich darüber im klaren waren, daß beim Ausbleiben großzügiger Förderungsmaßnahmen in den anderen deutschen Ländern bzw. seitens der Reichsregierung neue Wege einer Arbeitsteilung auch innerhalb der übrigen deutschen Kraftfahrzeugindustrie beschritten werden mußten. Aber auch unter dem Dach der neuen AUTO UNION konnten so, wie sich die wirtschaftlichen Verhältnisse bis zum Jahr 1932 gestaltet hatten, die gesteckten Ziele nur erreicht werden, wenn es möglich war, die mitwirkenden Kräfte auf wenige Personen zu konzentrieren und eine vertrauensvolle Zusammenarbeit in engster Form zwischen der führenden Bank (der Sächsischen Staatsbank) und einem führenden Techniker herbeizuführen, der über Namen, Erfahrung und schöpferische Initiative verfügte und der auch einen so umfangreichen Komplex, wie ihn der neue Konzern darstellte, beherrschen konnte.

Diese Persönlichkeit war Rasmussen, in dessen Ideenkraft und Initiative auch die Staatsbank ihr ganzes Vertrauen setzte.

Zweitaktmotor und Kleinwagen mit Frontantrieb hatten schon in der Vergangenheit den Tendenzen des Marktes Rechnung getragen. Auch schien der Zweitaktmotor eine aussichtsreiche Zukunft zu haben – wegen seiner baulichen Einfachheit, aber auch wegen des Umstands, daß viele Techniker ihn vernachlässigt und sich lieber der schon weit fortgeschrittenen Verfeinerung des Viertaktmotors gewidmet hatten. Deshalb konnte beim Zusammenschluß der sächsischen Werke zur AUTO UNION auf eine freudige Mitarbeit Rasmussens am allerwenigsten verzichtet werden. Ganz bewußt mußte

das von ihm aufgestellte und realisierte Programm in den Vordergrund gestellt und zum Rückgrat der neuen Gesellschaft gemacht werden.

Denn zur Zeit der Gründung der AUTO UNION war der technische Ideengehalt von DKW im Konzern führend und am lebendigsten. HORCH war in der konservativen Pflege des Großwagens zu einer gewissen Erstarrung gekommen und mit seinem Programm allein nicht mehr lebensfähig – für AUDI galt das gleiche (weshalb ja die Fertigungsaufnahme des DKW-Frontwagens dort bereits zum rettenden Strohhalm geworden war). WANDERER andererseits war gerade im Begriff, seine durch die Entwicklung überholten Automobil-Konstruktionen zu verlassen und an deren Stelle ein von Prof. Porsche entworfenes Modell zu setzen.

So schien das DKW-Programm am raschesten die Führung in der AUTO UNION übernehmen und damit zu deren tragender Basis werden zu können. Das trat dann auch tatsächlich ein – DKW brachte über 50 % des Umsatzes und den größten Teil der erzielten Gewinne.

Trotzdem war der wirtschaftliche Wandel, der mit der Machtübernahme durch die Nationalsozialisten im Frühjahr 1933 einsetzte, entscheidend für den Bestand und die Aufwärtsentwicklung der AUTO UNION im Gesamten. Denn ohne die die Motorisierung (aus welchen Gründen auch immer) fördernden Maßnahmen der neuen Regierung wären die Absatz- und Produktionssteigerungen ab 1933 in allen Werken der AUTO UNION (wie in der übrigen deutschen Kraftfahrzeugindustrie) nicht möglich gewesen.

Der (zunächst freiwillige) Rückzug Rasmussens aus seiner technischen Führungsposition – als Folge tiefgehender Meinungsverschiedenheiten mit seinen Vorstandskollegen, insbesondere Dr. Bruhn – war tragisch,

Blick auf das Werk
DKW-Zschopau
– in Bildmitte
das am Hang ste-
hende Verwal-
tungsgebäude

Luftaufnahme
des Rasmussen-
Werks AUDI-Zwik-
kau.

147

seine daraufhin erfolgte fristlose Entlassung blamabel für die Initiatoren. Aber das von ihm hinterlassene DKW-Erbe war stabil genug, um auch danach in den noch verbleibenden Friedensjahren den wichtigsten Faktor im Verband der AUTO UNION zu bilden.

Im Vorstand übernahm nach Rasmussens Ausscheiden William Werner (der 1941 von der Technischen Hochschule Dresden mit dem Dr. Ing. h. c. ausgezeichnet wurde) die technische Führung. Dr. Bruhn blieb Vorsitzer (v. Oertzen war aus politischen Gründen auf einen Auslandsposten abgeschoben worden), und Dr. Hahn (der vorübergehend die AUTO UNION verlassen, eine leitende Funktion in einem branchenfremden Unternehmen übernommen hatte, aber bald wieder zurückgekehrt war) betreute als stellvertretendes Vorstandsmitglied nun den Gesamtvertrieb.

Es steht außer Frage, daß er es war, der gegen unverkennbare andere Tendenzen (auch im Vorstand) mit unvergleichlichem Elan die DKW-Fahne innerhalb und außerhalb des Unternehmens hochhielt und seine Mitarbeiter ebenso wie die Händlerschaft wieder und wieder motivierte und mit seiner DKW-Begeisterung mitriß.

Die Zusammenarbeit im (ungewöhnlich kleinen) Kreis des Vorstands vollzog sich im übrigen ohne wesentliche Reibungsverluste, sie war eine der Grundlagen für die geradlinige Entwicklung des vielgliedrigen Konzerns. William Werner, erfahrener Fertigungstechniker und Betriebsorganisator, hatte sein klar abgegrenztes Aufgabengebiet. Dr. Bruhn und Dr. Hahn, ihrem Wesen nach grundverschiedene Naturen, ergänzten sich hervorragend und fanden – trotz ihrer Unterschiede in Wesensart, Erfahrungen und Temperament – immer wieder den Weg fruchtbarer Synthese: der bedachtsame, jedem Abenteuer abholde Dr. Bruhn – und sein jüngerer, temperamentvoller Mitarbeiter Dr. Hahn, voll Phantasie und Ideenreichtum, erzeugten eine Atmosphäre »schöpferischer Unruhe« (wie es einer ihrer engsten Mitarbeiter einmal formuliert hat), die im glänzenden Aufstieg des Unternehmens ihre Rechtfertigung fand.

So war nie in Frage gestellt, daß das Zweitaktprogramm auch nach Rasmussens Ausscheiden beibehalten, im Konzern also auch weiterhin »zweigleisig« gefahren würde. Alle Werke arbeiteten auch nach der Fusion und nach der Umbildung des Vorstands zunächst mit ihren bisherigen Programmen weiter, ohne sich gegenseitig Konkurrenz zu machen. Denn die einstige Rivalität zwi-

schen HORCH und AUDI war ja schon dadurch ihrer Schärfe beraubt, daß das Werk AUDI in zunehmendem Maße für die Produktion der DKW-Frontwagen eingesetzt wurde – die schließlich das Werk so in Anspruch nahm, daß ab 1938 auch die Produktion der großen AUDI-Wagen (mit HORCH-Sechszylindermotor und modifiziertem WANDERER-Fahrwerk) im Werk HORCH erfolgte, nachdem schon 1934 die Montage des AUDI-Frontantriebwagens mit 2-, später 2,3-Liter-WANDERER-Motor in das Werk HORCH verlegt wurde. Auf dem Sektor DKW hatten die Stationär- bzw. Einbaumotoren schon 1932 ein Typenprogramm, das – trotz nicht unerheblicher Konkurrenz – den Bedürfnissen des Marktes voll entsprach; bis 1939 mußten die nunmehr 13 Haupttypen keine grundsätzlichen Änderungen durchmachen: Ein- und Zweizylinder, luft- und wassergekühlt, links- oder rechtsdrehend, stationär oder zum Einbau in Fahrzeuge geeignet, deckten sie einen wesentlichen Teil des Bedarfs in Land- und Forstwirtschaft, in Handwerk und Industrie bzw. im Feuerschutz und dienten auch zum Antrieb drei- und vierrädriger Fahrzeuge.

DKW-Motorräder – aus der Welt größter Motorradfabrik, die das Werk Zschopau schon seit 1928 und bis zum Krieg war – bildeten schon bei der Fusion ein geschlossenes Typenprogramm, das bis 1939, abgesehen von stetiger technischer Weiterentwicklung, lediglich einer Straffung unterlag.

Das DKW-Wagen-Programm befand sich 1932 noch im Fluß. Der DKW-Frontwagen war ja kein storchschnabelmäßig verkleinerter Mittelklassewagen – er war eine eigenständige Entwicklung auf der Grundlage der Motorradtechnik. Das kleine Fahrzeug mit seinem Vorderradantrieb und seiner Holzkarosserie war seiner ganzen Konzeption nach bestimmt und geeignet, den anschwellenden Strom der Breitenmotorisierung mit aufzunehmen – ja durch seine Vorzüge noch zu verstärken. Reichs- und Meisterklasse (mit 600 bzw. 700 cm³-Zweizylinder-Zweitaktmotoren), als Limousine und Cabriolet, zusätzlich auch mit bei sächsischen Karosseriefabriken gebauten zwei- und viersitzigen Vollcabrio-Blechkarosserien geliefert, wurden dank ihrer Popularität bald der Stückzahl nach zum Hauptträger des Wagenausstoßes der AUTO UNION. Auch sie blieben bis in den zweiten Weltkrieg hinein im Grundsätzlichen unverändert. 1939 betrug die Tagesproduktion der DKW-Frontwagen 230, der Motorräder über 250 Stück.

DKW-Wagenauslieferung im Werk AUDI-Zwickau

Die Zwickauer HORCH-Werke

Nur der Versuch, die technischen Vorzüge des Zwei-taktmotors auch in einem größeren und stärker motori-sierten Wagen (als notwendig erscheinende Programm-ausweitung) zur Geltung zu bringen, verlief zunächst nicht recht glücklich. Das lag einmal an dem verwende-ten, von den Konstrukteuren Paffrath und Gehle stam-menden Vierzylinder-V-Zweitakter mit zwei doppeltwir-kenden, kurbelgehäuse-unabhängigen Ladepumpen mit zunächst 800, später 1000 cm^3 Hubraum, der in der Fertigung teuer, in seiner Betriebszuverlässigkeit heikel, im Verbrauch aber recht anspruchsvoll war – jedoch auch an den (im Werk Spandau gefertigten) hinterrad-angetriebenen Wagen selbst. Die als Weiterentwicklung der vorher gebauten Vierzylinder-Modelle 1934 auf den Markt gebrachte »Schwebeklasse« mit selbsttragender, sehr geräumiger und aerodynamisch fortschrittlicher, aber etwas plump wirkender Form fand trotz der Schnel-ligkeit des Wagens nicht den Beifall einer ausreichend hohen Käuferzahl. Und als schließlich 1937/38 die »neue« Sonderklasse (es hatte einen Typ mit dieser Be-zeichnung, aber mit Holzkarosserie, schon vor der Schwebeklasse zweimal gegeben) mit einer dem WAN-DERER W 24 ähnelnden Stahlblech-Karosserie (auf modifziertem DKW-Front F 8-Chassis) herauskam, blieben die Ärgerlichkeiten mit dem Motor (die Fama wollte wissen, daß besonders »massive« Kunden nach dem dritten Motorwechsel gegen geringen Aufpreis ei-nen WANDERER W 24 erhielten).

Eine der Sonderklasse ähnliche Karosserie war im übri-gen auch für den in der Planung befindlichen, im Zentra-len Konstruktionsbüro (ZKB) in Chemnitz entstandenen DKW-Dreizylinderwagen, den F 9, bestimmt. Dieser sollte 1940 zur Automobilausstellung in Berlin als zwar teurere, dafür aber qualifiziertere Konkurrenz zum »dro-henden« Volkwagen präsentiert werden und vielleicht, in hohen Stückzahlen produziert, eines Tages die Zweizy-linder-Frontwagen ablösen. Diese Karosserie fand sich dann, nachdem die Preßwerkzeuge beim westdeut-schen Lieferanten gelagert waren, mit geringfügigen Abwandlungen beim ersten Nachkriegs-DKW-Wagen (Typ F 89) wieder. Zudem auch, nach vorhandenen Zeichnungen nachgebaut, im F 9 der volkseigenen IFA, der nach Kriegsende zuerst im ehemaligen AUDI-Werk Zwickau und später im früheren BMW-Werk Eisenach gefertigt wurde.

Aber nicht nur Blech war zur Ablösung der kunstlederbe-spannten Spandauer Holzkarosserie des DKW-Front-wagens im Gespräch: sie sollte durch etwas ganz Neu-es, die »Tradition des Unkonventionellen in der DKW-Li-nie Fortsetzendes«, abgelöst werden – eine Kunststoff-karosserie.

Die diesbezüglichen Versuche waren bei Kriegsaus-bruch schon weit fortgeschritten und wurden auch noch in den ersten Kriegsjahren fortgesetzt. In Zusammenar-beit mit der Dynamit-AG Troisdorf wurde geschichtetes Phenolharz mit Papiereinlage verwendet – Fahr- und Sturz-(Katapult-)Versuche brachten durchaus befriedi-gende Ergebnisse und führten bereits zur Bestellung ei-ner 15000 Tonnen-Presse, die in einem Neubau des Werks Spandau zur Montage bereitlag.

Im letzten Friedensjahr jedenfalls präsentierte die AUTO UNION ein lückenloses Programm – vom leichten DKW-Motorrad mit 125 cm^3 bis zur schweren Sportma-schine mit 500 cm^3-Zweizylindermotor und Hinterradfe-derung, vom populären DKW-Frontwagen zur Mittel-klasse der WANDERER-Automobile, und schließlich die großen, im Werk HORCH gebauten Repräsentations-wagen. Neuentwicklungen für die nächsten Jahre stan-den in allen Werken der AUTO UNION bereits dahinter. Die Vertriebsorganisation, geführt von in der Hauptver-waltung Chemnitz sitzenden Verkaufsleitern für die ein-zelnen Sparten, stützte sich auf den großenteils schon bei der Fusion vorhandenen Außendienst der einzelnen Firmen und auf eine bewährte Händlerschaft, die durch Verträge (mit Bestimmungen über Rabatte, Konkur-renzausschluß, Kundendienst u. a.) an die AUTO UNION gebunden waren. Großhändler mit Unterver-tretern hatte es lediglich bis 1930 bei den DKW-Motorrä-dern gegeben. Ausnahmen waren die AUTO UNION-Fi-lialen, weitgehend selbständige Verkaufs-Niederlas-sungen, die zum überwiegenden Teil bereits bei der Fu-sion bestanden. Die ganz bewußte Pflege der selbstän-digen Händlerbetriebe hat sich nach dem Krieg bei der Neubildung der AUTO UNION im Westen Deutschlands bezahlt gemacht.

Verfügte die AUTO UNION AG Ende 1934 schon über 1000 Automobil- und ca. 3000 Motorrad-Händler, so wa-ren es Mitte 1939 rund 1700 Wagen- und 5000 Motor-rad-Händler, wobei bei den Wagen die DKW-Händler weit in der Überzahl waren.

Nicht uninteressant ist, daß im ersten Geschäftsjahr der AUTO UNION (1931/32) 1428 DKW-Motorräder expor-

WANDERER-Automobilwerk in Chemnitz-Siegmar

Werk Spandau der AUTO UNION A.G.

151

tiert wurden, dazu 480 Pkw aller vier Marken. 1934/35 hatte sich die Exportziffer der Motorräder bereits annähernd verdoppelt, die der Wagen aber verzehnfacht. Und 1936/37 betrug die Steigerung des DKW-Motorrad-Exports gegenüber dem Vorjahr 93%. Einschließlich der ersten zwei Kriegsmonate wurden dann im letzten Friedens-Geschäftsjahr 1938/39 14142 DKW-Motorräder, 2895 DKW-Motoren und 15581 Automobile (aller vier Marken) im Ausland verkauft.

Nicht ohne Einfluß auch auf den Auslandsabsatz der DKW-Motorräder waren die mit ihnen erzielten zahllosen Sporterfolge. Besonders kennzeichnend war hier der Fall Australien: dort waren, dank böser Erfahrungen mit Motorrädern, die mit englischen Villiers-Zweizylinder-Zweitaktern ausgerüstet waren, praktisch keine Zweitakter mehr zu verkaufen. Bis man Ewald Kluge mit der 250er-Drehschieber- DKW dorthin schickte und dieser 1937 mit vier Siegen und einem neuen Streckenrekord bei ausschließlich mit englischen Viertakt-Maschinen besetzten Rennen brillierte: damit war das Eis gebrochen, und in den darauffolgenden Jahren wurde auch dieser wichtige Markt für DKW erschlossen.

Im Geschäftsbericht der AUTO UNION (die sich ja in jenen Jahren bekanntlich außer im Motorrad- auch stark im Wagen-, nicht zuletzt im Grand-Prix-Sport engagierte, standen 1937 diese goldenen Worte:

»Dem Kraftfahrsport widmete sich die Gesellschaft wie bisher mit höchstmöglichem Einsatz. Es steht fest, daß die AUTO UNION in den letzten Jahren die am Kraftfahrsport meistbeteiligte Firma der Welt gewesen ist. Nur sie beteiligte sich gleichzeitig bei den großen internationalen Wagenrennen, im Motorradsport sowie im internationalen Zuverlässigkeits- und Geländesport. Sie betrachtet diese Sportbetätigung nicht nur als nationale Pflicht, sondern auch als einen Beweis für die technische Leistungsfähigkeit der Werke, als eine Quelle neuer konstruktiver Erkenntnisse und als eine in ihrer Wirkung nicht hoch genug einzuschätzende internationale Werbung für deutsches Können und deutsche Wertarbeit.«

Die nachstehenden Zahlenübersichten vermitteln einen interessanten Eindruck der Entwicklung in der AUTO UNION von der Gründung bis zum Kriegsbeginn im September 1939:

Belegschaft der AUTO UNION AG

31. 10.	Gesamt	Arbeiter	%	Angestellte	%
1932	4359	3461	79,3	898	20,7
1933	7371	6281	85,2	1090	14,8
1934	12256	10781	87,9	1475	12,1
1935	16503	14024	85,0	2479	15,0
1936	20154	17272	85,7	2882	14,3
1937	21530	18351	85,4	3179	14,6
1938	22673	19145	84,9	3528	15,1

Pkw-Neuzulassungen in Deutschland

Jahr	Gesamt	AUTO UNION	%	DKW	WAN- DERER	HORCH	AUDI
1932	39529	6459	16,3	9,3	4,1	2,5	0,4
1933	82048	16465	20,1	12,6	5,2	1,5	0,8
1934	130938	28590	21,8	15,9	3,9	1,2	0,8
1935	180113	38154	21,2	15,7	4,0	1,1	0,4
1936	213117	50962	23,9	18,8	3,8	0,9	0,4
1937	216538	54765	25,3	19,5	4,5	0,9	0,4
1938	222778	52172	25,3	17,9	4,4	1,0	0,1
1939 (bis 31. 7. 1939)	125237	28788	23,0	16,6	4,9	1,0	0,5

DKW-Motorrad-Zulassungen in Deutschland

Jahr	Gesamt	DKW
1933	50108	10956 = 21,9%
1934	78179	24523 = 31,4%
1935	102831	36847 = 35,9%
1936	125131	43581 = 34,6%
1937	141796	48210 = 33,9%
1938	150562	44637 = 29,3%
1939 (bis 31. 7.)	119019	36457 = 30,6%

In den ersten Kriegsjahren war dann das beherrschende Problem die Auslastung der Produktionsstätten mit neuen Aufgaben, ein Prozeß, der sich zunächst nur langsam entwickelte. Denn noch war Serienmaterial in beträchtlichen Mengen auf den Lägern (durch die angespannte Materiallage bereits in der letzten Vorkriegszeit bedingt, die keine kurzfristigen Materialdispositionen mehr zugelassen hatte), mit denen die Serienproduktion zunächst noch im Gang gehalten werden konnte. DKW-Frontwagen waren stark gefragt – sie wurden im Hinblick auf die Holzkarosserie von der Wehrmacht nicht requiriert. So wurden im Geschäftsjahr 1940/41 nicht weniger als 33646 DKW-Motoren, 20254 DKW-Motorräder und 5411 Pkw aller vier Marken (deren Produktion dann allerdings rasch abfiel) ausgeliefert. Noch im darauffolgenden Jahr verließen rund 7000 Motorräder das Werk Zschopau allein für zivilen und Export-Bedarf. Und als die Serienbänder der anderen Pkw-Werke schon längst stillgelegt waren, wurden 1942 noch 1500 DKW-Frontwagen vom Werk AUDI ausgeliefert.

Trotz dieser »Friedensproduktion im Krieg« blieb, Zeichen des Optimismus jener Jahre, zunächst noch genug Anlaufmaterial für den in baldiger Zukunft erwarteten Frieden auf den Lägern. Zunächst – denn inzwischen setzte in allen Werken die Kriegsproduktion mit voller Wucht ein, und die regelmäßigen »Schrottaktionen« ließen die sorgfältig gehüteten Reserven immer mehr zusammenschmelzen (nicht zuletzt auch das umfangreiche Teilelager der DKW-Rennabteilung).

In der Kriegsproduktion spielten natürlich Kraftfahrzeuge in allen AUTO UNION-Werken (neben andersartigen Fertigungen) eine wesentliche Rolle. In Zschopau Motorräder (zunächst NZ 350, später auch RT 125) und Motoren für die verschiedensten Aggregate bei den drei Wehrmachtsteilen – in den letzten Kriegsjahren außer den kompletten kleinen Maschinensätzen KL 100 bzw. KL 101 und KL 32 vor allem die Zweizylindermotoren mit 1100 cm³ für Tragkraftspritzen.

Dann kam das Katastrophenjahr 1944 – für die sächsische Industrie wie für die AUTO UNION. Es war nichts mehr mit dem prahlerischen Wort von »Sachsen – des Reiches Luftschutzkeller«. Nachdem schon 1943 und Anfang 44 das Werk Spandau mit seinen großen Holzvorräten schwere Bombenschäden erlitten hatte, war am 9. September 1944 das WANDERER-Werk Siegmar (in dem Panzermotoren gebaut wurden) dran, im Oktober wurden die Zwickauer Werke HORCH und AUDI samt ihren Nebenbetrieben durch Bombentreffer stark beschädigt, und am 5. März 1945 wurde Chemnitz in zwei Nachtangriffen arg in Mitleidenschaft gezogen: die Werkstätten in der Kauffahrteistraße und das Elektrowerk Rösslerstraße erlitten schwere Schäden – das Gebäude der Hauptverwaltung dagegen blieb erhalten. Nur geringe Schäden gab es im Werk Zschopau.

Anfang Mai wurde klar, daß die Russen in Chemnitz einmarschieren würden. Und nachdem ein schon Anfang des Jahres diskutierter Plan des Vorstands, mit einem kleinen Verwaltungsapparat nach Süddeutschland zu gehen, nicht zur Ausführung gekommen war, setzte sich angesichts des nunmehr abzusehenden Kriegsendes der Vorstand am 6. Mai 1945 in Richtung auf Zwickau, das bereits von den Amerikanern besetzt war, ab. Er autorisierte drei Stellvertreter (Dr. Schüler, Ludwig Hensel und Walter Schmolla), die in Zusammenarbeit mit dem neu eingesetzten kommunistischen Betriebsrat bis auf weiteres das Unternehmen führen sollten.

Die Russen besetzten wenige Tage später Chemnitz, das Verwaltungsgebäude an der Bernd-Rosemeyer-Straße wurde zum Krankenhaus für Geschlechtskranke umfunktioniert, und der neue Vorstand arbeitete mit dem Rest der Verwaltung in den ehemaligen Räumen der Ersatzteilabteilungen im Rückgelände.

In allen Fertigungswerken setzten nun Total-Demontagen ein – in Chemnitz nicht anders als in Zschopau und Zwickau. Die Maschinen, ohne Wetterschutz und unsachgemäß transportiert und verpackt, sind, wie das Eisenbahn-Begleitpersonal berichtete, bei Brest Litowsk zu Tausenden verkommen.

Viele Mitarbeiter aus den technischen Büros wurden nach Rußland dienstverpflichtet, aus Zschopau außer dem Werksdirektor Otto Hoffmann auch Chefkonstrukteur Weber und zehn weitere Mitarbeiter. Die Mehrzahl der Werksleiter und anderer Mitarbeiter in führenden Stellungen wurde von der Besatzungsmacht verhaftet – die meisten sind aus den Lagern nicht mehr zurückgekommen.

Die alte AUTO UNION aber, das größte Industrieunternehmen im Freistaat Sachsen, hatte 1945 den Todesstoß erhalten. Der eingesetzte provisorische Vorstand hatte zwar versucht, die Tradition des Unternehmens in eine neue Zeit hinüberzuretten – der Erfolg blieb diesen Bemühungen versagt. Anstelle der AUTO UNION entstand die »Industrievereinigung Fahrzeugbau« (IFA) – am 1. 7. 1948 teilte die Landesregierung Sachsen dem Vorstand mit, daß das Vermögen der AUTO UNION AG enteignet sei.

Am 17. 8. 1949 wurde die Firma im Handelsregister Chemnitz gelöscht.

Sie fuhren DKW-Motorräder zum Sieg

Linke Seite:
Obere Reihe: Siegfried Wünsche aus Dresden, der schon 1933 zum Zschopauer Werksteam stieß und nach erfolgreicher Vorkriegszeit auf DKW-Rennmaschinen dann auch in Ingolstadt wieder zum Kreis der DKW-Werksfahrer gehörte.

Walfried Winkler, geborener Chemnitzer, DKW-Rennfahrer »der ersten Stunde«, der schon mit dem Reichsfahrtmodell, später mit den 175er und 250er Ladepumpenmaschinen erfolgreich war, der dann die 250er Doppelkolbenmaschinen mit Membran- und Drehschieber-Einlaß fuhr, 1938/39 die neue 350er Werksrennmaschine und dann nach dem Krieg die von ihm selbst aufgebaute DKW-Rennmaschine mit Rotationskompressor. Alles in allem der erfolgreichste DKW-Fahrer überhaupt.

Ewald Kluge, auch ein Dresdner, nicht erst durch seinen Sieg bei der englischen TT mit der 250er DKW-Drehschiebermaschine 1938 international bekanntgeworden – einer der beliebtesten und sichersten DKW-Rennfahrer vor und nach dem Krieg.

Untere Reihe: Bernhard Petruschke, der Berliner im DKW-Werksteam, der die 175er und 250er Doppelkolbenrennmaschinen, immer in der Spitzengruppe der DKW-Fahrer, meisterhaft fuhr.

Heiner Fleischmann aus Amberg – mit der 350er Doppelkolben-DKW überlegen, wo er auch für das Zschopauer Werk an den Start ging.

Walter Hamelehle, dessen DKW-Laufbahn (nach erfolgreichen Rennjahren auf anderen Marken) in den Jahren 1938/39 mit der neuen 350er begann.

Rechte Seite:
Oben: Wilhelm Herz/Lampertheim, der es verstand, mit der 500er Doppelkolben-DKW stets in vorderster Front für seine Mannschaft zu kämpfen.

Mitte: Kurt Mansfeld, der Draufgänger – mit der 500er DKW einer der schneidigsten Fahrer der internationalen Extraklasse, der die Möglichkeiten seiner Maschine stets bis an die Grenze ausnutzte.

Unten: Karl Bodmer, ein kaltblütiger, zuverlässiger Fahrer, der sich mit der 500er Doppelkolben-DKW stets in der Spitzengruppe befand.

Oben: Toni Bauhofer, der vorher schon mit der Fünfzylinder-Megola und später als BMW-Werksfahrer tonangebend in der Halbliterklasse gewesen war, setzte seine Erfolge auch dann fort, als ihn Prüssing zu DKW geholt und ihm natürlich auch hier die Fünfhunderter anvertraut hatte.

Unten: Toni Bauhofer mit der 500er Doppel-kolben-DKW, mit der er schon 1932 und 1934 Eilenriedemeister geworden war.

Rechte Seite:
Oben: Start der Halbliterklasse zum Eilenrie-de-Rennen; die drei ersten Startnummern gehören den DKW-Werksfahrern.

Unten: Der Eilenriede-Kurs lag Toni Bauhofer ganz besonders – hier fährt er seinem dritten Meistertitel vor den Toren Hannovers (1935) entgegen.

156

Hans Winkler/München (der insbesondere die 500er DKW fuhr) und
Arthur Geiss/Pforzheim (als »Leicht-
gewicht« für die kleinen DKW-Rennmaschinen prädestiniert und entsprechend über all seine Rennjahre erfolgreich) – die beiden waren treue
Freunde.

Hier nimmt Arthur Geiss den Sieger-
kranz bei einem ungarischen Rennen
in Empfang.

Arthur Geiss mit einer der ersten 175er Membranmaschinen in voller Fahrt.

Als er sich nach einem Unfall aus dem aktiven Dienst zurückgezogen hatte, betreute Geiss (im Bild mit Hut) die immer zahlreicher gewordenen Privatfahrer auf DKW-Maschinen bei Rennen.

Siebenfacher Deutscher Meister – einer der sympathischsten und ruhigsten Rennfahrer auf der 500er DKW: Otto Ley aus Nürnberg.

Rennleiter August Prüssing im Gespräch mit Otto Ley, der hier eine der ersten Doppelkolben-Zweizylindermaschinen fährt.

Sepp Klein/Frankfurt (Nr. 24) und Xaver Gmelch/München 1929 mit den ersten wassergekühlten Zweizylinder-Nasenkolben-Rennmaschinen der 500er Klasse (Kleins Maschine versuchsweise mit dem Gazda-Federlenker).

Links: Heiner Fleischmann mit der 350er Doppelkolben-DKW im Einsatz. – Rechts: Fleischmann nach einem Sieg (noch in seiner NSU-Zeit) auf der Solitude (hinter ihm der nach dem Krieg als Motorrad-Importeur in Stuttgart bekanntgewordene damalige Privatfahrer Edmund Bühler).

H. P. Müller aus Bielefeld – einer der vielseitigsten und erfolgreichsten, nach Meinung vieler der beste deutsche Motorrad-Rennfahrer überhaupt. Schon 1932 war er auf einem 600er Victoria-Gespann Deutscher Meister geworden, 1936, nun schon bei DKW/AUTO UNION, wiederholte er seinen Erfolg und wurde Halblitermeister auf DKW – von 1937–1939 saß er im AUTO UNION-Rennwagen und siegte 1939 beim Großen Preis von Frankreich – nach dem Krieg wurde er – 1947 – erneut Deutscher Meister, diesmal auf der Ingolstädter 250er DKW. Nur eine kleine Auswahl aus seiner endlosen Erfolgsliste!

DKW-Rennabteilungsleiter Obering. August Prüssing im Gespräch mit seinem Rennfahrer Toni Bauhofer/München.

H. P. Müller, hier zur Abwechslung mal auf der 1939er DKW SS 250, der Privatfahrer-Rennmaschine.

162

Ewald Kluge in seiner erfolgreichen Vorkriegszeit als Spitzenfahrer der AUTO UNION auf
einer der ersten 250er Drehschieber-DKWs
(erkennbar an der offenlaufenden Schwungscheibe).

Ewald Kluge und Bernhard Petruschke – Erster
und Zweiter in der 250er Klasse beim Großen
Preis 1938 in Genf.

Ewald Kluges einmaliger Triumph: mit der
250er Drehschieber-DKW bei der TT auf der
Insel Man 1938.

Links: Kurz vor dem Start zu den Weltrekordversuchen auf der Frankfurter Autobahn unterhält sich Walfried Winkler mit Bernd Rosemeyer, dem Spitzenfahrer im AUTO UNION-Rennwagen. Zwischen beiden der unermüdliche DKW-Rennmonteur Haase.
– Rechts: Walfried Winkler mit der teilverkleideten 175er DKW-Rennmaschine auf Rekordfahrt.

Walfried Winkler, der die Vorkriegs-periode als erfolgreichster DKW-Renn-fahrer 1938/39 auf der 350er Doppelkolbenmaschine krönte.

164

Walfried Winkler mit der 350er DKW am Großglockner.

Links: Nach dem Krieg baute sich Walfried Winkler mit unendlicher Mühe aus noch vorhandenen und aus neu gefertigten Teilen eine der 250er Vierkolbenmaschinen mit Rotationskompressor auf und fuhr mit ihr im Westen Deutschlands, solange Kompressormaschinen noch zugelassen waren (1951). Dann ging er als Leiter der Geländesportabteilung zu den Nürnberger Victoria-Werken, später zu Porsche. – Rechts: DKW-Rennleiter August Prüssing im Gespräch mit dem Engländer Stanley Woods anläßlich der Tourist Trophy auf der Isle of Man.

Walter Hamelehle mit der 350er
DKW-Rennmaschine an der Boxe
(beim Sachsenring-Rennen) . . .

. . . und hier ist er schon wieder voll
beim Aufziehen des bulligen Doppelkolben-Zweitakters.

Hier werden zwei DKW-Membranmaschinen betankt – nicht, wie die anderen DKW-Zweitakter, mit Mischung 1:25, sondern mit 1:50 (weil die Motoren mit einer Ölpumpe ausgerüstet waren, die den Kurbeltrieb versorgte, der hier ja nicht frischgasumspült war!).

Die siegreiche DKW-Mannschaft 1936 auf der Solitude. Von links: Fleischmann, Winkler, Müller, Prüssing, Ley, Kahrmann, Schumann, Böhm (damals noch gertenschlank!), Babl, Bock und Geiss.

Bernhard Petruschke mit einer der letzten 250er Membranmaschinen.

167

Toni Babl mit seinem Schweizer Beifahrer Julius Beer 1936 am Start zum Lauf der 600er Gespanne.

Nach Babls Tod stieg Beer in den Beiwagen zu Hans Schumann um, der das DKW-Gespann in der 1000er Klasse fuhr.

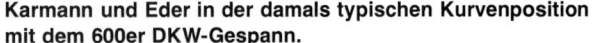

Karmann und Eder in der damals typischen Kurvenposition mit dem 600er DKW-Gespann.

Babl/Beer mit dem 600er DKW-Gespann im Jahre 1936 auf der Solitude.

Karl Hofmann, der die sensationelle Dreizylinder-DKW von Ing. Wolf zu Erfolgen in der 350er Klasse brachte.

Karl Hofmann mit der späteren, unter Leitung von Helmut Görg gebauten 350er DKW.

Siegfried Wünsche mit der 250er DKW bei der Tourist Trophy 1953 (wo er zwar den Vorkriegserfolg Ewald Kluges nicht wiederholen konnte, aber dennoch eine gute Figur gegen starke ausländische Konkurrenz machte).

DKW-Werksfahrer August Hobl/Ingolstadt, der u. a. auch die zuletzt gebaute kompressorlose 125er (s. Seite 224/5) zu Erfolgen brachte.

DKW-Erben in aller Welt

In den Wirren der ersten Nachkriegsjahre mußte das Schicksal der Marke DKW um so ungewisser erscheinen, als der Sitz des Herstellerwerks bzw. der AUTO UNION ja in der von den Sowjets besetzten Zone lag, in denen alle Industriebetriebe unter Sequester gestellt, bzw. enteignet, die wichtigsten total demontiert wurden. Da war es kaum verwunderlich, daß allenthalben – berechtigt oder unberechtigt – Versuche gemacht wurden, an das anzuschließen, was die Marke DKW über Jahrzehnte bedeutet hatte.

Und während in Ingolstadt und Düsseldorf eine neue AUTO UNION und unter ihrem Dach DKW-Motorräder und DKW-Frontwagen mit DKW-Zweitaktmotoren wieder zu neuem Leben erweckt wurden, wurden die ehemaligen AUTO UNION-Betriebe in Zschopau, Zwickau und Chemnitz mit den anderen sächsischen (und den wenigen außersächsischen) Betrieben der ehemaligen Kfz-Industrie zur volkseigenen IFA (Industrieverwaltung Fahrzeugbau) zusammengefaßt. In mühevoller Aufbauarbeit wurden die leergefegten Hallen Stück für Stück wieder mit (zunächst aus dem Bombenschutt ausgebuddelten und restaurierten) Werkzeugmaschinen gefüllt und dort eine bescheidene Produktion in Gang gebracht – im Kfz-Bau um so schwieriger, als wichtige Zulieferbetriebe im Westen des geteilten Deutschlands lagen, so daß auch für diese unentbehrlichen Produktionsteile zunächst einmal neue Herstellerbetriebe geschaffen werden mußten. Trotz aller Schwierigkeiten aber gelang es, im Werk Zschopau wieder Motorräder zu bauen, zuerst naheliegenderweise die RT 125 – anschließend neu konzipierte Zweitakt-Modelle mit 150 und 250 cm³ als Einzylinder, dazwischen auch ein 350er Zweitakt-Boxermodell – unter dem neuen Markenzeichen MZ (Motorradwerk Zschopau). Nach wenigen Jahren war es

gelungen, hier die Stückzahl der Vorkriegsproduktion wieder zu erreichen.

Im Werk Chemnitz der IFA (einem ehemaligen WANDERER-Betrieb) und im AUDI-Werk Zwickau, später auch im ehemaligen BMW-Werk Eisenach, wurde zunächst die Fertigung der 700er Meisterklasse, einige Jahre später die des vorbereiteten Dreizylinder-Modells F 9 aufgenommen. Und während die Meisterklasse durch eine Neuentwicklung (mit Kunststoffkarosserie), den »Trabant« mit 600 cm³-Zweizylinder-Zweitaktmotor mit Drehschiebereinlaß, abgelöst wurde, erfolgte in Eisenach die Weiterentwicklung des F 9 zum »Wartburg« – nach wie vor mit Dreizylinder-Zweitaktmotor, Trabant wie Wartburg auch weiterhin mit Frontantrieb.

Dr. Werner und Dr. Müller, die sich bei Kriegsende zunächst nach Oldenburg abgesetzt und dort das norddeutsche Zentraldepot gegründet und aufgebaut hatten, fanden sich einige Jahre später, zusammen mit anderen ehemaligen AUTO UNION-Mitarbeitern aus dem technischen Stamm, in Rotterdam wieder, wo in einer neu aufgebauten, bildsauberen Fabrik Mopeds (und die dazugehörigen Motoren, diese übrigens auch mit Drehschiebereinlaß) unter dem italienisch klingenden Namen »BERINI« gefertigt wurden. Tatsächlich war dieser neue Markenname aus den Anfangsbuchstaben dreier Mitarbeiter entstanden: Bernhard, Richard und Nikolaus. Die holländische Firma (Pluvier) entwickelte sich gut, ein neues, größeres und ganz modernes Werk wurde in Nordholland eingerichtet (H. P. Müller, der bekannte DKW-Rennfahrer und Schwager von Firmenchef Dr. Gerd Müller, war dort Technischer Leiter) – da kam die erste große Talfahrt der Mopedbranche und damit auch das Ende dieser holländischen Zweiradfertigung. Bis zum Jahr 1951 galt das nach dem Krieg von der FIM

Prototyp eines bei der volkseigenen IFA in einem Ausstellungsmuster für die erste Leipziger Nachkriegsmesse gebauten 60 cm³ Kleinkraftrads (noch mit DKW-AUTO UNION-Emblem!), dessen Motor mit Hilfsladepumpe ausgerüstet war. Vorder- und Hinterradfederung nach Bauart Phänomen. Kardanantrieb! Zu einer Fertigung ist es nie gekommen.

erlassene Kompressorverbot für die Deutschen (die zunächst vom internationalen Sport ausgeschlossen waren) noch nicht. Sie hatten also die Möglichkeit, auch mit solchen Vorkriegsmaschinen in Deutschland Rennen zu bestreiten, die mit Kompressor bzw. (als Zweitakter) Ladepumpen ausgestattet waren. Viel war zwar durch die Kriegs- und Nachkriegsereignisse an Vorkriegs-Rennmaschinenmaterial verloren gegangen, aber manches fand sich doch wieder oder ließ sich wieder aus Teilen zurechtmachen. Die Bilder zeigen einige Beispiele aus

jener Zeit – DKW-Rennmaschinen-Veteranen, die noch einmal das Bild der Rennstrecken belebten, bis 1951 das Ende ihrer Tage gekommen war.

Aber auch ansonsten tauchten da und dort wieder DKW-Motorräder auf – nicht allein private Straßenmaschinen, die nun nochmal Dienst tun mußten (es waren allein in Westdeutschland immerhin geschätzte reichlich hunderttausend!) – sondern Neuanfänge mit DKW »nachempfundenen« neuen Modellen. Und insbesondere die RT 125 war es, der man rund um die Welt be-

250 cm³-Vierkolben-Kompressormaschine, die sich Walfried Winkler (unter kaum vorstellbaren Schwierigkeiten) nach Rückkehr aus russischer Internierung in der damaligen sowjetischen Besatzungszone aus vorhandenen und neu angefertigten Teilen aufbaute und mit der er dann bis zum Inkrafttreten des Kompressorverbots noch mit Erfolg in Westdeutschland Rennen bestritt.

Zwei Ansichten des un-
heimlich schnellen, aus
einer RT 125 von Carl
Döring und Erich Wolf
geschaffenen Rennmotors
mit gegenläufiger Hilfs-
pumpe im Kurbelgehäuse.

Als zusätzliche Lade-
organe ab 1951 im
Motorradrennsport nicht
mehr zulässig waren,
entstand dieser Motor
– mit umgedrehtem
Puch-Doppelkolbenzylinder,
aber ohne Hilfskolben-
Ladepumpe.

Noch ein Versuch von
Döring/Wiesbaden: Dop-
pelkolben-Puchzylinder
mit Auspuff nach hinten
und gegenläufige Hilfs-
pumpe unten am Kurbel-
gehäuse des RT 125-Mo-
tors.

172

Der Hamburger Privatfahrer K. H. Meller baute sich nach dem Krieg auf der Basis einer DKW SS 250 oder 350 einen Gegenkolben-Rennmotor – aber das war sicher eine für einen Privatmann zu schwere Aufgabe.

Karl Lottes, schon vor dem Krieg bekannter und erfolgreicher Privatfahrer auf DKW, baute sich mit einem der letzten 250er Vierkolben-DKW-Rennmotoren eine neue Rennmaschine auf. Kompressor samt Antrieb mußten anderwärts beschafft werden, und statt des Original-Schwungradzünders wurde ein kettengetriebenes Bosch-Rennmagnet installiert.

Auch ein Experiment unter dem Zwang des Kompressorverbots (ebenfalls von Lottes): die Ladepumpe des SS 250-Motors wurde amputiert, an ihre Stelle trat ein Walzendrehschieber. Die Vergaser saßen ursprünglich oben am Zylinder, die Ansaugöffnungen wurden mit einem Deckelchen verschlossen.

Unendliche Mühe (und viel Zeit und Geld) inve-
stierte nach dem Krieg 1948/49 H. P. Müller,
einer der vielseitigsten und erfolgreichsten
deutschen Motorradrennfahrer (der auch schon
als Fahrer für den AUTO UNION Rennwagen
ausgewählt war), in den Bau einer Kompressormaschine aus einer SS 250. (Der Kompressor stammte von einer der Vorkriegsrennma-
schinen von NSU.)

Außer der von ihm in
Chemnitz aus vorhande-
nen und neu angefertigten
Teilen (s. S. 171) neu
aufgebauten 250er
Kompressormaschine
hatte Walfried Winkler
bei seiner Übersiedlung
nach Westdeutschland
auch einen kompletten
125er Doppelkolben-Re-
kordmotor (s. Seite 98)
mitgebracht, zu dem
er bei Victoria in Nürnberg
ein Fahrwerk samt Ver-
kleidung baute. Zu den
beabsichtigten Weltre-
kordversuchen kam es
aber nicht mehr.

gegnen konnte: in Amerika, in England, in Polen, in der UdSSR und in Japan kamen neue Motorradmarken und -modelle auf den Markt, die nicht verleugnen konnten, daß ihr Vorbild einst in Zschopau das Licht der Welt erblickt hatte.

Während, siehe oben, bei MZ in Zschopau die Motorradmodelle mit größerem Hubraum als 125 cm³ keine direkte Wiederaufnahme oder Weiterentwicklungen etwa der NZ-Modelle aus den letzten Vorkriegsjahren, sondern eigenständige Konstruktionen waren, präsentierten die Tschechen ihre neuen Jawa-Modelle, die so aussahen, als kämen sie direkt von Hermann Webers Reißbrettern.

Daß in der Sowjetunion – außer den BMW-Kopien – auch eine ganze Reihe von Zweitaktmodellen in Anlehnung an die DKW-Konzeption auftauchten, hatte naheliegende Gründe: nicht nur war ja ein Stamm von DKW-Technikern für einige Jahre nach Rußland geholt worden, um dort eine moderne Motorradindustrie mit aufbauen zu helfen – auch das Chemnitzer sowjetische Konstruktionsbüro hatte Weiterentwicklungen der NZ 350 (mit Teleskopgabel und Hinterradfederung), aber auch als 350er Zweizylinder, nicht nur aufs Papier gebracht, sondern auch in eigener Versuchswerkstatt (in der ehemaligen Bark-Motorenfabrik in Oberkunewalde) gebaut und als Prototypen gefahren, die dann serienmäßig in ISH- und anderen sowjetischen Motorradmodellen ihren Niederschlag fanden.

Im gleichen Konstruktionsbüro entstand übrigens auch, Vorläufer und Vorbild der später in Zschopau mit 350 cm³ gebauten BK-Boxermaschine mit Kardanantrieb, eine 250er. Anregung zu dieser Motorenkonzeption waren Entwicklungsarbeiten, die gegen Kriegsende in Zschopau mit dem Ziel, einen Ultrakurzhub-Boxer für einen Flugzeuganlasser zu schaffen, durchgeführt wurden. Der Clou der Arbeiten in besagter Sowjet-Entwicklungsstelle war aber eine (mit 250 und 350 cm³ entworfene und gebaute) Rennmaschine mit Doppel- Gegenkolbenmotor, kompressorgeladen und mit Kardanantrieb des quer im Rahmen sitzenden Motors aufs Hinterrad. Während von diesen Mschinen nichts in Deutschland zurückblieb, blieb eine der später in Anlehnung an diese Konstruktion von Kuhnke/Braunschweig gebauten Rennmaschinen erhalten – immerhin zeigt sie starke Ähnlichkeiten mit der ursprünglichen Konzeption – siehe die Bilder auf Seite 180.

DER EINZIGE DKW-SECHSZYLINDER

Schließlich verdient noch eine Konstruktion hier erwähnt zu werden, weil sie, wenn auch in anderem Sinne, ebenfalls zur DKW-Erbmasse gerechnet werden muß; ihr »Vater« war Dipl.-Ing. Müller, seit Mitte des Krieges in Ablösung von Dr. Venediger Entwicklungsleiter im DKW-Werk Zschopau, nach dem Krieg mit einem eigenen Konstruktionsbüro in Andernach etabliert. Nach zahlreichen, außerhalb Deutschlands auch in Serie gegangenen Konstruktionen von Zweitaktmotoren (darunter der schwedische 750er Dreizylinder-Saab-Motor) entstand in seinem Büro ein Sechszylinder-V-Zweitaktmotor, eine geschickte Kombination zweier Dreizylindermotoren entsprechend dem DKW F 9 mit erstaunlich guten Werten nicht nur hinsichtlich Leistung und Drehmomentverlauf, sondern auch in bezug auf Verbrauch, Gewicht und Außenabmessungen: mit 62,5 mm Bohrung und 70 mm Hub (das gibt 1280 cm³ Gesamt-Hubvolumen) leistete der 9,5 verdichtete Motor 83 PS bei nur 5000 U/min, hatte er sein maximales Drehmoment von 14,5 mkg bei 3400/min – und sein Gewicht lag, erstaunlich niedrig, bei 84 kg, was genau 1 kg/PS als Leistungsgewicht ergibt. Mit 8,6 Liter (Normalbenzin-!) Verbrauch bei 100 und 11,2 bei 140 km/h lag das spritzige, mit Mischung 1:25 versorgte Triebwerk keinesfalls über den Werten vergleichbarer Viertaktmoren (Bilder s. S. 181). Der – zunächst im Büro Müller mehr aus »Spaß an der Freud'« entstandene – Motor wäre wohl, mit diesem Verwendungszweck angepaßter Charakteristik, das Triebwerk sowohl für den Munga der AUTO UNION geworden, wie auch, als ausgesprochen sportlicher Hochleistungsmotor, für die Weiterentwicklung des Ingolstädter F 102. Die veränderten Besitzverhältnisse, die das »Aus« für den Zweitaktmotor generell brachten, haben die diesbezüglichen Planungen leider nicht zur Realisierung kommen lassen. Und Dipl.-Ing. Müllers frühzeitiges Ableben hat auch verhindert, daß andere Planungen für den Einsatz dieses echten DKW-Motors noch zum Tragen kamen.

In Andernach wurden übrigens nach dem Krieg Einzelstücke des geplanten Hinterrad-Nabenmotors gefertigt – ehe die interessante Konstruktion nach England verkauft wurde.

In aller Welt wurde die DKW RT 125 nachgebaut: von BSA in England (wenn auch wegen der »englischen« Lage von Kickstarter und Fußschalthebel seitenverkehrt) insoweit »offiziell« (unter dem Typennamen »Bantam« mit 125 und 175 cm³), als bei BSA 1945/46 eines Tages ein Waggon eintraf, der die gesamten Fertigungsunterlagen der DKW RT 125 aus Zschopau enthielt. »Zuteilung« aus der Demontagebeute!

Als Nachbauten erschien die RT 125 nach dem Krieg an allen möglichen Stellen: in Amerika (s. unten), in Polen, in der Sowjetunion – und auch in Japan (dort gleich in mehreren Fabrikaten).

Die amerikanische Kopie der DKW RT 125: die »Hummer« von Harley-Davidson.

176

Die Tschechen hatten – getarnt durch Wehrmachts-Reparaturaufträge – schon während des Krieges an der Weiterentwicklung ihrer (mit DKW-Lizenz gebauten) Vorkriegs-Zweitaktmaschinen gearbeitet, und als der Krieg zu Ende war, war die 250er Einzylinder-Jawa ebenso fertig wie eine parallel entstandene »OGAR« mit 350er Zweizylindermotor (die dann später auch unter »Jawa« lief). Viel anders hätte wahrscheinlich eine Nachkriegs-DKW in Zschopau auch nicht ausgesehen – und die Vergaserabdeckung entspricht haargenau dem, was die DKW-Leute nach 1950 in Ingolstadt herausbrachten.

1980 stellte Yamaha auf der Kölner IFMA voller Stolz das Modell der „ersten Yamaha" vor. Es handelte sich bei dieser Maschine um die waschechte Kopie der DKW RT 125, die – wahrscheinlich weil das zur Verfügung gestandene Muster damit ausgerüstet gewesen war – mit der Jurisch-Hinterradfederung versehen war. Später gab es dann einmal eine Werbedruckschrift von Yamaha, in der sich die Japaner ganz ausdrücklich für „dieses hervorragende Vorbild" bedankten – eine sonst nicht nur in dieser Branche kaum übliche vornehme Geste!

Den Russen hatten es DKW-Motorräder schon frühzeitig angetan: diese E 300 (Baujahr des Originals in Zschopau: 1929) wurde auf der Basis einer offiziellen Lizenz von den Promet-Werken in Leningrad mehrere Jahre in erheblichen Stückzahlen gebaut – 60 000 gleich im ersten Jahr! Es gab dazu russische Lehrtafeln in Vierfarbendruck, die Landser während des Krieges mitbrachten – so was Feines hatte man nicht mal in Zschopau gehabt!

177

Eine sowjetische ISH – mit Telegabel
und Hinterradschwinge auf Basis
DKW NZ 350 weiterentwickelt
(15 PS bei 4500/min, Vierganggetriebe)

Sowjetische Kopie der RT – aber
mit Telegabel und Hinterradschwinge

Eine andere russische RT 125 auf
einer Ausstellung

178

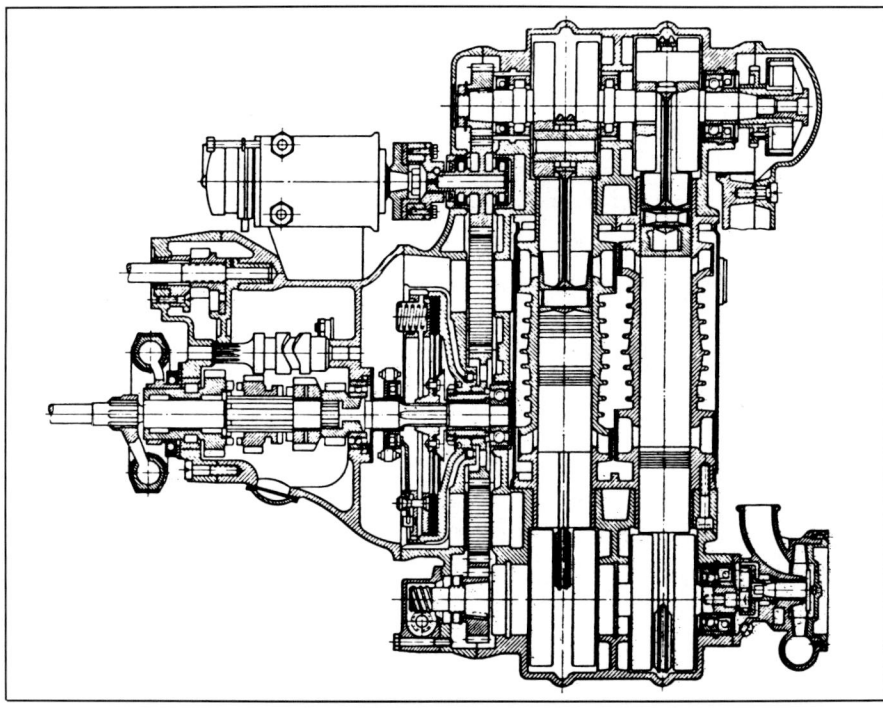

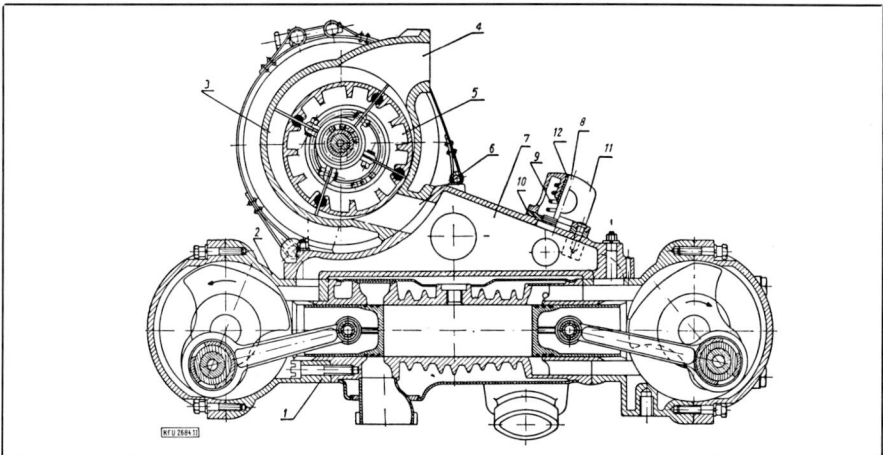

In einem der sowjetischen Konstruktionsbüros im Raum Chemnitz wurde von dienstverpflichteten DKW-Spezialisten unmittelbar nach dem Krieg dieser interessante Motor entwickelt und, mit 250 und 350 cm³, in mehreren Exemplaren auch gebaut und im Versuchsbetrieb gefahren: ein Vierkolben-Gegenkolbenmotor mit Ladung bzw. Überladung durch den in Zschopau entwickelten Rotations-Kompressor, Koppelung der beiden Zweizylinder-Kurbelwellen durch Stirnräder.

Die beiden Schnittzeichnungen zeigen die Innereien des Gegenkolbenmotors sehr deutlich. Man erkennt die um 180° versetzten Kurbelkröpfungen beider Wellen, wodurch sich die beiden Kolbenpaare jeweils wechselweise in den Totpunkten befinden, und man sieht auch, daß der Rotationslader das Frischgas über die beiden Kurbelkammern und Überströmschlitze in die Zylinder fördert – über das eine Gehäuse für den einen, das andere für den anderen Zylinder. Dadurch wurden auch die Auslaßkolben wenigstens von unten mit kühlendem Frischgas bespült – die Auslaßkolben waren auch hier, wie bei jedem Gegenkolbenzweitakter, das heikle Problem.

Die Zeichnungen lassen auch die Nebenantriebe (Wasserpumpe, Drehzahlmesser, Kompressor und Standmagnet) sowie den über Freilauf arbeitenden Anlasser und den Abtrieb (mit reduzierter Drehzahl über Trockenkupplung, klauengeschaltetes Vierganggetriebe und Kardanwelle zum Hinterrad) erkennen. Leistung des GS 250 45 PS, des GS 350 55 PS, jeweils bei 7000 U/min – damals eine gewaltige Drehzahl.

Gesamtansicht der Gegenkolbenrennmaschine mit dem quer eingebauten Motor. Am Fahrgestell hätte wohl noch einiges geschehen müssen!

179

1949/50 ließ sich der Braunschweiger Kuhnke, Vorkriegs-DKW-Privatfahrer, nach dem Muster des Chemnitzer Gegenkolbenmotors einen Rennmotor bauen. Er wollte ihn nicht quer in den Rahmen setzen und auch nicht mit Kardanantrieb arbeiten, und um das reichlich lange Stück im Rahmen einer DKW SS unterzubringen, mußte der Motor schräggestellt und der Doppelrohrrahmen vorn unten ausgeschnitten werden. Die Maschine war schnell – Kuhnke wurde aber mit den unvermeidlichen Kinderkrankheiten dieses heiklen Objekts nicht fertig, bis 1951 das Kompressorverbot weitere Arbeiten sinnlos machte. Der Kuhnke-Motor arbeitete mit vier Auspuffrohren – die Zündkerzen saßen an der Unterseite der Zylinder (!). Das einmalige Stück steht heute im Neckarsulmer Zweirad-Museum.

Nach Kriegsende wurde in Zschopau die Motorradproduktion von der volkseigenen »IFA« zunächst mit einer nur leicht abgewandelten RT 125 wieder aufgenommen (Teleskopgabel und Hinterradfederung).

Als der Zschopauer Betrieb in »Motorradwerk Zschopau« (MZ) umbenannt worden war, wurden dort neue Motorradmodelle mit 125, 150 und 250 cm³, alles Einzylinder-Zweitakter, entwickelt und in beachtlichen Serienstückzahlen gebaut. Mit Spezialmodellen spielte MZ im internationalen Renn- und Geländesport eine teilweise dominierende, technisch tonangebende Rolle über viele Jahre.

180

Vorder- und Seitenansicht des Sechszylindermotors von Müller-Andernach
(siehe hierzu Text Seite 175).

Die Kurbelwelle des Sechszylinder-V-Motors: jeweils zwei Pleuel auf einem Hubzapfen, dazwischen Trennscheiben, die mit Kolbenringen die Kurbelkammern
(als Vorverdichtungsräume) getrennt halten.

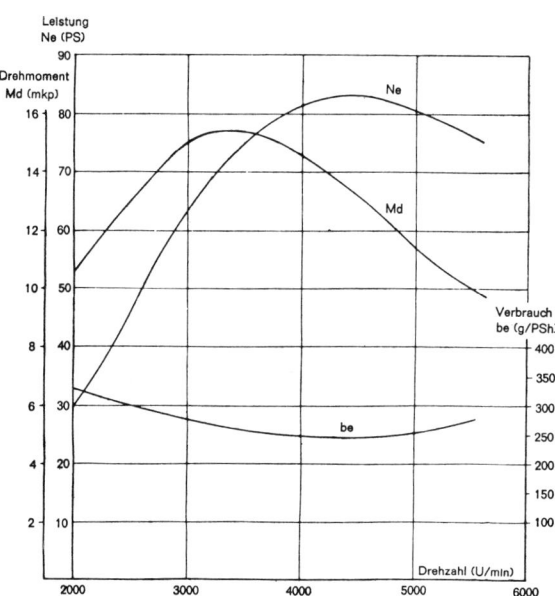

Leistungs- und Verbrauchs-Diagramm
des Müllerschen Sechszylinder-Zweitakt-
motors.

Einer der beiden (genau gleichen) Zylin-
derblöcke. Die Zylinderköpfe sind mit
den Zylindern in einem Stück (in Grauguß)
gegossen, eine gemeinsame Leichtme-
tall-Kühlhaube schließt die Wasserräume
nach oben ab. Zentraler Zündkerzensitz.

Zum zweiten Mal: ohne DKW keine AUTO UNION

Bereits Mitte Juni 1945, also nur einen Monat nach der Kapitulation, hatten in der AUTO UNION-Filiale München Besprechungen stattgefunden, bei denen Dr. Bruhn nach Möglichkeiten für einen Neuanfang der AUTO UNION suchte.

An eine Wiederaufnahme der Automobil- oder Motorrad-Produktion war zu jener Zeit nicht zu denken, denn mit einer Ausnahme (dem für eine Automobilfertigung ungeeigneten Werk Spandau) lagen alle Produktionsstätten des ehemaligen sächsischen Konzerns in dem von den Sowjets besetzten Gebiet. Auch die vier AUTO UNION-Filialen in den westlichen Besatzungszonen (München, Nürnberg, Hannover und Freiburg/Br.) waren für die Aufnahme einer Automobilfertigung schon wegen ihrer zu geringen räumlichen Möglichkeiten ungeeignet.

Gegenüber den anderen, im Westen Deutschlands gelegenen Automobilfabriken hatte jedoch die AUTO UNION einen Vorteil: die DKW-Wagen waren wegen ihres Frontantriebs von der Wehrmacht nicht eingezogen worden. Deshalb befanden sich allein in Westdeutschland bei Kriegsende noch mehr als 65 000 Reichs- und Meisterklasse-Wagen, und auch im Ausland lief noch eine beträchtliche Zahl dieser Fahrzeuge. Zu dem in München zusammengekommenen Kreis um Dr. Bruhn gehörte auch Dipl.-Ing. Schittenhelm, dem in Chemnitz das gesamte Ersatzteilwesen des Konzerns unterstanden hatte – in ihm war der Techniker zur Verfügung, den man zu einer planmäßigen Ersatzteileversorgung der »übriggebliebenen« DKW-Wagen benötigte. Dazu Erhard Burghalter, ehemals Leiter der AUTO UNION-Filiale Stettin (der den Vertrieb organisieren sollte) – und schließlich noch Oswald Heckel, früher Generalvertreter der AUTO UNION in Bulgarien, der langjäh-

rige Erfahrungen im Umgang mit den Händlern mitbrachte. Der Kreis wurde geschlossen durch Dr. Hahn, der in Bayern ebenfalls einen provisorischen Aufenthaltsort gefunden hatte und der sich nun in gewohnt agiler Weise an den Planungen beteiligte, die schließlich zur Gründung der Firma »Zentraldepot für AUTO UNION-Ersatzteile GmbH.« führten.

Als Sitz des neuen Unternehmens war Ingolstadt ausersehen. Dort gab es in ehemaligen Militärbauten ausreichend Raum für Lager und Büros, und die Stadtverwaltung sagte alle Unterstützung zu. Es gelang auch, einen ersten Kredit der Bayerischen Staatsbank in München zu erhalten, mit dem die Arbeiten begonnen werden konnten.

Etwa zur gleichen Zeit wurde nach dem Ingolstädter Muster auch eine »Zentraldepot für AUTO UNION-Ersatzteile GmbH« für die englische Zone in Oldenburg ins Leben gerufen. Gründer waren hier Dr. William Werner, der ehemalige technische Vorstand, und Dr. Gerd Müller, in Chemnitz Leiter des Vorstandssekretariats der AUTO UNION. Die Zweigleisigkeit erschien notwendig, weil die Besatzungsbehörden zu jener Zeit ihre Zonen auch wirtschaftlich noch streng getrennt hielten.

Dr. Bruhn wollte sich trotzdem bemühen, die beiden Firmen unter einem Dach zu vereinen, und er führte deshalb Verhandlungen in Oldenburg. Als er bei dieser Gelegenheit seinen Geburtsort Fleckeby besuchte, wurde er auf Grund einer Denunziation von den Engländern in Haft genommen, aus der er erst Anfang 1947 – ohne den Grund seiner Verhaftung erfahren zu haben – entlassen wurde. Er erhielt jedoch Arbeitsverbot, das erst Anfang 1948 aufgehoben wurde.

Die Verhaftung Dr. Bruhns bedeutete einen schweren Schlag für den Ingolstädter Kreis. Dr. Hahn war der Mei-

Dr. Carl Hahn (†), stellvertretendes Vorstandsmitglied der AUTO UNION AG in Chemnitz und Vertriebschef der AUTO UNION GmbH in Ingolstadt/Düsseldorf

Dr. Richard Bruhn (†), Vorstandsvorsitzender der AUTO UNION AG in Chemnitz und mit der Gesamtleitung der AUTO UNION GmbH in Ingolstadt/Düsseldorf betraut

nung, daß ohne Dr. Bruhn und seine Beziehungen die Neugründung erfolglos bleiben müsse, und verfolgte nunmehr zunächst eigene Pläne. Die anderen Gründungsteilnehmer jedoch setzten die auf dem Gebiet der Ersatzteilversorgung begonnene Arbeit fort und erweiterten Zug um Zug auch den Kreis ihrer Mitarbeiter im Hinblick auf eine eventuelle, wenn sicher auch zunächst bescheidene, eigene Fahrzeugproduktion.

In Ingolstadt wie in Oldenburg (bzw. in Hude, wo die Büros des dortigen Zentraldepots lagen) basierten auch weiterhin alle Überlegungen und Planungen auf dem Komplex DKW. Aber abgesehen davon, daß manche der Führungskräfte in ihrer alten Heimat nicht auf die technischen Eigenheiten des DKW-Programms fixiert waren, überwogen auch bei denen, die nach und nach

insbesondere in Ingolstadt dazustießen, Kräfte und Spezialisten der anderen AUTO UNION-Marken – allesamt glücklich über die Chance, die ihnen nun das ehemalige »Aschenputtel« des Konzerns bot. Natürlich gesellten sich später auch DKW-Spezialisten zu ihnen – aber wesentliche Kräfte, die in ihrer sächsischen Heimat aufs engste mit den DKW-Zweitaktern verbunden gewesen waren, fehlten. Teils waren sie in der sowjetischen Besatzungszone geblieben – aus familiären oder sonstigen Gründen bzw. in der Hoffnung, daß irgendwie doch wohl auch an ihren bisherigen Arbeitsplätzen die Produktion wieder aufgenommen werden würde – oder sie waren von der Besatzungsmacht bzw. den neuen Machthabern verhaftet worden. Eine ganze Anzahl von DKW-Spezialisten andererseits hatte sich in anderen Betrieben der

Kraftfahrzeugindustrie im Westen Deutschlands eine neue berufliche Basis geschaffen.

So stieß der ehemalige technische Direktor des Werks HORCH, Fritz Zerbst, schon 1946 zur Ingolstädter Gruppe, ebenso aus der Entwicklungsabteilung von HORCH der spätere AUTO UNION DKW-Sporteinsatzleiter Geite, Jakob von HORCH und der HORCH-Karosseriekonstrukteur Kurt Schwenk (der später u. a. die schon vor dem Krieg begonnenen Arbeiten zur Entwicklung einer Kunststoff-Karosserie erfolgreich wieder aufnahm). Aus der ehemaligen Verkaufsabteilung für DKW-Stationärmotoren gehörte Ing. Klinke mit zu den Männern der ersten Stunde. Entscheidend wichtig aber für die zukünftigen Geschicke insbesondere der DKW-Motorräder war, daß Ing. Franz Ischinger, einst Leiter der Zschopauer Geländesportabteilung, später in der Rennwagenentwicklung der AUTO UNION in Zwickau in Zusammenarbeit mit Dr. v. Eberan tätig, sich in Ingolstadt eingefunden hatte.

Im August 1947 besuchte eine Gruppe früherer Mitarbeiter Dr. Bruhn in seinem »Exil« in Fleckeby, um ihn zu bitten, sich wieder mit aktiver Mitarbeit dem Aufbau einer neuen AUTO UNION zur Verfügung zu stellen. Dr. Bruhn sagte zu und ging 1948, nach erfolgter Entnazifizierung, an die Arbeit. Mit dem Ziel, die AUTO UNION zu reaktivieren und dem Unternehmen Ansehen und Bedeutung zurückzugewinnen. Im Einvernehmen mit dem Zentraldepot Ingolstadt, das bis auf weiteres seine Selbständigkeit behalten sollte, bildete Dr. Bruhn zunächst eine »Arbeitsgemeinschaft« ehemals führender Mitarbeiter – auch Dr. Hahn stellte sich nun wieder zur Verfügung. Ihm gelang es, einen Millionen-Bankkredit zu erhalten und zudem die alte Händlerschaft zu bewegen, im Vertrauen auf das Gelingen des Projekts durch Hingabe von Depotwechseln die Sicherheiten für weitere notwendige Kredite der Bayerischen Staatsbank zu schaffen.

DIE NEUE AUTO UNION GMBH

Im September 1949 waren schließlich alle Hindernisse rechtlicher und wirtschaftlicher Natur ausgeräumt, so daß nunmehr (1949 bzw. 1950) die neue Gesellschaft in Ingolstadt als »AUTO UNION GmbH« gegründet werden

konnte. In ihr übernahm Dr. Bruhn die kaufmännische Gesamtleitung einschließlich des Exports, Dr. Hahn die Leitung des Vertriebs und Direktor Zerbst die Leitung des gesamten technischen Bereichs. Zum stellvertretenden Geschäftsführer wurde Direktor Günther (ehemals Werk HORCH) bestimmt.

Daß nicht einfach die »alte« AUTO UNION, also die AG, weitergeführt werden konnte (obwohl sie doch in der Sowjetzone von der dortigen Landesregierung als Firma gelöscht worden war) und mit der AUTO UNION GmbH zusätzlich eine neue Firma gegründet werden mußte, hatte seinen Grund darin, daß ein Gesetz der Besatzungsmächte alles ehemals staatliche deutsche Eigentum beschlagnahmte. Als solches galt auch jedes Unternehmen, dessen Kapital mit mehr als 50 % im Staatsbesitz gewesen war. So bestand auf Grund der Besitzverhältnisse die Gefahr, daß auch das Westvermögen der AUTO UNION AG unter dieses Gesetz fallen könnte,

Eine der ersten Anzeigen der in Ingolstadt neuerstandenen AUTO UNION

184

Ing. Nikolaus Dörner
Konstruktion

Ing. Franz Ischinger
Fertigung

Ing. Herbert Kirchberg
Versuch

und deshalb machte sich die Gründung der GmbH notwendig. Ihr übertrug die AG die Marken- und Fabrikationsrechte sowie den Filialbesitz.

Die AUTO UNION AG hat sich in den folgenden Jahren mit den verschiedensten Geschäften befaßt – 1978 ging nach Verkauf aller Industriebeteiligungen und Umwandlung in eine Immobiliengesellschaft der Name AUTO UNION an VW über.

In Ingolstadt aber war bereits vor der offiziellen Gründung der AUTO UNION GmbH mit den Planungen und Fertigungsvorbereitungen für eine Neuproduktion begonnen worden. Das erste Programm sollte – außer der

Beschaffung und dem Vertrieb von Original-Ersatzteilen für die DKW-Wagen alter Produktion – in der Fabrikation des Motorrad-Modells RT 125 sowie eines neuen Lieferwagen-Modells mit dem bewährten 700er DKW-Frontmotor (Typenbezeichnung F 89 L) bestehen.

Für den neuen Lieferwagen (Schnellaster) hatte Konstrukteur Schwenk Zeichnungen und Fertigungsunterlagen erstellt, die Fertigung der RT 125 W (wie sie offiziell hieß) erfolgte an Hand einer Vorkriegsmaschine, die von einem Regensburger DKW-Händler zur Verfügung gestellt worden war.

Die Motorrad-Fertigung (bzw. zunächst die Schaffung

Der umgebaute Kornspeicher, in dem die Nachkriegs-Motorradfertigung in Ingolstadt begann

Der spätere Neubau, in dem die Fertigung des gesamten DKW-Motorradprogramms bis 1958 erfolgte

der Voraussetzungen dafür) übernahm Ing. Ischinger, der dazu erst einmal einen alten Getreidesilo in Ingolstadt durch Einbau von Fenstern und sonstige Änderungen in ein mehrgeschossiges Fabrikgebäude umbauen mußte. Dort erfolgten dann zunächst die Motorenfertigung und die Endmontage der RT 125 (und bis zur Errichtung eines neuen, benachbarten großzügigen Neubaus auch die der später hinzukommenden größeren Motorrad-Modelle), während die ersten Fahrgestellrahmen von der Firma Hoffmann in Lintorf bezogen wurden, wo eine Zeitlang der Vespa-Roller in Lizenz und später außer anderen Motorradmodellen auch die bekannte »Gouverneur« mit 250er bzw. 300er Viertakt-Boxermotor (als BMW-Konkurrenz!) gebaut wurden.
Die Fertigung des neuen Lieferwagens erfolgte in anderen Räumlichkeiten – wie überhaupt alle Betriebs- und Verwaltungsstellen der AUTO UNION über das ganze Stadtgebiet verstreut waren. Weshalb man, wenn die Rede auf die Ingolstädter AUTO UNION kam, gern von den »Vereinigten Hüttenwerken« sprach.

DAS DKW-AUTOMOBILWERK DÜSSELDORF

Ein wesentlicher Teil der Planungsarbeiten in der erwähnten Bruhnschen Arbeitsgemeinschaft hatte dem Wiederanlaufen der Pkw-Fertigung gegolten. Auch hier stand außer Frage, daß es sich nur um ein DKW-Modell handeln konnte – und es war ebenso klar, daß, zumal ja die Produktion der Motorräder und Lieferwagen ständig gesteigert werden mußte, hierfür in Ingolstadt keine Möglichkeiten bestehen würden. Nach einer Reihe von Besichtigungsreisen der Geschäftsleitungs-Mitglieder fiel schließlich die Wahl auf das Werk II der Rheinmetall-Borsig-AG in Düsseldorf. Dabei waren die zentrale Lage, die Nähe wichtiger Zulieferanten und nicht zuletzt das dort beträchtliche Reservoir an Arbeitskräften ausschlaggebend. Durch einen Pacht/Kauf-Vertrag wurde mit Datum 13. 3. 1950 die drohende Demontage und Zerstörung des ehemaligen Rüstungsbetriebs verhindert, und es gelang auch, die notwendigen Mittel für den

186

DKW-Motor-
radmontage
in Ingolstadt

DKW-Schnell-
lasterfertigung
in Ingolstadt

187

Getriebefertigung für DKW-Wagen im Werk Berlin der AUTO UNION GmbH. Hier erfolgte auch zum Teil die Fertigung der Elektro-Anlagen (früher im Chemnitzer Elektrowerk der AUTO UNION) für die DKW-Motorräder und -Automobile aus Ingolstadt bzw. Düsseldorf.

Wiederaufbau des zu 80 % zerstörten Werks zu beschaffen. 1954 ging dann auf Grund des Vertrages das wiederaufgebaute und zunächst nur gepachtete Werk in den Besitz der AUTO UNION GmbH über.

Nachdem die neuen Ingolstädter Modelle, also Lieferwagen und Motorrad, bereits zur Hannover-Frühjahrsmesse 1949 ausgestellt und von der Händlerschaft sehr positiv beurteilt worden waren, liefen noch 1949 in Ingolstadt die ersten 500 Motorräder RT 125 W sowie ebenfalls ca. 500 Lieferwagen F 89 L von den Montagebändern – 1950 waren es dann bereits 24 000 Motorräder und knapp 7000 Lieferwagen.

Und während noch die Wiederaufbauarbeiten in vollem Gange waren, kamen aus dem AUTO UNION-Werk Düsseldorf 1950 schon 1380 DKW-Personenwagen F 89 P, die »neue« Meisterklasse (die eigentlich erst die Typenbezeichnung F 10 in Fortsetzung der alten AUTO UNION-Typenreihe erhalten sollte). Auch ihr Triebwerk war der modifizierte, nun allerdings mit dem Motor vor der Vorderachse eingebaute 700er Fronttriebwerksblock. Die ehemalige Holzkarosserie freilich war vergessen, der Wagen trug auf dem (dem ehemaligen F 8 ähnlichen) Doppel-Profilrohrrahmen eine formschöne Stahlblechkarosserie – mit den (in Westdeutschland eingelagerten) Werkzeugen gefertigt, die für den Serienanlauf des DKW-Dreizylindermodells F 9 im Jahr 1940 bestimmt gewesen waren.

So war, als das Jahr 1950 endete, die Marke DKW wie der Phönix aus der Asche wiedererstanden. DKW-Zweitaktmotoren, DKW-Motorräder und DKW-Frontantriebwagen, wieder genau in die wirtschaftliche Situation der Zeit passend, hatten den Wiederaufbau der AUTO UNION ermöglicht und erneut Tausende von Arbeitsplätzen schaffen lassen.

188

Teilansicht des AUTO UNION-Werks Düsseldorf

Beginn der DKW-Wagenproduktion im Werk
Düsseldorf

189

DKW-Motorräder und - Automobile
aus Ingolstadt und Düsseldorf

Die Motorradfertigung in Ingolstadt
begann 1949 mit einer dem Zschopauer Original weitgehend gleichen
RT 125 W, die auch die gummiband-
gefederte Preßstahlgabel aufwies.
Geändert waren u.a. die Sattelfede-
rung, und im Tank war ein kleiner
Werkzeugbehälter eingelassen. Mit
5 PS bei 5000/min und dem fußgeschalteten Dreiganggetriebe glich
auch der Triebwerksblock dem einstigen Originalmodell.

Der etwas voluminösere Gehäusedek-
kel an der Kupplungsseite dieser
RT 125 sowie das Fehlen von Fuß-
schalt- und Kupplungshandhebel
erklärt sich daraus, daß diese Maschine mit einem automatisch schal-
tenden »Kreis«-Getriebe (eine Kombination von Fliehkraftkupplungen
und Freiläufen) ausgerüstet war;
eine Serienfertigung gab es davon
allerdings nicht.

Der Motor/Getriebeblock der RT 125 von beiden Seiten – dem Zschopauer Original in allem gleichend.

Werkzeugbehälter im auf 9,5 ltr vergrößerten Tank der RT 125 W

Die Gummibandfederung der Vordergabel, wie sie in Ablösung der Neiman-Gummibandfederung schon für Zschopau von Conti entwickelt worden war.

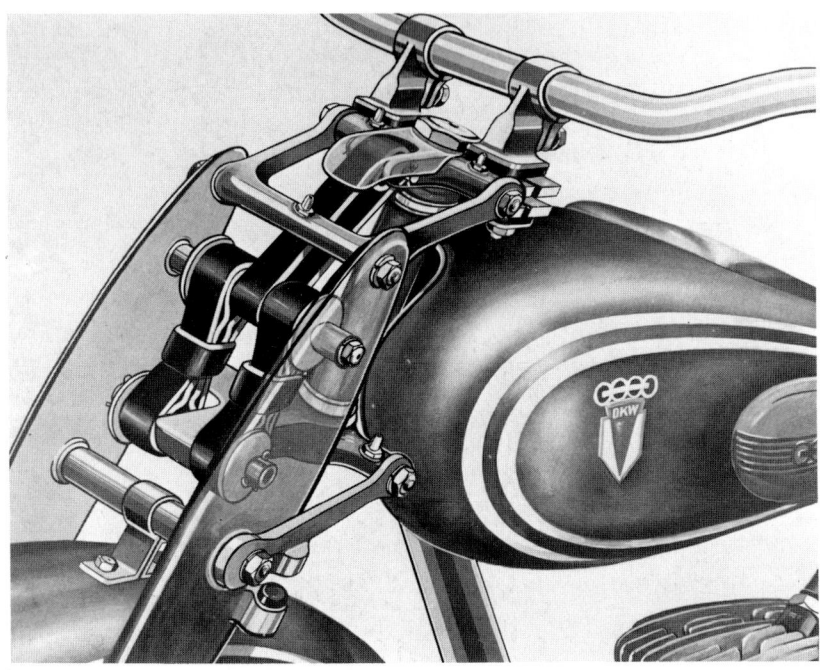

Anders als beim Zschopauer Modell wurde der Ingolstädter Rahmen (zuerst bei Hoffmann in Lintorf gebaut) mit Ausfallenden für die Hinterachse (nach Art der Rennfahrräder) ausgeführt, um den Radausbau zu vereinfachen.

Schon 1950 wurde die RT 125 mit Teleskopvordergabel und Hinterradfederung gebaut. Schnitt durch einen Gabelholm.

Die Hinterradfederung war eine kurzhubige Teleskop-Geradwegfederung mit breiten Fäusten für die Achsaufnahme. Sattel jetzt mit Gummifederung, Motorleistung auf 6,4 PS bei 5600/min gesteigert, Höchstgeschwindigkeit nun über 90 km/h (hier Modell 1956).

Schon 1953 rollte das 100 000ste DKW-Motorrad der Ingolstädter Fertigung vom Band.

1951 wurde das DKW-Motorradprogramm um die Modelle RT 175 und RT 200 erweitert, beide mit Teleskopvordergabel und Teleskop-Geradweghinterradfederung. Getriebe zunächst noch drei-, später viergängig. Vergaser noch offenliegend und direkt am Zylinder angeflanscht. Neue Bremsnaben (fingierte Vollnabenbremsen!)

Neue, leistungsgesteigerte Motoren mit
formschöner Vergaserverkleidung, großem
Luftberuhigungsraum und zurückgesetztem
Vergaser (verlängerte, schwingungsmäßig
abgestimmte Ansaugleitung)

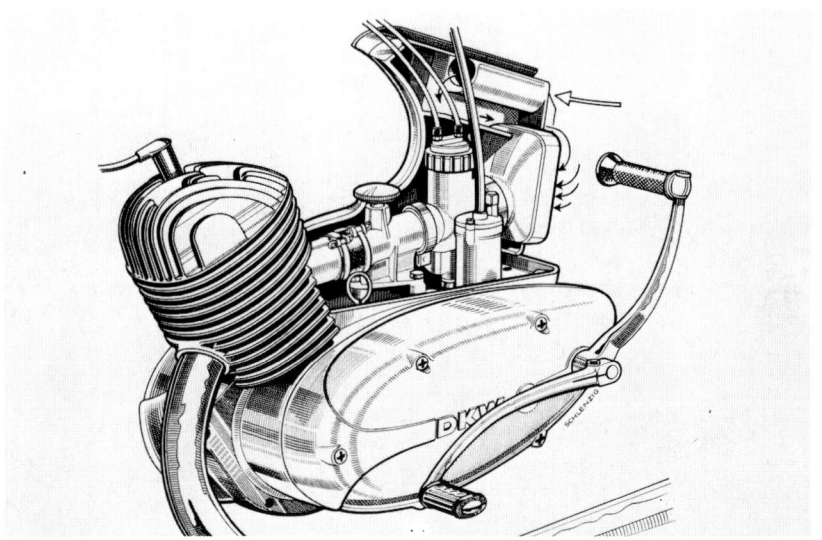

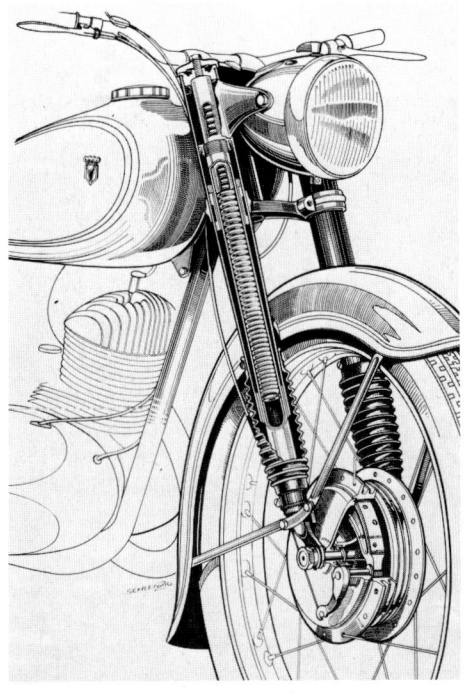

Neue progressiv arbeitende, pneumatisch
gedämpfte Teleskopvordergabel für die
weiterentwickelten Modelle RT 175 und
200. Neue (echte) Alu-Vollnaben-Innenbak-
kenbremsen vorn und hinten.

Instruktive Explosivdarstellung der
leistungsgesteigerten Motoren (die
nun auch durch eine 250er Version
ergänzt wurden), unten die für das
Vierganggetriebe modifizierte originelle
Fußschaltung der RT 125.

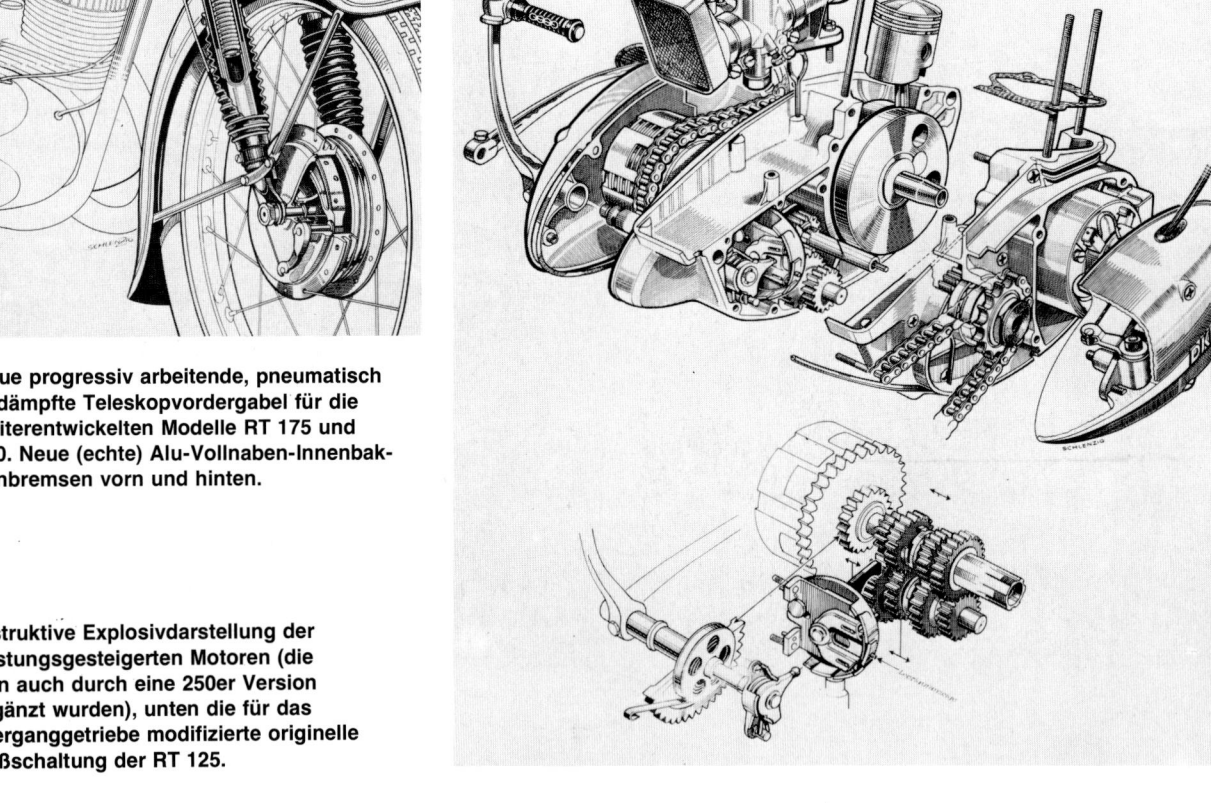

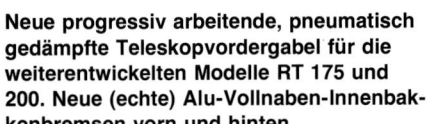

Ende 1951/Anfang 1952 bereits hatte das DKW-Motorradprogramm eine weitere Ausweitung durch den Serieneinlauf der völlig neu konstruierten RT 250 erfahren. Mit 70 x 64 mm B/H leistete der Motor zunächst 12 PS bei 4500/min, was eine Spitzengeschwindigkeit von 105 km/h ermöglichte. Erst auch mit Drei-, später mit Vierganggetriebe ausgerüstet, war die RT 250 beiwagenfest. Fahrwerk zunächst noch ähnlich dem der RT 175 und 200.

Auch die RT 250 hatte zunächst die (mit dem verrippten Blechmantel ausgeführten) Innenbackenbremsen vorn . . .

. . . und hinten, Kette total gekapselt. Kurzhubige Geradweg-Hinterradfederung.

Als RT 250/2 erhielt die DKW-Viertellitermaschine, wie die kleineren Modelle, den gekapselten Vergaser, die neuen Leichtmetall-Vollnabenbremsen sowie eine Hinterrad-Teleskopfederung mit mehr Hub.

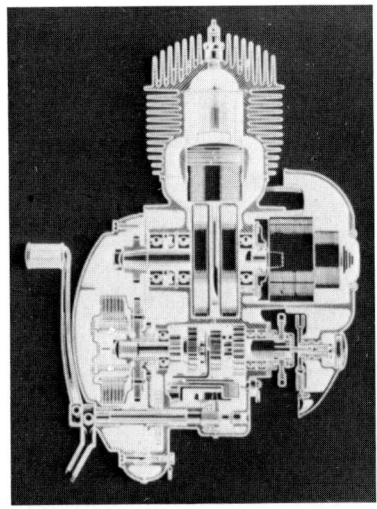

Schnittdarstellung des Motor/Getriebe-Blocks der DKW RT 250/2 mit Vierganggetriebe.

1954 leistete die RT 250 15 PS und lief 115 km/h. Verbesserte Teleskop-Vorderfedergabel.

Oben links: Die Geradweg-Hinterradfederung hatte zuletzt 85 mm Feder-
weg. – Rechts: Schnittdarstellung
der Teleskop-Hinterradfederung und
der Leichtmetall-Vollnabenbremse.

1954 hatten die RT-Modelle 175 und
200 außer »Stachelschwein«-Zylin-
dern« ein neues Fahrwerk mit feder-
beinabgefederter Hinterradschwinge
erhalten – Modellbezeichnung 175
S und 200 S. Die bisher nur abge-
deckte Kette lief nunmehr in einem
geschlossenen Leichtmetall-Ketten-
kasten im Dauerschmierbad. Vergrößerte Tanks.

RT 250 S – mit federbeinabgestützter, verstellbarer Hinterradschwinge und 15 PS (Höchstgeschwindigkeit solo 116 km/h).

Federbein mit Antriebsketten – Gehäuse der DKW VS 175.

Schon 1955 war die DKW RT 175 das meistgekaufte deutsche Motorrad – 1956 präsentierte sie sich mit dem gleichen Erfolg als RT 175 VS mit geschobener, federbeinabgestützter Schwingengabel vorn und neu gestylter Scheinwerferverkleidung sowie Armaturen-»Cockpit«.

Auch die RT 250 wurde 1955 auf
das neue VS-Fahrwerk (mit Vorderradschwinge) umgestellt. Für Beiwagenbetrieb konnte der Nachlauf ver-
ändert werden.

Links: Die Schwingen-Vorderradfederung der DKW-Modelle
VS 175, 200 und 250.

Das neue, mit dem Scheinwerfer kombinierte »Cockpit« der
DKW-VS-Modelle (Armaturen-Lenker, wie einst schon in
Zschopau bei den Block Modellen, s. Seite 41).

1954 erschien als »Flaggschiff« des
DKW-Motorradprogramms die RT
350 mit 18 PS bei 4500–5000/min
und 120 km/h Spitzengeschwindigkeit, zunächst noch mit Teleskop-Geradwegfederung hinten.

Im darauffolgenden Jahr erhielt die
RT 350, die große Zweizylindermaschine, Stachelrippenzylinder und
das Fahrwerk mit der Hinterradschwinge. Die Leistung des Motors
blieb unverändert, seine Stehfestigkeit
wurde erhöht, das Schwingungsver-
halten verbessert.

Diese Zweivergaser-Ausführung der
RT 350 gab es werksseitig nicht – es
handelt sich vielmehr um die geschickte Umbauarbeit eines Liebha-
bers dieses Modells, der es noch heute, inzwischen allerdings wieder brav
auf einen Vergaser „zurückgerüstet",
zu vollster Zufriedenheit fährt.

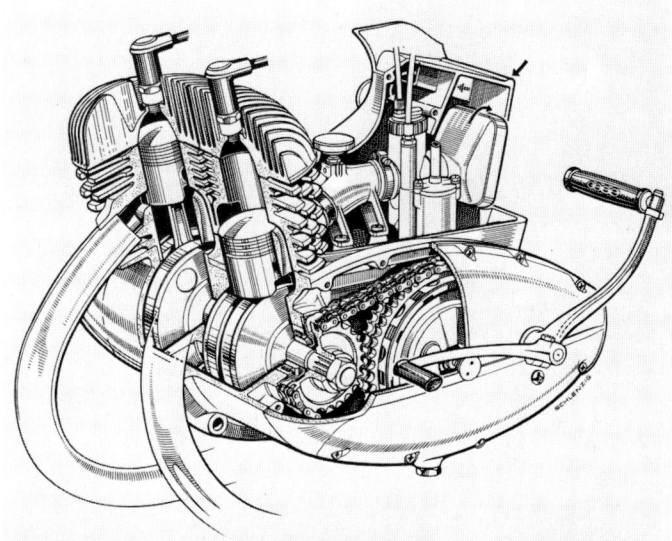

Schnittdarstellung des Motor/Getriebeblocks des RT 350-Zweizylin-
dermotors: Bohrung 62 mm, Hub 58 mm, Kurzleistung 18,5 PS bei
5000/min, Verdichtung 6,5, Höchstgeschwindigkeit 120 km/h.
Primärantrieb endlose Duplex-Hülsenkette, Vierganggetriebe mit
Klauenschaltung und Kickstarter.

Der formschöne Triebwerksblock der »großen« Zweizylinder-DKW
(von der es keine Ausführung mit Vorderradschwinge mehr gab).
Die RT 350 S war das letzte in Ingolstadt gebaute DKW-Motorrad-
modell – die Tradition wurde in Nürnberg nicht fortgesetzt.

Als sich der Rückgang des Interesses an Motorrädern bereits abzuzeichnen begann, entstand in Ingolstadt dieser Prototyp – unter
der Überlegung, man müsse wohl den Kunden nun etwas ganz anderes bieten als das bisher übliche. Zu einer Fertigung kam es nicht
mehr, wohl aber zu jenem Moped-Modell, das (s. Seite 247) kurzzeitig bei der Nürnberger Zweiradunion gebaut wurde.

Mit dem Hobby-Roller stieg DKW 1953 noch ins Motorrollergeschäft ein. Eine interessante Konstruktion mit 75 cm^3-3-PS-Motor.

Der gebläsegekühlte Hobby-Motor mit Schwungradmagnetzünder und Handstarter. Stufenloses Riemengetriebe Bauart Uher.

Das Riemengetriebe mit den synchron sich verstellenden Keilriemenscheiben (stufenlose Untersetzungsänderung, automatisch unter Fliehkraft- und Federeinwirkung drehzahl- und belastungsabhängig arbeitend, auch als Anfahrkupplung fungierend). Abtreibende Riemenscheibe läuft mit Kurbelwellendrehzahl, nach der angetriebenen Riemenscheibe Zahnraduntersetzung zur Vorgelegewelle, von dort Kettenantrieb zum Hinterrad.

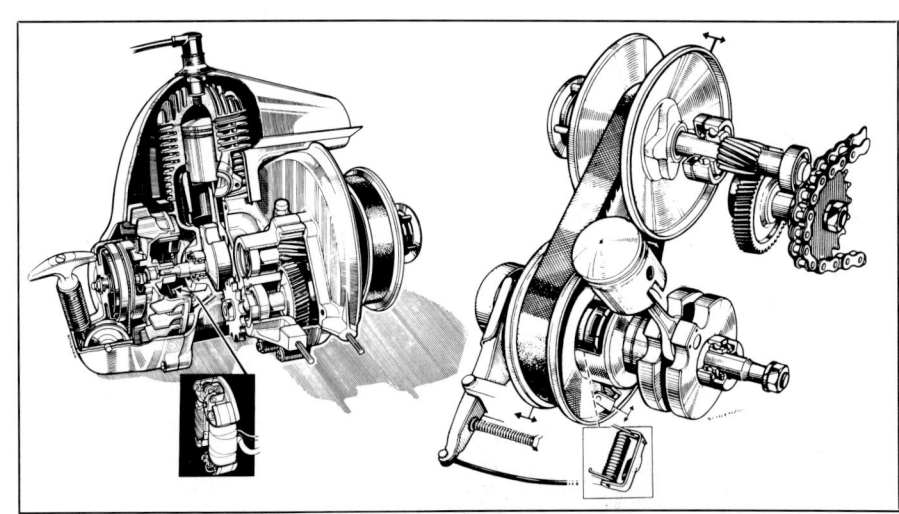

Motor-, Getriebe- und Hinterradschwingenanordnung im DKW-Hobby-Roller. Die Schwinge war mit auf Druck wirkendem, progressiv arbeitendem Gummielement abgefedert.

1956 wurde in Ingolstadt auch noch die Moped-Fertigung aufgenommen, nachdem mit der »Hummel« ein 50 cm³-Fahrzeug entwickelt worden war: 1,35 PS bei 4400/min, drehgriff-geschaltetes Dreiganggetriebe, Tret-kurbel-Kickstarter, gummibandgefe-derte Kurzschwingengabel vorn, Langschwinge mit gedämpften Feder-beinen hinten, Preßstahlrahmen mit integriertem Tank, vollgekapselte Hinterradkette.

Links: Vorderradfederung der »Hummel«. – Rechts: Hinterradabfederung der Hummel mit Langschwinge und Federbeinen (gummigedämpft).

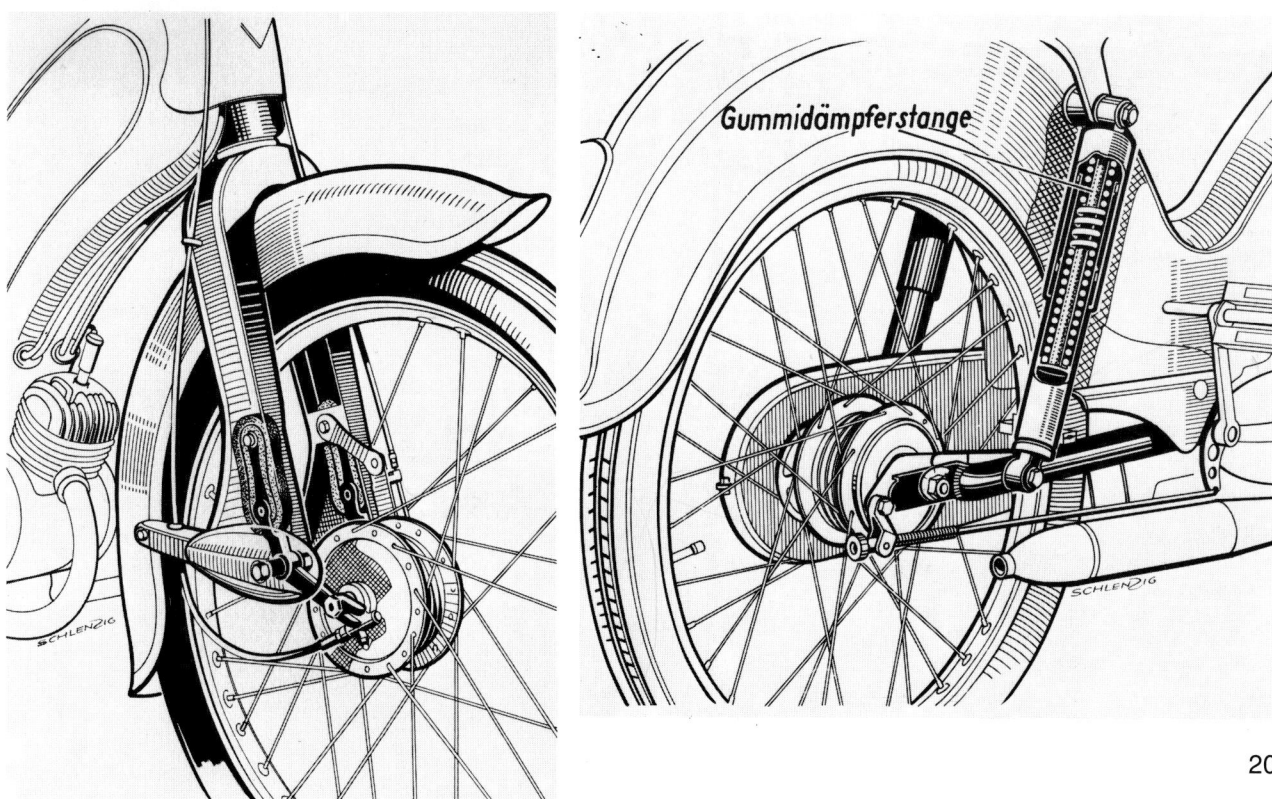

Bereits im August 1949 begann in Ingolstadt die Fertigung des völlig neu konzipierten 3/4 to Schnellasters, Typ F 89 L. Als Triebwerk diente der schon aus der Vorkriegszeit bekannte 700 cm³-Zweizylindermotor mit Dreiganggetriebe und Differential in gemeinsamem Block. Er war jedoch so auf den beiden Längsträgern des Profilrohr-Chassis montiert, daß das Hauptgewicht des Triebwerkblocks vor der Vorderachse lag, was günstigere Verhältnisse für den Frontantrieb ergab. Einzelradaufhängung, vorn an Querlenkern und hochliegender Querblattfeder, hinten an Kurbelarmen auf querliegendem Torsionsfederelement. Teleskopstoßdämpfer, hydraulische Duplex-Bremsen.

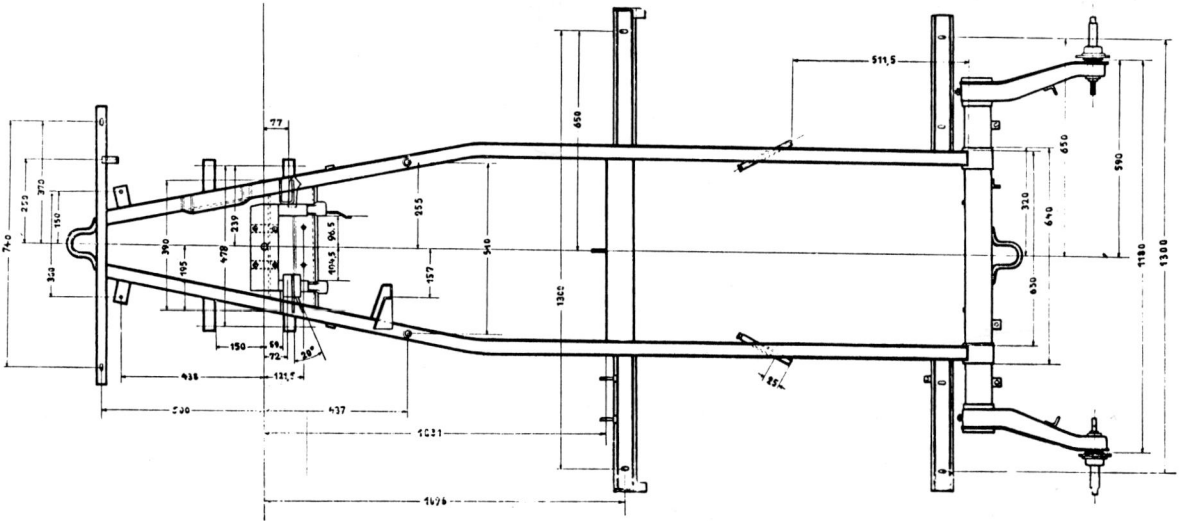

Chassis des 3/4 to-Schnellasters mit 700 cm³-Frontmotor.

Nur zehn Monate später lief im Werk Düsseldorf die Fertigung der neuen Meisterklasse Typ F 89 P an. Auch bei ihr war der 700 cm³-Zweizylindermotor mit Dreigang- und Ausgleichgetriebe und mit neuer, im AUTO UNION-Werk Spandau gefertigter Dynastartanlage im modifizierten F 8-Chassis vor der Vorderachse montiert. Einzelradaufhängung und -abfederung samt Teleskop-Stoß-dämpfern wie beim Schnellaster (s. Skizze), Schwebeachse (Starrachse mit hochliegender Querfeder und Teleskop-Stoßdämpfern) hinten. Hydraulische Duplex-Bremsanlage. Viersitzige Limousine in Stahlblechausführung (ähnlich der für den F 9 projektierten). Leistung des mit Leichtmetallzylinderkopf, Solex-Fallstromvergaser und neuartiger Auspuffanlage ausgerüsteten Motors 23 PS bei 4500/min, Höchstgeschwindigkeit 100 km/h.

Durchsichtsbild der neuen Meisterklasse

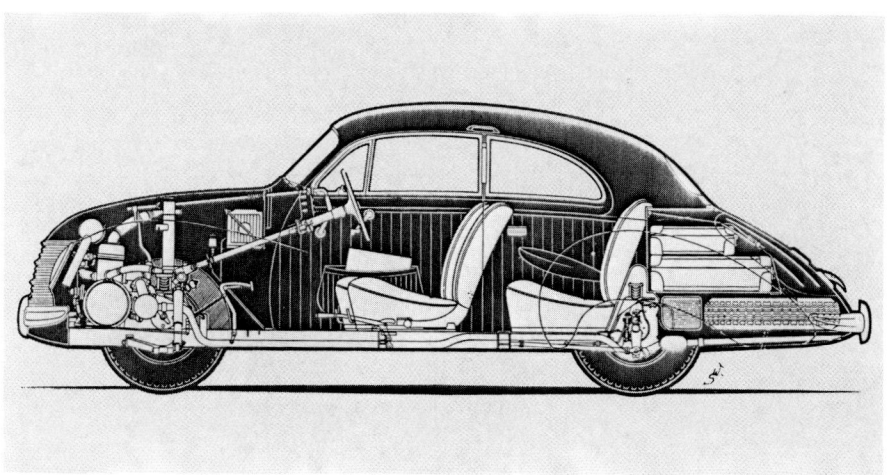

Die Raumaufteilung in der neuen Meisterklasse

Der von 1951–1954 gebaute Kombi-
wagen F 89 U (Universal), zunächst
mit Karosserie in Gemischtbauweise,
später Ganzstahlkarosserie. Trieb-
und Fahrwerk wie Meisterklasse.

Vorderrad-Aufhängung (Dreiecksquer-
lenker unten), -Abfederung (Querblattfeder oben) und -Dämpfung (Tele-
skopdämpfer) der »neuen« Meisterklasse.

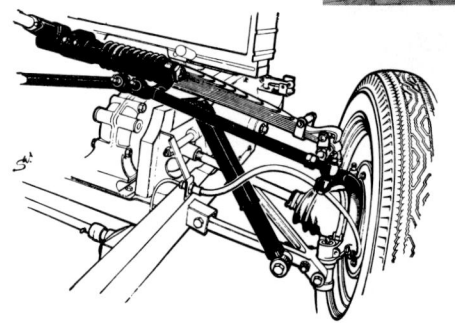

Mit Jahresbeginn 1953 wurde das noch von der Vorkriegs-
Konstruktion übernommene Dreiganggetriebe mit Mehrscheiben-Ölbadkupplung (links) durch ein Vierganggetriebe abgelöst, die Kupplung (nun trockene Einscheibenkupplung) im
vom Primär-Kettentrieb getrennten Gehäuseraum untergebracht (rechts).

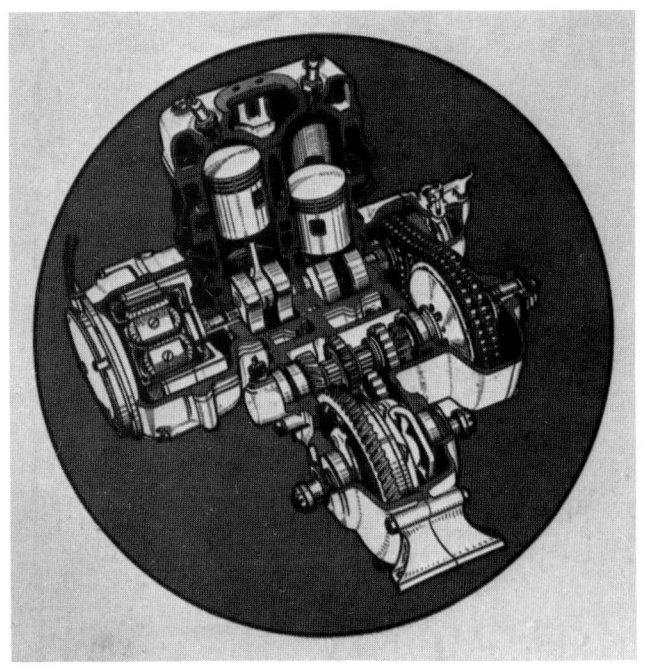

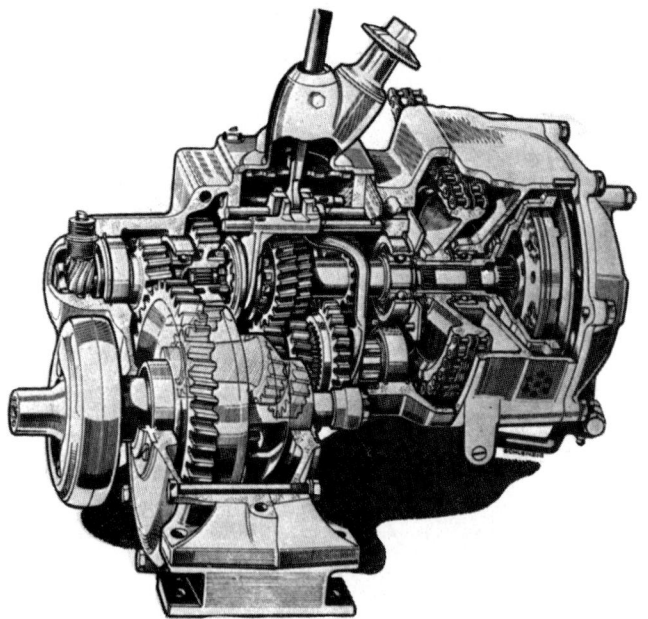

206

1951/52 wurde auf Basis der neuen Meisterklasse dieses zweisitzige Luxus-Coupé mit Hebmüller-Karosserie geliefert.

Die neue DKW-Dynastartanlage (180 Watt) mit innenlaufendem Trommelanker und vornliegendem Flachbahn-Kollektor wurde teilweise im Werk Spandau, teilweise von der Firma SIBA gefertigt (wie die Motorrad-Anlagen auch).

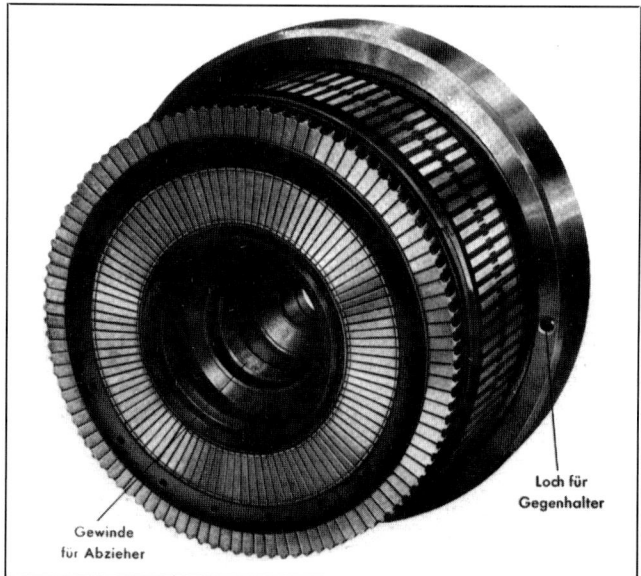

Loch für Gegenhalter

Gewinde für Abzieher

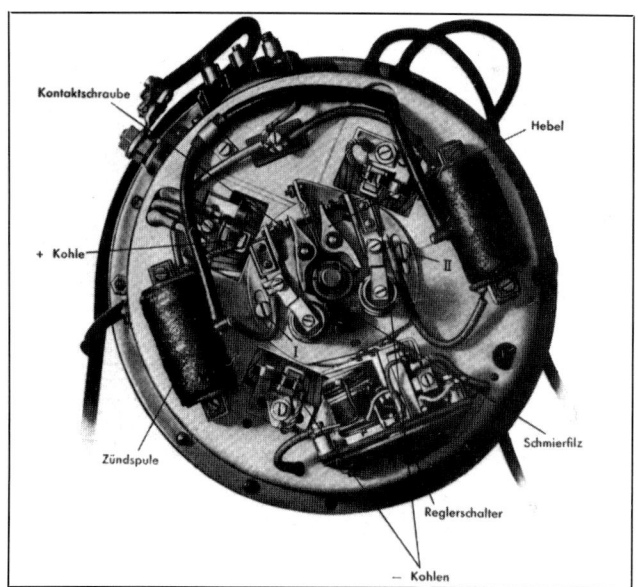

Kontaktschraube

Hebel

+ Kohle

II

Zündspule

I

Schmierfilz

Reglerschalter

– Kohlen

1953 begann im Werk
Düsseldorf die Serien-
fertigung der zur
Ablösung der Meister-
klasse bestimmten
»Sonderklasse« mit
Dreizylindermotor
und der der Meister-
klasse nahezu identi-
schen Ganzstahlkaros-
serie auf dem ebenfalls
identischen Chassis.
Triebwerksblock (Ge-
triebe zunächst drei-,
später viergängig,
mit Freilauf), dem
Motor vor der Vorder-
achse, jedoch in
Längsrichtung, einge-
baut. Leistung des
Motors (71 × 76 mm
B/H) 34 PS bei
4000/min, Höchstge-
schwindigkeit
120 km/h.

Links: Durchsichtsbild der DKW-Sonderklasse Typ F 91 1953–1955. – Rechts: Dreizylinder-Zweitaktmotor der Sonderklasse;
Zündung mit drei Zündspulen und Dreifach-Unterbrecher vorn in Verlängerung der Kurbelwelle. Solex-Fallstromvergaser. Ther-
moslphonkühlung. Mischungsschmierung 1:25.

1955 erschien, um 10 cm gegenüber der Sonderklasse verbreitert, der »Große DKW 3 = 6« Typ F 93 mit neuem Kühlergrill. Motor nun 38 PS bei 4200/min, Höchstgeschwindigkeit 115 km/h. Das nachfolgende, nur leicht modifizierte Modell F 94 wurde mit 40 PS-Motor geliefert.

Wie alle vorhergehenden DKW-Modelle behielten sowohl der Schnellaster wie auch der 3=6 den verwindungssteifen Rahmen – zu einer Zeit, als weltweit die selbsttragende Karosserie (aus Kostengründen) das Feld des Automobilbaus beherrschte.

Als Sportausführung des »Großen DKW 3 = 6« wurde von 1956 bis 1958 der Typ Monza gebaut. Auf dem Chassis des normalen 3 = 6 war eine zweisitzige Kunststoff-Karosserie montiert. Die Motorleistung wurde zuletzt mit 44 PS angegeben, die Höchstgeschwindigkeit mit 135 km/h. Die insgesamt gelieferte Stückzahl betrug aber nur wenig über 100.

Mit der Übersiedlung der
Automobilproduktion von
Düsseldorf in das neu ge-
baute Werk Ingolstadt ging
1959 der neu konzipierte
DKW-Junior in Serie, der
dort bis 1962, als Junior
de Luxe bis 1963, gebaut
wurde. Der ursprünglich
mit 660 cm^3-Zweizylindermo-
tor projektierte (und so auch
auf der Frankfurter Automobilausstellung 1957 vorge-
stellte) Wagen erhielt dann
endgültig doch wieder einen
Dreizylindermotor, aber
mit 750 cm^3 (68 × 68 mm
B/H), später – im de Luxe
– mit 800 cm^3 durch auf
70,5 mm vergrößerte Boh-
rung), 34 PS bei 4300/min.
Viergang-Frontantrieb, Ka-
stenprofilrahmen.

Mit auf 980 cm^3 (74 × 76
mm B/H) vergrößertem und
auf 44 PS bei 4500/min gesteigertem Dreizylindermotor
wurde ab 1958 bis 1963
der sonst dem »Großen
DKW 3 = 6« gleiche AUTO
UNION 1000 (später als
1000 S mit 50 PS) geliefert.

210

Als AUTO UNION 1000 Sp
wurde 1958–1963 sowohl
ein zweisitzer Roadster
(nebenstehend) als auch
ein $^2/_2$ Coupe in gleicher
Linienführung (Bild unten)
geliefert. Mit dem auf
55 PS bei 4500/min ge-
steigerten 980er Motor
wurden 140 km/h erreicht.

Der Junior de Luxe unterschied sich äußerlich kaum vom normalen Junior.

Durchsichtsbild des AUTO UNION-DKW-Junior

In den Jahren von 1963 bis 1965 wurden, in Ablösung der Junior-Modelle, im neuen Werk Ingolstadt die Modelle F 11 und F 12 (s. Bild) gebaut, der F 11 mit dem 800 cm³-Motor des Junior, der F 12 zunächst mit einem 40 PS leistenden 900 cm³-Dreizylindermotor, der dann 1964 im F 12 Roadster durch höhere Verdichtung auf 45 PS gebracht und 1965 auch in die F 12 Limousinen eingebaut wurde. Der F 11 basierte auf der Rohkarosserie des F 12 (als einfach ausgestattetes Standard-Modell) und der Mechanik des Junior de Luxe.

Die selbststabilisierende Torsions-Kurbelachse mit geschlitztem Achsrohr als Hinterachse im Junior.

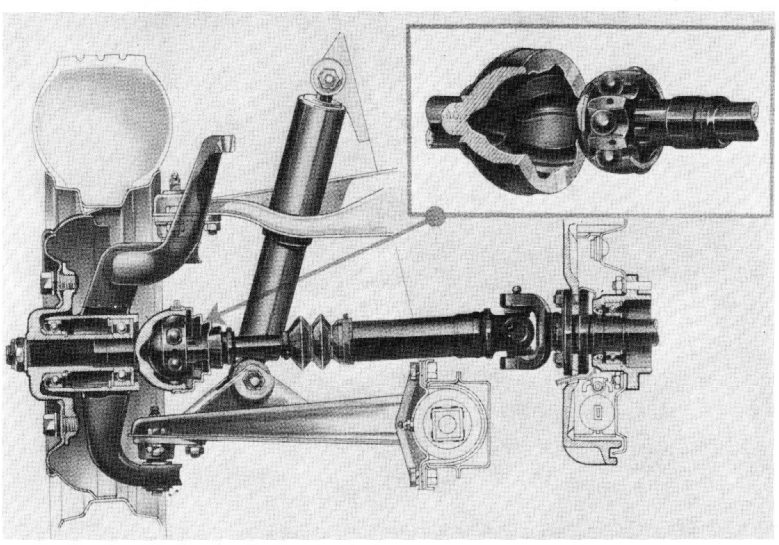

Schnittdarstellung des 750/800 cm³-DKW-Dreizylindermotors im Junior

Antrieb der Vorderräder beim Junior: außen homokinetische Großwinkel-, innen Kardan-Gelenke. Innenliegende Turbo-Trommelbremsen.

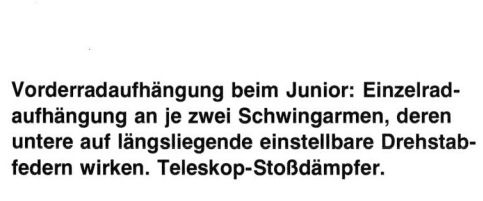

Vorderradaufhängung beim Junior: Einzelradaufhängung an je zwei Schwingarmen, deren untere auf längsliegende einstellbare Drehstabfedern wirken. Teleskop-Stoßdämpfer.

1954–1968 wurde von der AUTO UNION der »Munga« (»Mehrzweck-Universal-Geländefarzeug mit Allradantrieb« als Typ F 91/4) geliefert. Zunächst mit 896 cm³ (71 × 76 mm B/H) des Dreizylindermotors und 38 bzw. 40 PS, später mit dem auf 980 cm³ (Bohrung 74 mm) und auf 44 PS bei 4500/min gebrachten Motor. Vierganggetriebe und Vorgelege, Allradantrieb (Hinterradantrieb bis 1956 abschaltbar), Gewicht 1110 kg, Höchstgeschwindigkeit 98 km/h. Zum Einbau des projektierten Sechszylindermotors von Müller-Andernach (s. S. 181) kam es nicht mehr, weil der Auftrag des Hauptabnehmers (Bundeswehr) nicht wieder erneuert wurde.

1963 wurde ein völlig neu entwickelter Mittelklassewagen vorgestellt (und ab 1964 auch in Serie gebaut), der DKW F 102 – als zwei- und als viertürige Limousine –, dessen Dreizylinder-Zweitaktmotor bei 76 × 81 mm B/H 1175 cm³ Hubraum und 60 PS bei 4500/min hatte. Auch dieser, als Beginn einer neuen Generation geplante Wagen (von dem insgesamt noch etwas über 52 000 Stück gebaut wurden) hatte Frontantrieb, aber erstmals in der langen Reihe, die mit dem F 1 begann, eine selbsttragende Ganzstahl-Karosserie. Als die Serie im März 1966 auslief, bedeutete das das Ende der Automobilmarke DKW.

Der DKW F 102 hatte hinten eine selbststabilisierende Torsionskurbelachse. Sie garantiert Spur- und Sturzkonstanz bei allen Belastungszuständen und unbedingte Radhaftung auch in extremer Kurvenlage. Das geschlitzte Achsrohr bewirkte Selbststabilisierung, der diagonal vom Achsrohr zum Rahmen führende Querlenker sorgte für exakte Seitenführung der Räder. Progressiv wirkende Drehstabfederung mit sehr langen Federwegen und Gummipuffer-Anschlagbegrenzung. Großdimensionierte Simplex-Trommelbremsen ergaben zusammen mit den vorderen Scheibenbremsen hohe Fahrsicherheit.

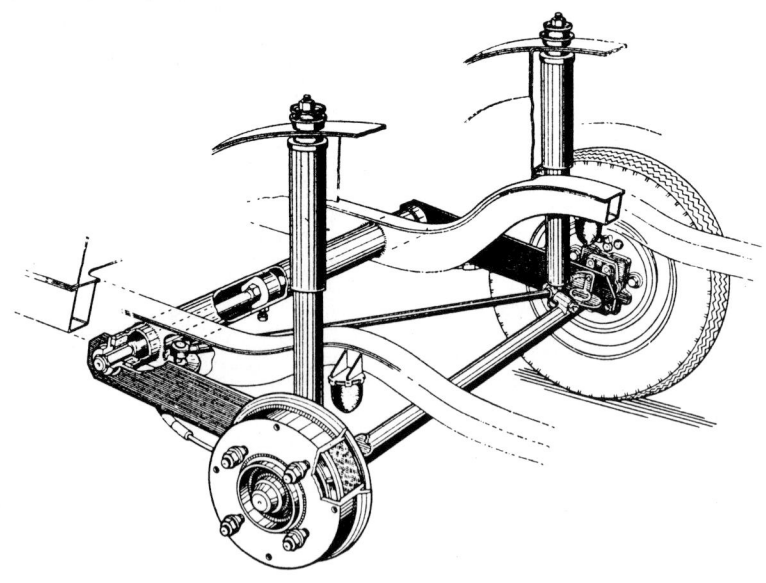

214

DKW-Rennmaschinen 1950–56

Anknüpfend an die erfolgreichen Basteleien des Wiesbadener DKW-Fahrers Döring (und seines »Tuners« Erich Wolf) wurden auch in Ingolstadt (nachdem man sich Wolf geholt hatte) zunächst 125er Rennmotoren mit Doppelkolbenzylinder und gegenläufigem Pumpenkolben im Kurbelgehäuse gebaut; Kluge, Wünsche und H. P. Müller waren mit diesen Maschinen in ihrer Klasse nicht zu schlagen.

Ewald Kluge mit der 125er Ladepumpenmaschine auf Siegesfahrt

Ewald Kluge (hier im Gespräch mit seinem Teamgefährten Sieg-fried Wünsche, der sich auch in Ingolstadt eingefunden hatte) wollte natürlich gern nicht nur in der kleinsten Rennklasse für seine alte Marke antreten. Er setzte deshalb Himmel und Hölle in Bewegung, um eine der Drehschiebermaschinen, die den Krieg überlebt hatten, aufzutreiben. Nach einigen Fehlschlägen gelang es ihm dann auch, und zusammen mit Erich Wolf konnte das gute Stück wieder einsatzfertig gemacht werden.

1950 (solange das Kompressorverbot für Deutschland, das noch nicht wieder in die FIM aufgenommen war, keine Gültigkeit für deutsche Rennveranstaltungen hatte) startete Ewald Kluge dann auch in der 250er Klasse erfolgreich bei zahlreichen Renneinsätzen.

H. P. Müller bei technischer Fachsimpelei mit Erich Wolf, dem Ingolstädter Rennmaschinen-Konstrukteur.

Als mit dem Kompressorverbot auch zusätzliche Ladepumpen an Zweitaktmotoren nicht mehr möglich waren, meinten viele, das bedeute das Ende des Zweitakters als Rennmotor. Zu deutlich war noch eine Überlegenheit der Prüssingschen Rennzweitakter aus der Vorkriegszeit in der Erinnerung – aber auch die Meinung, daß es ohne solch erheblichen mechanischen Aufwand nicht möglich sei, Zweitakter zur Überlegenheit gegenüber den Viertaktern zu bringen. Und die ersten Experimente mit kurbelgehäusegelandenen Zweitaktrennmotoren, wie diesem aus der Serie abgeleiteten 125er DKW-Motor, schienen diese Ansicht zu bestätigen.

Den ersten Versuchen mit schlitzgesteuerten Einzylinder-Zweitaktern ohne zusätzliche Ladepumpe (dem neuen Reglement entsprechend) folgten dann auch Motoren mit radial durchströmten Einlaß-Walzenschieber – aber ihre Leistung entsprach keineswegs den Erwartungen (eine Schiebersteuerung in dieser Anordnung bringt gegenüber der einfachen Schlitzsteuerung keine Vorteile).

Immerhin war es erstaunlich, wie schnell mit Geschick frisierte
Normalzweitakter (wie unter H. P. Müller – Bild rechts – sein konnten.
Freilich: wo war denn auch eine Viertakt-Konkurrenz in der
kleinen Klasse?

Rudi Felgenheier mit der kolbengesteuerten 250er am
Start zum Sachsenring-Rennen 1952.

Erich Wolf begann weiter zu experi-
mentieren – mit Schlitzsteuerung
für den Einlaß und mit Walzenschie-
bersteuerung, mit 125er Ein- und
(wie hier im Bild) mit 250er Zweizylindermotoren. Daß es zunehmend
gelang, doch zu ganz erstaunlichen
Leistungen zu kommen, hatte seinen
Grund im Wissen um die Möglichkeiten, die Gasdynamik zur raschen
Entleerung und Füllung der Zylinder
auch bei hohen, leistungbringenden
Drehzahlen auszunutzen; der Auspufftopf auf diesem Bild zeigt die ersten
Anfänge in dieser zukunftsträchtigen
Richtung.

218

1951 baute Wolf diesen Zweizylinder-Zweihundertfünfziger mit kolbengesteuertem Einlaß und Rotationsmagnetzünder.

250 cm³-DKW-Zweizylinder-Rennmotor mit Walzendrehschieberreinlaß und Zündung durch Bosch-Standmagnet.

Auch Siegfried Wünsche fuhr, wie Ewald Kluge, die Zweizylinder-Zweihundertfünfziger.

Links: H. P. Müller 1951 mit der 250er DKW am Start bei »Rund um Schotten«.

1952 gab es eine Sensation: DKW erschien in Hockenheim mit einer Nennung in der 350er Klasse – und tatsächlich doch auch erstmals wieder einer Maschine mit diesem Hubraum!

Erich Wolf hatte eine Idee gehabt, als er einmal sinnend vor seinem Zweizylinder mit dem Magnetzünder in Kurbelgehäusemitte saß: da wäre doch auch Platz für einen dritten Zylinder, der liegend zwischen den beiden äußeren, schräg nach vorn stehenden, angeordnet sein müßte. Und so entstand, mit dreimal 116 cm³, die sensationelle 350er Dreizylinder-DKW mit über Kegelräder 1:2 untersetzt angetriebenem, seitlich angebautem Sechszylinder-Bosch-Standmagnetzünder.

Von Karl Lottes eingesetzte 250er mit quer zur Kurbelwelle in Motormitte liegendem, hier axial durchströmten und dadurch wirkungsvollem Walzendrehschieber und vorn angesetztem Magnetzünder (Vorstufe zum Dreizylinder-350er Motor).

Ewald Kluge fuhr die neue Dreizylindermaschine, die »Singende Säge« (tatsächlich erhielt erstmals diese Maschine den später so oft gebrauchten Namen).

Links: Die Auspuffanlage zeigt, daß auch hier schon die Gasdynamik zu Hilfe genommen wurde, um Rennleistung aus dem so »stinkeinfachen« Zweitakter herauszuholen. – Rechts: Aber Wolf kam an die Grenzen seiner Möglichkeiten – und er versuchte, durch extrem niedriges Maschinengewicht die fehlende Leistung zu kompensieren. Es kam zu Materialbrüchen – und als Dr. Eberan die technische Leitung in Ingolstadt übernahm, zum großen Krach: Wolf mußte gehen, an seine Stelle trat Helmut Görg, ein DKW-Mann aus Zschopau, der dort schon vor dem Krieg mit DKW-Motoren umgegangen war – allerdings mit stationären, nicht mit Renn-Motoren. Aber es gelang ihm – mit kräftiger finanzieller Unterstützung, die Wolf nie gehabt hatte – die Arbeiten fortzuführen und – mit großem Einsatz – der Dreizylindermaschine das Laufen beizubringen und insbesondere die notwendige Sicherheit (bei nicht unerheblicher Gewichtssteigerung). So sah der auf Batteriezündung umgestellte Motor 1954 aus.

Die unter Görgs Leitung wesentlich umgeänderte Dreizylinder-Rennmaschine: mit gewaltigen Bremsen und mit Kurzschwinge vorn.

1956 war die Dreizylinder-DKW-
Rennmaschine auf dem Höhepunkt ihrer Entwicklung – ehe
sich DKW vom Rennsport zurückzog und die kostbaren
Rennmaschinen einmottete.

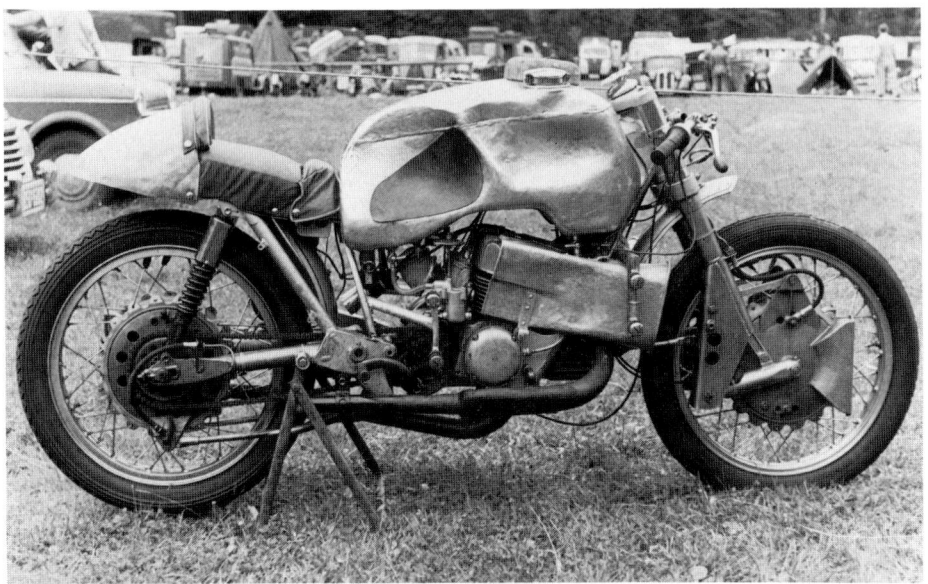

Ewald Kluge mit einer der ersten 350er-Dreizylindermaschinen
von Erich Wolf.

Zuletzt hatten die mechanisch betätigten Innenbackenbremsen
noch hydraulischen ATE-Bremsen weichen müssen.

 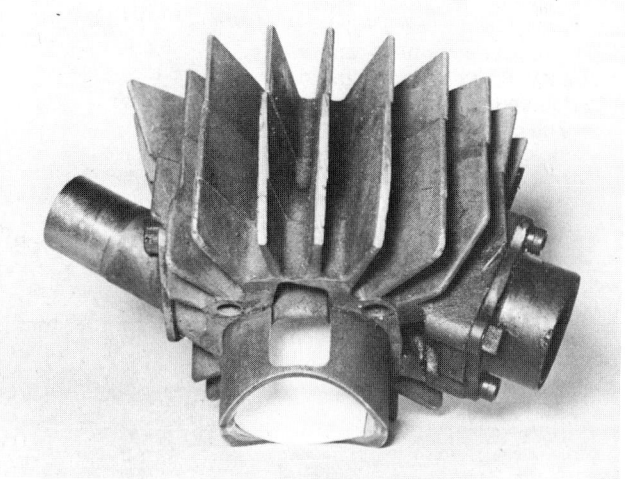

Einzelteile des 350er DKW-Dreizylindermotors. Oben der längs-verrippte Mittelzylinder (aus dem später der einzylindrige 125er Rennmotor entstand) in zwei Ansichten. Nebenstehend der Brennraum im Zylinderkopf mit einseitiger »Quetschfalte«. Unten links die vierfach gelagerte Kurbelwelle mit vollen Hubscheiben kleinen Durchmessers und entsprechend der Zylinderstellung versetzten Hubzapfen (so daß 120 Grad Zündabstände resultierten). Unten rechts der Dreifach-Unterbrecher der Batteriezündung mit unabhängig von der Kurbelwelle gelagerter Unterbrechernockenwelle (um die Zündpräzision störenden Motorvibrationen von den Unterbrechern fernzuhalten).

Bei Versuchen zur Feststellung der Leistungsabgabe der drei Zylinder machte man die erstaunliche Feststellung, daß die Leistung des Mittelzylinders die beste sei. Flugs baute man einen Einzylindermotor mit 116 cm³, dessen liegender Zylinder am alten Platz des Dreizylindergehäuses saß und dessen Kurbelwelle man die beiden äußeren Pleuel genommen hatte.

Ein Exemplar dieser Behelfskonstruktion kam in die Hände des Engländers Joe Ehrlich, der der englischen Fachpresse erzählte, das Geheimnis der „hohen Leistung" dieses (von ihm konstruierten und gebauten!) neuen Wundermotors stecke in den beiden seitlichen Gehäusekammern. Und das druckten dann auch die englischen Fachkollegen.

Aber weil das Ding so gut ging, machte man in Ingolstadt einen »richtigen« 125er draus, mit geringfügig größerer Bohrung und mit einem kleinen, leichten Einzylindergehäuse. Nun hatte man für die Werksfahrer auch noch einen unschlagbaren 125er Rennmotor, mit 17 PS bei 9500/min und 175 km/h Spitze. Daß man 20 Jahre später mit kaum mehr Aufwand, aber unter raffinierter Ausnutzung der Gasdynamik, aus einem 125er Rennmotor mehr als die doppelte Leistung herausholen würde, konnte damals niemand ahnen. Und DKW sollte ja dann an dieser Entwicklung auch keinen Anteil mehr haben.

224

Die DKW-Rennmaschine mit dem 125er Einzylindermotor für die Saison 1956.

Rennleiter Helmut Görg bei Versuchsfahrten mit August Hobl und der letzten 350er-Dreizylindermaschine Stand 1956.

Fünf Schnappschüsse
aus der DKW-Rennab-
teilung in Ingolstadt
in den Jahren 1954/56.

DKW betätigte sich in den Nachkriegsjahren, als die Motorradproduktion (mit einer Spitzenzahl von 8000 Motorrädern im Monat!) wieder auf vollen Touren lief, auch erfolgreich am Gelände- und am zunehmend Interesse gewinnenden Motocross-Sport. Hier ein für Geländeeinsatz zurechtgemachter 250er DKW-Motor.

Die Maschinen der Werks-Geländemannschaft bereit zur Abnahme.

Hier ist Otto Sensburg, vor und nach dem Krieg als Werksfahrer auf DKW-Maschinen immer wieder erfolgreich, ein bißchen nervös, weil die DKW seines Sohnes Manfred an einer Kontrollstelle der Sechstagefahrt in Garmisch nicht anspringen will (dahinter: Zündapps Sportbetreuer und Betreuer der deutschen Nationalmannschaft, »Schorsch« Weiss).

Im Ingolstädter Motorrad-Konstruktionsbüro entstanden unter Nikolaus Dörners Leitung Spezialmaschinen auf Serienbasis für Gelände- und Motocross-Einsatz: hier eine Geländemaschine 125 cm^3 für den dänischen Importeur (1950/51).

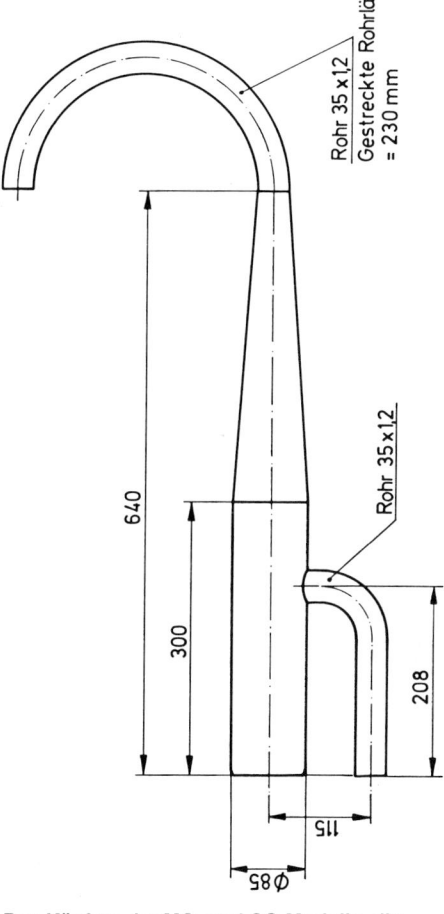

Rohr 35 x 12
Gestreckte Rohrlänge
= 230 mm

Rohr 35 x 12

640

300

208

115

Ø 85

Den Käufern der MC- und GS-Modelle, die sich mit Erfolgsaussichten an Wettbewerben beteiligen wollten, stellte die Auto Union Tuningsanleitungen zwecks begrenzter Leistungssteigerung zur Verfügung, wie z. B. diese Resonanz-Auspuffanlage.

Starrahmen-Geländemaschine 125 cm^3 (1950/51).

Geländemaschine 125 cm^3 mit Geradweg-Hinterradfederung (1954) und Dreiganggetriebe: Leistung 7,2 PS, Höchstgeschwindigkeit 95 km/h, Bereifung 2,75-19 vorn, 3,00-19 hinten, Trommelbremsen 150 × 25, Gewicht 101 kg.

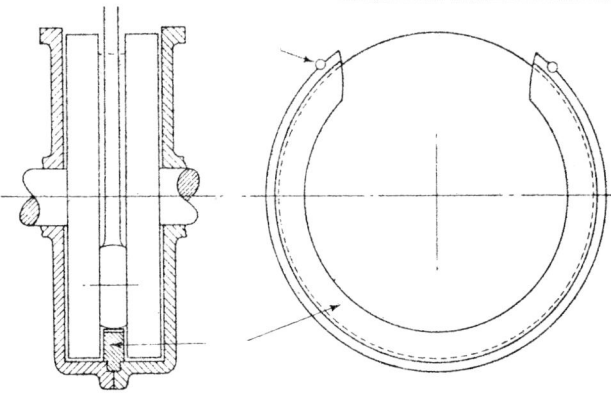

Auch dieser hufeisenförmige Ring zwischen den Hubscheiben (älteren „Frisierkünstlern" noch in guter Erinnerung) gehörte zu den werksseitigen Tuningempfehlungen, um den Kurbelgehäuse-Totraum zu verringern.

230

175er Geländesportmaschine mit Geradweg- (1954/55) und Schwingen- (1956/57) Hinterradfederung und Vierganggetriebe, Leistung 10,8 PS, Höchstgeschwindigkeit 105 km/h, Bereifung 3,25-19 vorn und hinten, Trommelbremsen 180 × 25 vorn, 160 × 25 hinten, Gewicht 143 kg.

250 cm³ Geländesportmaschine 1954/55 mit Geradweg-Hinterradfederung und Vierganggetriebe, Leistung 17 PS, Bereifung 3,25-19 vorn, 3,50-19 hinten, Trommelbremsen 180 × 25 vorn, 160 × 25 hinten, Gewicht 143 kg.

250er Geländesportmaschine 1956/57 mit Hinterradschwinge und Vierganggetriebe, Leistung 18 PS, Bereifung 3,25-19 vorn, 3,50-19 hinten, Trommelbremsen 180 × 25 vorn und hinten, Gewicht 150 kg.

1956 entstand auch noch diese 350er Zweizylinder-Geländemaschine

232

125er Motocrossmaschine MC
12 mit Hinterradschwinge und
Dreiganggetriebe. Verdichtung
9,5, Dauerleistung 8,5 PS,
Höchstgeschwindigkeit 75 km/h,
Bereifung 2,75-19 vorn, 3,25-18
hinten, Trommelbremsen
150 × 25, Gewicht 92 kg.

175er Motocross-Maschine
MC 17 mit Hinterradschwinge
und Vierganggetriebe. Verdichtung 9,5, Dauerleistung 12,6
PS, Höchstgeschwindigkeit
80 km/h, Bereifung 3,00-21
vorn, 3,50-18 hinten, Trommelbremsen 180 × 25 vorn, 150 × 25
hinten, Gewicht 114 kg.

Weiterentwickelte 175er Motocross-Maschine

Auch eine 350er Zweizylinder-Motocross-Maschine
wurde als Spezialausführung aus der Serienmaschine
entwickelt.

Dem Ingolstädter DKW-Fahrer Finkenzeller war die
vom Werk angebotene Motocross-Ausführung der
350er Zweizylindermaschine wohl zu zahm – also
frisierte er sich seinen Motor selbst.

DKW-Wagen im Sport

Als 1932 die vier Marken AUDI, DKW, HORCH und WANDERER im Zeichen der vier Ringe zur AUTO UNION zusammengeschlossen wurden, waren sie bereits in der Zeit ihrer Selbständigkeit im Motorsport aktiv und erfolgreich gewesen.

Schon Dr. August Horch hatte frühzeitig die Bedeutung des Sports sowohl als harte Materialerprobung wie als Versuchsforum für die Weiterentwicklung der Motoren und Fahrzeuge erkannt. Mit seinen im sächsischen Zwickau hergestellten leistungsfähigen Tourenwagen bestritt er selbst die großen Langstreckenfahrten schon vor dem Ersten Weltkrieg, und als Dr. Rudolf Stöss auf einem 18/20er HORCH 1906 bei der zweiten Herkomerfahrt (benannt nach dem berühmten Münchner Maler, dem Stifter des Wettbewerbs) den Gesamtsieg erringen konnte, trug das nicht wenig zum Ruhm des Fabrikats bei.

Dr. Horch aber blieb seinen sportlichen Ambitionen auch ab 1909 auf seinen AUDI-Wagen treu. Mit dem 1911 entwickelten 14/35 PS AUDI gewann er selbst dreimal hintereinander die Österreichische Alpenfahrt, und 1914 gewann das AUDI-Team Horch-Graumüller-Lange den Wanderpokal endgültig. Alexander Graumüller gewann dann 1931 bei der 10 000 km-Fahrt des AvD durch ganz Europa seine Klasse überlegen mit dem 100 PS-Typ Zwickau erneut für AUDI. Später folgten im AUDI-Programm die mit dem Sechszylinder-Zweiliter-Porschemotor (von WANDERER) ausgerüsteten Frontantriebwagen – bei der 2000 km-Fahrt durch Deutschland 1933 traf die AUDI-Mannschaft Momberger-Trübsbach-Loge als erste geschlossen mit zwei Stunden Vorsprung am Ziel ein und erreichte – man muß die damaligen Schotterstraßen in Rechnung stellen! – 80 km/h als Gesamtdurchschnitt.

Auch später, in den dreißiger Jahren, kam der HORCH V 8 durch die Mannschaft Graf Sandizell-Trübsbach-Hinterleitner bei der gefürchteten Dreitage-Harzfahrt und bei der Ostpreußenfahrt zu Siegerehren – bei der 2000 km-Fahrt 1934 siegte das gleiche Team als Einzelfahrer wie als Mannschaft.

Bei WANDERER gab es frühzeitig schon eine Sporttradition auf dem Motorradsektor, denn das Chemnitzer Unternehmen war bereits in den Jahren vor dem Ersten Weltkrieg eine der bekanntesten deutschen Motorradfabriken (der erfolgreich von WANDERER-Fahrern, wie Albert Schuster/Chemnitz und Ernst/Breslau, bestrittene Zuverlässigkeits- und Rennsport wurde noch bis zur Aufgabe der Motorradfabrikation im Jahr 1929 fortgeführt). Und als ab 1905 bei WANDERER auch Automobile gebaut wurden (mit dem legendären »Puppchen« beginnend), traten WANDERER-Wagen auch zunehmend bei sportlichen Wettbewerben auf. Karl-Fr. Trübsbach, der spätere AUTO UNION-Sportleiter in Düsseldorf, gewann mit dem 1,5- bzw. 1,8-Liter WANDERER u. a. 1928, 29 und 30 die Sachsenmeisterschaft, später im Team mit dem Chemnitzer Bernhard Bau (Fliegerkamerad des Barons v. Oertzen aus dem Ersten Weltkrieg) und dem Leiter der WANDERER-Werksreparatur, Dipl.-Ing. Hans Krügner, wiederholt die Obererzgebirgische Achtbergefahrt (wobei, beinahe unglaublich, bei der gewerteten Anfahrt von der polnischen Grenze bis nach Mitteldeutschland ein Schnitt von fast 100 km/h – noch ohne Autobahnen! – gefahren wurde).

Zu den großen WANDERER-Triumphen gehörte ebenfalls die 10 000 km-Fahrt des AvD durch ganz Europa. Der damalige WANDERER- (spätere AUTO UNION-)Direktor Claus Detlef v. Oertzen (der auch die Initiative zum Rennwagenbau mit zur AUTO UNION

brachte) schickte das Team Bau-Lippmann-Rudolf Hasse (später Fahrer des AUTO UNION-Rennwagens) mit dem 6/30er WANDERER auf die schwere Fernfahrt, und als einzige Mannschaft kam dieses Team strafpunktfrei ins Ziel nach Berlin. Im gleichen Jahr gewann dann WANDERER mit der Mannschaft Graumüller-Bau-Hinterleitner den Internationalen Alpenpokal – 1932 wiederholte sich dieser Mannschaftserfolg mit den gleichen Fahrern. 1934 gewann die WANDERER-Mannschaft Graf Sandizell-Trübsbach-Krämer den Alpenpokal mit dem 8/40er Sechszylinder zum drittenmal. Mit diesem Modell hatten Bau-Prinz zu Leinigen-Trübsbach übrigens schon 1933 den 1. Mannschaftspreis bei der Reichsfahrt gewonnen, und bei den 2000 km-Fahrten

1933 und 1934 war selbstverständlich WANDERER ebenfalls erfolgreich dabei: Bernhard Bau mit Ferry Porsche (dem heutigen Chef des Hauses Porsche) sowie Willy Krämer holten sich den Marken-Mannschaftspreis mit dem WANDERER-Sechszylindermotor, einer Porsche-Konstruktion.

1934 wechselte ein schneller Mann aus dem Sattel der DKW 250 und der 500er BMW-Sportmaschine zum Wagen über: Heinz Meier/Chemnitz, später Leiter der AUTO UNION-Werksreparatur in Düsseldorf und nachher in gleicher Funktion bei BMW in München. Auf Anhieb erzielte er auf seinem WANDERER-Wagen Erfolge bei zahlreichen Veranstaltungen. In der Werksmannschaft Lindner-Meier-Trübsbach bestritt er u. a. erfolg-

reich die Dreitage-Mittelgebirgsfahrt im Harz, die Brandenburgische Geländefahrt, die Winterwettbewerbe in Oberstaufen, Rottach-Egern und Altenberg-Geising sowie die Ostpreußenfahrt (um nur einige der großen Wettbewerbe zu nennen) – bis in das Jahr 1939. Seine ganz große Zeit freilich sollte erst noch kommen – nach dem Zweiten Weltkrieg, wo er, erst mit dem Zwei-, später

Bild oben: Chemnitzer Werksportwagen (mit WANDERER- und DKW-Motoren gebaut) im Einsatz bei einer Winterfahrt.
Bild unten: Heinz Meier mit Ing. Momberger als Klassensieger bei der Vorkriegs-Fernfahrt Lüttich – Rom – Lüttich.

dem Dreizylinder-DKW, als Werksfahrer der AUTO UNION alles gewann, was der internationale Langstrecken- und Rallye-Sport zu bieten hatte.

Bei DKW allerdings hatte der Sport schon wesentlich früher begonnen – eigentlich kaum, daß es in Zschopau den ersten 1,5 PS-Motor gab und Zschopauer Fahrer sich auf der Berliner Avus ihre ersten Lorbeeren holten (s. Seite 64). Die Liste der Siege, die von Werks- und Privatfahrern seit 1921 auf DKW-Serien- und Spezialrennmaschinen im Motorradsport erzielt wurden, ist heute nicht mehr lückenlos zusammenzustellen – sie war einmalig, insbesondere, nachdem DKW-Doppelkolbenmaschinen in den Jahren vor dem Zweiten Weltkrieg in den Soloklassen 175, 250, 350 und 500 cm³, zudem in beiden Gespannklassen, gegen schwerste internationale Fahrer- und Maschinenkonkurrenz bei nationalen und internationalen Rundstrecken- und Bergrennen dominierten. Und auch als nach dem Ende des Krieges die FIM Aufladeorgane (Ladepumpen und Kompressoren) für den Motorradrennsport verbot (und viele annahmen, damit sei das Ende des Zweitakters im Rennsport gekommen), gelang es in Ingolstadt, neue Rennmotoren für die Klassen 125, 250 und 350 cm³ zu entwickeln, die – als einfache Dreikanal-Zweitakter der Serienausführung weit näher stehend als die früheren aufgeladenen Motoren aus Zschopau – zu neuen Rennerfolgen kamen. Nachdem modifizierte DKW-Serienma-

DKW-Wagen (mit Front- und – vorn mitte – Hinterradantrieb) am Start zu einem Kleinwagenrennen auf der alten Berliner Avus (noch ohne die überhöhte Nordkurve).

schinen im Gelände- und im aufkommenden Motocross-Sport bis zur Aufgabe der Motorradfertigung in Ingolstadt stets zu den Klassenbesten gehörten (an anderen Stellen dieses Buches ist beider Epochen im Detail gedacht).

Namen wie die von Toni Babl, Günter Bartels, Toni Bauhofer, Karl Bodmer, Karl Braun, Otto Daiker, Rudi Felgenheier, Heiner Fleischmann, Kurt Friedrich, Hermann Gablenz, Arthur Geiss, Xaver Gmelch, Walter Hamelehle, Willy Henkelmann, Wilhelm Herz, August Hobl, Karl Hofmann, Hans Kahrmann, Herbert Kirchberg, Josef Klein, Ewald Kluge, Rudi Knees, Otto Kohfink, Otto Ley, Karl Lottes, Kurt Mansfeld, Arthur Müller, H. P. Müller, Fritz Niemeck, Bernhard Petruschke, Bernd Rosemeyer, Hans Schumann, Hans Sprung, Karl Stegmann, Oskar Steinbach, Leo Steinweg, Hans Winkler, Walfried Winkler, Siegfried Wünsche, Ernst Zündorf gehören zur Geschichte des DKW-Motorradrennsports – und stellen doch nur einen kleinen Teil der vielen Fahrer dar, die vor und nach dem Zweiten Weltkrieg mit DKW-Maschinen über kürzere oder längere Zeit erfolgreich waren.

Aber nicht nur im Motorradsport sorgten DKW-Fahrer für den sportlichen Ruhm der auf den Zweitaktmotor eingeschworenen Marke. Schon 1929 starteten die später immer wieder erfolgreichen Fahrer Gustav Menz und Gerhard Macher bei der Rallye Monte Carlo und brachten den kleinen DKW-600 cm³-Zweizylinderwagen mit Hinterradantrieb und selbsttragender Sperrholzkarosse-

rie heil ins Ziel. Um so erstaunlicher, als der Startplatz Königsberg wegen tiefer Schneeverwehungen nur über das Eis des Haffs zu erreichen gewesen war!

Der erste frontgetriebene DKW-Wagen dagegen wurde von Rasmussens Sohn Ove beim Eibsee-Rennen 1931 eingesetzt (s. Seite 22). Beeindruckend lief der noch mit einem provisorischen Triebwerk ausgerüstete Wagen der gesamten stärkeren Konkurrenz davon – und nur der Schlenker in einen Schneewall, aus dem der Wagen – noch ohne Rückwärtsgang! – nicht ohne fremde Hilfe herauskommen konnte, machte der sensationellen Demonstration ein Ende.

Tausende von erfolgreichen Einsätzen folgten. DKW-Wagen gehörten fortan zu den populärsten Wettbewerbsfahrzeugen, insbesondere nachdem später bei der AUTO UNION unter Ing. Momberger im Chemnitzer Werk Rößlerstraße eine weitgehend selbständige Sportabteilung installiert worden war, in der Wettbewerbsfahrzeuge – auf Serienbasis, aber mit geländetauglichen Spezialkarosserien und mit DKW- und WANDERER-Motoren für Werks-, Behörden- und Privatfahrer gebaut und von dort zum Einsatz gebracht wurden. WANDERER stellte den Vierzylindermotor aus dem W 24 und den Sechszylinder aus dem W 26 zur Verfügung, aus dem DKW-Programm wurden sowohl der 700er Zweizylinder als auch der 100er V-Vierzylindermotor (aus der Schwebe- bzw. Sonderklasse) zum Einbau gebracht.

238

Links: Bereits wenige Monate nach Serienbeginn startete 1931 Arne Rasmussen mit einem DKW-Frontantriebwagen bei der 10 000 km-Fahrt Berlin-Paris-Barcelona-Madrid-Lissabon-Riviera-Rom-München (als 1. Nonstop-Etappe) und weiter über Salzburg-Katschberg (damals noch 28 % Steigung!) -Sarajevo-Belgrad-Budapest-Wien-Prag-Berlin und blieb strafpunktfrei! Rechts: 1934 gewann bei der 2000 km-Fahrt das DKW-Werksteam, dem die drei Rasmussen-Söhne Hans, Ove und Arne angehörten, den Teampreis. Sie erreichten mit ihren Frontantriebswagen das Ziel Baden-Baden zwei Stunden vor der Sollzeit.

Ostpreußenfahrt, Dreitage-Harzfahrt, Brandenburgische Geländefahrt, Lüttich-Rom-Lüttich, Bergrennen in ganz Europa, die Internationale Alpenfahrt – nicht zuletzt die 2000 km-Fahrten 1933 und 1934 – stets lagen DKW-Wagen (Serienfahrzeuge wie solche aus der Chemnitzer Sportabteilung) in Front und stellten die Klassensieger, holten sich Sonder- und Mannschaftspreise. Bei der 2000 km-Fahrt 1933 kam Zentzytzki auf 1000er DKW-Schwebeklasse mit fünf Stunden Vorsprung als Erster ins Ziel, und bei der 2000 km-Fahrt 1934 holten sich DKW-Fahrer nicht weniger als 60 % der Goldmedaillen.

Bei den berüchtigten Winterfahrten bewährten sich die frontgetriebenen DKW-Wagen. Gustav Menz, Fritz Trägner und Walter Fritsching bildeten die gefürchtete »Goldene DKW-Mannschaft«, die wiederholt »Durch Bayerns Berge«, die »Fränkische Jurafahrt« und die »Dreiheidefahrt« gewann. Hans und Ove Rasmussen, W. Henning, Herbert Kirchberg, Dr. Nieders, Karl Trübsbach, Franz Kosel, E. Keidel, H. Meffert, Eduard Voigt – nur eine kleine Auswahl der erfolgreichen Wettbewerbsfahrer jener Jahre auf DKW-Wagen.

Die Vorbereitungen für die geplante große Fernfahrt Berlin-Rom 1939 liefen auf Hochtouren, zweisitzige Stromlinien-Limousinen mit Leichtmetall-Karosserien waren für alle vier Marken vorbereitet worden (für die frontgetriebenen DKW-Wagen Zweizylinder-Vierkolbenmotoren mit doppelwirkender Ladepumpe, Variante der bulligen Motorrad-Gespannmotoren) – als der Krieg ausbrach und alle sportlichen Ambitionen jäh beendete.

Bild unten: Eines der für die Fernfahrt Berlin-Rom 1939 vorbereiteten Leichtmetallcoupés – DKW-Ausführung mit Frontantrieb und Vierkolben-Zweitaktmotor mit Ladepumpe.

Aber so wie schon kurz nach Kriegsende, zunächst auf der Basis privater Initiativen, in beiden Teilen Deutschlands der Motorradsport wieder begann, wie dann aus Zschopau wie aus Ingolstadt die ersten werksunterstützten Fahrer auf in den Werken hergestellten Rennmaschinen starteten – so war DKW im Westen Deutschlands auch bereits 1951 im Wagensport wieder präsent – ebenfalls zunächst mehr oder weniger aufgrund privater Initiative. So gewann Heinz Meier die erste Goldmedaille 1951 lmit dem Düsseldorfer DKW F 89 (der »neuen« Meisterklasse mit 700er Zweizylindermotor und Frontantrieb) bei der Winterfahrt Garmisch-Partenkirchen. 1952 und 53 kann er diesen Erfolg wiederholen und sich damit den Erfolgen anschließen, die inzwischen Gustav Menz schon mit der neuen DKW-Sonderklasse (mit dem Dreizylindermotor, ebenfalls mit Frontantrieb) erzielt hat. Gemeinsam sind die beiden Fahrer dann bei der Internationalen Rallye Travemünde und der Rallye Düsseldorf siegreich. Zusammen mit Karl Trübsbach holt Heinz Meier den Gesamtsieg bei der Achtstundenfahrt Weser-Ems 1953 (auf dem inzwischen mit Vierganggetriebe ausgerüsteten Zweizylinder-Modell), wobei ein Gesamtdurchschnitt von 103 km/h über 800 km herausschaut. Abschluß dieses erfolgreichen Jahres bilden Meiers Ersteinsatz mit dem Dreizylinderwagen F 91 und sein Klassensieg bei der 5. Tour de Belgique, den er in den darauffolgenden Jahren noch zweimal gegen internationale Konkurrenz wiederholen kann.

Die drei siegreichen DKW-Wagen – ohne Panne, ohne Beulen – am Ziel der Rallye Monte Carlo 1953.

1954 wurde dann in Düsseldorf die Werks-Sportabteilung installiert, deren Leitung Karl-Fr. Trübsbach übernahm und die er sofort auf ein hohes Ziel ansetzte: die Europa-Tourenwagen-Meisterschaft. Der DKW-Dreizylinder F 91 und die Mannschaft Gustav Menz-Heinz Meier – Walter Schlüter erscheinen als erfolgsichere Kombination. Heinz Meier eröffnet mit dem Gewinn der Rallye Monte Carlo die Saison, Rallye Great Britain, Wiesbaden, Mitternachtssonne, Tulpen-Rallye und Rallye Genf folgen, bei der Tour de France wird der DKW bester europäischer Tourenwagen aller Klassen.

Schlüter - Menz - Meier – das Erfolgsteam der AUTO UNION auf DKW-Frontantriebswagen.

In der Reihenfolge Schlüter-Menz-Meier gewann 1954 die AUTO UNION die Europa-Tourenwagen-Meisterschaft »Alle gegen Alle« auf den ersten drei Plätzen, Heinz Meier dazu noch die Deutsche Tourenwagen-Meisterschaft, außerdem den Klassensieg bis 1000 cm^3 bei der Mille Miglia und bei einer Anzahl nationaler Wettbewerbe sowie der Tour de Belgique. Neben diesen Siegen konnte die Mannschaft Mantzel/Hopfen die Rallye Soleil im Generalklassement gewinnen, und bei der Rallye Solitude errang Eberhard Mahle auf Dreizylinder-DKW den Klassensieg, während das Team Mantzel/Schulz/Vogt sich als beste Markenmannschaft platzieren konnte.

Der DKW-Dreizylindermotor erwies sich als besonders geeignetes Objekt zur Leistungssteigerung, und zahlreiche Zweitakt-Experten in- und außerhalb des Werks befaßten sich mit dem erfolgsicheren Tuning gerade dieses im Aufbau so einfachen Motors. Dabei gab es verschiedene, bis über 100 PS reichende Leistungsstufen. Die Bilder dieser Seite zeigen Einzelheiten des Motors, den der bekannte Tuner und Rennfahrer Gerhard Mitter/Leonberg für ein Lotus-Rennwagen-Chassis vorbereitet hatte. Im angeblockten VW-Getriebegehäuse hatte er ein Sechsgang-Getriebe untergebracht.

Dazu wurde der Holländer Gatsonides Gesamtsieger bei der Rallye Limousin, die Rallye Maroc sah als Klassensieger und Zweiten im Gesamtklassement Hue-Monod – der DKW-Dreizylinder F 91 als Wagen der Sieger!

1955 blieb die Werksmannschaft weiter erfolgreich. Sven v. Schroeter wurde Deutscher Tourenwagenmeister. Durch einen schweren Unfall schied Heinz Meier, der jetzt mit Hermann Luba fuhr, bei der Fernfahrt Lüttich-Rom-Lüttich am Gavia-Paß aus, und von weiterem Pech verfolgt mußte Meier in der vorletzten Stunde wegen Benzinpumpenschadens auch beim 24-Stunden-Rennen in Le Mans aufgeben. Trotzdem reichten seine Erfolge auch in diesem Jahr noch zum dritten Platz in der Europa-Meisterschaft hinter weit stärker motorisierten Konkurrenten.

Mit ihren Erfolgen hatte die DKW-Werksmannschaft nicht nur Leben in das internationale Sportgeschehen gebracht, sondern auch den Privatfahrersport angeregt. Deshalb wurde der Werkssport nun zu Gunsten der Privatfahrer-Einsätze mehr und mehr eingeschränkt. In Düsseldorf konzentrierte man sich auf die großen Einsätze, auf Monte Carlo, Le Mans, Rallye Akropolis, die Deutschland/Wiesbaden- und die Mitternachtssonnen-Rallye, die von Meier, Schlüter und Menz in ihrer Klasse, z. T. auch im Gesamtklassement, gewonnen wurden. Oft belegten nun sechs und mehr DKW-Fahrer die ersten Plätze, waren 20–30 DKW-Wagen am Start. Zu den erfolgreichsten Fahrern gehörten in jenen Jahren die Schweizer Meister Stefan Brugger, Robert Meyer und Fausto Meyrat, Alfred Hartmann, Gustav Schmutz, Willy Weber, der belgische Meister Emile Holvoet, Julian/Paris, Francis Petit/Belgien, A. W. Mantzel, Eberhard Mahle, Hermann Vogt, Wolfgang Levy, der luxemburgische Meister René Bintner, der norwegische Meister Leif Vold-Johansen, die Schwedin Greta Molander, Madame Wagner und Madame Blanchent, Siegfried Eikelmann, Otto Brindl, Grosgogeat/Nizza, Hans Schellhas, Helmut Sinn, die Holländer Jan Flinterman und Henk van Zalinke, der Münchner Vlanden und der Innsbrucker Walter Schatz. Besonders erfolgreich war Hubert Brand auf Spezial-Tourenwagen, die unter seiner Regie im Ingolstädter Werk hergerichtet wurden.

Privater Initiative entsprang der Gedanke, DKW-Rekordversuche durchzuführen. Heinz Meier und Günter Ahrens betrieben die Vorbereitungen, und im Dezember 1956 war es dann soweit: die Mannschaft Meier-Ah-rens-Theiler-Barbay trat auf der Monza-Bahn mit einem kunststoff-karosserierten DKW 3 = 6 900 cm³ an und erreichte in der Klasse G (bis 1100 cm³) neue Weltrekorde über 4000 Meilen, 48 Stunden, 5000 Meilen, 10 000 km und 72 Stunden, wobei die bisher bestehenden Bestleistungen wesentlich übertroffen wurden – mit 140,961 km/h Durchschnitt über 48 Stunden beispielsweise um mehr als 16 km/h.

Das Team, das 1956 mit dem DKW 3 = 6 mit Kunststoff-Karosserie auf dem Autodrom von Monza eine Reihe neuer Weltrekorde aufstellte. Von links: Meier-Ahrens-Barbay-Theiler.

Mit der Ausschreibung einer AUTO UNION DKW-Trophäe fand die Förderung des Privatfahrersports ab 1958 ihre Krönung, erweiterte sich rasch der Kreis der aktiven DKW-Sportfahrer. Gleichlaufend häuften sich die Erfolge auf DKW-Wagen in Europa und Übersee. Allein im Dezennium bis 1964 errangen DKW-Fahrer über 100 Meisterschaften, 150 Gesamtsiege, 35 erste Meisterschaftssiege und rund 2500 Klassensiege.

Die Erfolgreichsten wurden ab 1960 bis zum Auslaufen der sportlichen Aktivitäten mit DKW-Wagen alljährlich in einem »Ehrenblatt« festgehalten, dessen wechselnde Namen Beweis für die Beliebtheit des DKW-Dreizylinder-Zweitaktwagens im Kreis sportlich interessierter Privatfahrer ablegten.

Nach erfolgreichen Jahren das Ende der Marke DKW

Nachdem feststand, daß der Zschopauer Chefkonstrukteur Hermann Weber sein früheres Aufgabengebiet nicht wieder übernehmen konnte, das DKW-Motorradprogramm aber beträchtlich ausgeweitet werden sollte, wurde vom Vorstand der AUTO UNION GmbH Ing. Nikolaus Dörner (ehemals in der Chemnitzer Zentralversuchsabteilung tätig) mit der Leitung der Motorrad-Konstruktionsabteilung betraut. Auch er war kein DKW-Mann – aber gehörte nun zu einem »Triumvirat« mit Ing. Herbert Kirchberg (dem Leiter des Motorrad-Versuchs) und Ing. Franz Ischinger (als Leiter der Motorrad-Fertigung) – beide ausgefuchste DKW- und Motorrad-Experten. So befand sich mit dieser personellen Besetzung die DKW-Motorradsparte wieder in besten Händen – die steigenden Fertigungs- und Absatzziffern (bis auf 8000 monatlich) bewiesen, daß die DKW-Motorradmodelle, wie ihre Vorkriegs-Vorläufer, durchaus marktgerecht waren.

Parallel zur Entwicklung und Fertigung der Serienmaschinen lief auch, zunächst weit bescheidener als einst in Zschopau, die Entwicklung von Rennmaschinen wieder an. Für diese Aufgabe hatte man sich Erich Wolf aus Wiesbaden nach Ingolstadt geholt, der durch erfolgreiche Tuningsarbeiten an privaten DKW-Motoren (u.a. denen von Carl Döring) sein Können bewiesen hatte. Bis zum Inkrafttreten des Kompressorverbots der FIM 1951 entstanden unter seiner Leitung neue Rennmaschinen für die 125er Klasse mit Doppelkolbenmotoren und Hilfs-Ladepumpe, ab 1951 dann – was zunächst für aussichtslos gehalten wurde – Ein- und Zweizylinder-Rennmaschinen ohne zusätzliche Ladeorgane, die teilweise zu erstaunlichen Leistungen gebracht wurden.

1953 gelang Wolf dann der große Wurf mit der 350er Dreizylinder-Rennmaschine. Nachdem Wolf deren Wei-terentwicklung auf Anweisung des neuen technischen Direktors, des Herrn v. Eberan, an Helmut Görg abgeben mußte, konnte dieser Wolfs Werk vollenden und die Dreizylindermaschine zum der Viertaktkonkurrenz ebenbürtigen, ja oft überlegenen Gegner machen. Zuletzt – ehe 1956 die Rennbeteiligung werksseitig aufgegeben wurde – gelang noch die Ableitung einer sehr schnellen Einzylinder-125er Rennmaschine aus der Dreizylinder-Konzeption.

Aber nicht nur für den Straßenrennsport gab es in Ingolstadt über Jahre neue, erfolgreiche Maschinen. Dörners Konstruktionsbüro sorgte auch durch Modifikationen der 125er, 175er, 250er und 350er Serienmaschinen für den Einsatz bei Gelände- und Motocross-Wettbewerben noch bis 1958 dafür, daß bei diesen Veranstaltungen – national und international – die Marke DKW so gut repräsentiert war wie in den Vorkriegsjahren.

Bei den Serienmodellen der Motorräder hatte schon das Jahr 1951 den Anlauf neuer Typen gebracht. Das (ursprünglich noch ganz dem Vorkriegsstand entsprechende) Modell RT 125 W wurde im Laufe der Jahre in mehreren Stufen weiterentwickelt und leistungsgesteigert – 1951 wurden allein davon über 30 000 Stück gebaut. Eine Programmergänzung bildeten in diesem Jahr die RT 175 und RT 200, von denen 1951 bereits über 12 000 Einheiten gefertigt wurden. Gegen Jahresende lief dann noch eine weitere Neukonstruktion an, das Modell RT 250 – wie die beiden anderen ebenfalls mit einem Einzylinder-Zweitaktmotor ausgerüstet und ganz in der typischen DKW-Linie gehalten.

Und während der Schnellaster 1951 mit mehr als 7000 Stück zur Auslieferung kam, steigerte sich die im Vorjahr im neuen Werk Düsseldorf angelaufene Pkw-Fertigung 1951 auf knapp 15 000 Wagen.

Als aus Anlaß seines 65. Geburtstags Dr. Bruhn am 25. Juni 1951 die soeben fertiggestellte größte Werkshalle in Düsseldorf (die auf seinen Namen getauft wurde) einweihte, schien ein Höhepunkt in der Nachkriegsentwicklung der AUTO UNION erreicht zu sein, und die Vorzeichen für eine weitere Aufwärtsentwicklung schienen günstig.

Aber die glänzende Fassade täuschte etwas. Noch gab zwar die in einem kaum für möglich gehaltenen Wiederaufstieg befindliche deutsche Gesamtwirtschaft keinen Anlaß zu Besorgnissen – das »Deutsche Wirtschaftswunder« zeigte sich in seinem ganzen Glanz. Aber nicht nur Dr. Bruhn stand unter der sorgenvollen Erkenntnis, daß das innere Gefüge der AUTO UNION nicht so sei, wie es als Voraussetzung für einen zweifellos härter werdenden Konkurrenzkampf gerade in der Kraftfahrzeugindustrie hätte sein müssen. Der alte Dualismus Viertakt/Zweitakt machte sich wieder mehr und mehr bemerkbar. Der technische Apparat, insbesondere soweit er die Automobilfertigung betraf, war überwiegend mit ehemaligen Mitarbeitern des Werks HORCH besetzt – und es wäre erstaunlich gewesen, wenn ihre aus der Vorkriegszeit stammende Mentalität nicht früher oder später wieder zum Vorschein gekommen wäre.

Im Gegensatz zu dieser Divergenz im Kreise der Techniker stand Dr. Hahn als Leiter des Vertriebsbereichs. Schon von jungen Jahren her war er nicht nur selbst von der Zukunftsträchtigkeit des Zweitaktverfahrens ebenso überzeugt wie vom Frontantrieb – er war auch in geradezu einmaliger Weise befähigt, die eigene Überzeugung und Begeisterung anderen weiterzugeben. Kein Zweifel, daß von dem von Dr. Hahn geführten Personenkreis, der sich der Marke DKW verbunden fühlte, ganz wesentlich die Aufstiegsimpulse der Nachkriegsjahre ausgingen.

Aber trotzdem fühlte wohl die Unternehmensleitung, daß das in so steilem Aufstieg Erreichte nun einer Konsolidierung und einer präzisen technischen Zukunftsplanung bedürfe. So wurde noch 1951 ein zentrales Konstruktionsbüro geschaffen, das einer neu hinzugekommenen Kraft unterstellt wurde – aber das erwies sich als Fehlschlag, 1955 trennte man sich wieder von diesem Mitarbeiter, ohne daß es gelungen wäre, konkrete Zielpunkte für die Zukunft zu setzen.

Zu allem Unglück war 1953 Dr. Hahn schwer erkrankt, ein akutes Leiden verdammte ihn für einige Zeit zur Untätigkeit. Im gleichen Jahr aber wurde Prof. Dr. Eberan in die Geschäftsführung berufen, um das technische Gewicht im Führungsgremium zu verstärken. Dr. Eberan war vor dem Krieg in der Rennwagenentwicklung der AUTO UNION in führender Position tätig gewesen und hatte dann bis Kriegsende eine Professur an der Technischen Hochschule Dresden innegehabt. Nach Kriegsende hatte er in der englischen Automobilindustrie neue Erfahrungen gesammelt. Aber noch ehe die von ihm eingeleiteten Maßnahmen (die u.a. auch die Entwicklung einer Kunststoffkarosserie betrafen) zum Tragen kommen konnten, wandelte sich die wirtschaftliche Situation in Deutschland.

Zunächst hatten die Verkaufsziffern bei Motorrädern nachzulassen begonnen. Die RT 125 wurde im letzten Jahr ihrer Bauzeit nur noch mit ca. 3500 Stück ausgeliefert. Die RT 175/200 erreichten ihren Fertigungshöchststand mit ca. 30000 Stück im Jahr 1954, durch den schwächer werdenden Markt für Motorräder sank diese Zahl bis 1956 auf 21000 ab. Auch der RT 250 ging es nicht anders: 1953 erreichte sie ihre maximale Produktionsziffer mit 27700 Einheiten, 1956 war sie auf rund 9000 Stück abgesackt. Und von der zuletzt ins Motorradprogramm genommenen RT 350, einer sportlichen Zweizylindermaschine, deren Serienanlauf unter einigen technischen Schwierigkeiten 1953/54 erfolgt war, wurden 1955 noch rund 4000 Stück zur Auslieferung gebracht – 1956 nur noch wenig mehr als 1000.

Die große Zeit des Motorrades schien vorbei – Ernst Wilhelm Sachs sagte es zu dieser Zeit unverblümt in einer Wirtschaftspresse-Konferenz in Schweinfurt: »Das Motorrad ist tot.« Die Auswirkungen des Wirtschaftswunders trafen diese Fahrzeuge, die die ersten Träger der Motorisierung nach dem Krieg gewesen waren und die den wirtschaftlichen und persönlichen Aufstieg so vieler begleitet hatten, mit voller Härte. Es galt nun nicht mehr als sportlich und als Ausdruck spartanischer Härte, sich, kaum geschützt, Wind und Wetter auszusetzen – und vor allem waren es die Frauen, die noch eher als die Männer zum Nachbarn schielten, der, wenn auch vielfach noch kein »richtiges« Auto, so doch sich und seinen Mitfahrern wenigstens ein primitives Vierrad-Fahrzeug mit einem Dach überm Kopf bieten konnte.

Da kam auch die Entwicklung des DKW-Motorrollers »Hobby« genauso zu spät wie der gleiche Versuch bei Konkurrenzfirmen, auf den wenigstens etwas mehr Wetterschutz bietenden Motorroller auszuweichen. Der mit seinem gebläsegekühlten 75 cm³-Motor und der Uherschen stufenlosen Riemenautomatik technisch pfiffige Hobby-Roller lief 1954 mit etwa 1000 Stück Jahresproduktion an, 1955 konnten rund 26 000 Stück abgesetzt werden – aber schon 1956 waren es, als die Rollerfertigung an die französische Firma Manurhin abgegeben wurde, nur noch gut 14 000.

KLEINSTWAGEN, ROLLER UND MOPED

Als kurz nach dem Eintritt Dr. Werners (des ehemaligen technischen Vorstandsmitglieds der Vorkriegs-AUTO UNION) in die Geschäftsführung der AUTO UNION GmbH 1956 Prof. Dr. Eberan die Firma wieder verließ, wurden aussichtsreiche Versuche mit einem zuerst drei-, später viersitzig geplanten Kleinstwagen mit Kunststoffkarosserie als Motorrad-Ablösung nicht mehr weitergeführt. Dafür kam, vornehmlich auf Initiative Dr. Hahns (der nach überstandener Krankheit zunächst wieder ganz als der alte erschien, dann aber 1957 auf Anraten seines Arztes doch aus dem aktiven Dienst ausschied und 1961 verstarb), 1956 zum ersten Mal auch ein DKW-Moped auf den Markt – von der etablierten Konkurrenz mit um so größerem Mißfallen registriert, als die »Hummel« als erstes Moped mit Dreiganggetriebe für einige Verwirrung sorgte. (»Hummel« hieß das kleine Tretkurbel-Fahrzeug in Übernahme des Typennamens, den nach anders ausgegangenem Krieg ein »motorisiertes Hinterrad« – ähnlich der »Saxonette« von Fichtel & Sachs – tragen sollte und für das in der Nähe des Chemnitzer Bernd-Rosemeyer-Komplexes ein neues Fertigungswerk mit zunächst 1500 Stück Tagesausstoß projektiert war – siehe Seite 55.) Immerhin wurden gleich im ersten Jahr ca. 20 000 und dann insgesamt bis zum Zweirad-Produktionsende 1958 noch rund 177 000 Exemplare des »Hummel«-Mopeds in Ingolstadt ausgeliefert. Aber auch hier war man zu spät dran, nach Jahren der Hochkonjunktur erlebte damals das Moped seine erste Fahrt in die Talsohle. Und als sich später neues Interesse für Mopeds (bzw. Mofas) zeigte, gab es – nun in Nürnberg – von der »Hummel« nur noch den Namen. Im Werk Düsseldorf hatte die Automobilproduktion 1950

mit dem F 89 P begonnen, der als »Neue Meisterklasse« den traditionellen DKW-Frontmotor im Gegensatz zu den Vorkriegsmodellen nicht mehr hinter, sondern – wie der Schnellaster – vor der Vorderachse trug. Leichtmetall-Zylinderkopf mit geänderten Brennräumen, Fallstromvergaser und außer anderen Detailänderungen eine moderne Auspuffanlage mit Vorschalldämpfer unmittelbar hinter dem Auspuffkrümmer, brachten nicht nur 23 statt früher 20 PS Maximalleistung des 700er Zweizylinders, sondern auch einen günstigeren Drehmomentverlauf, höhere Drehfreudigkeit in den Gängen und bessere Verbrauchswerte. Eine ganze wesentliche weitere Verbesserung stellte 1953 der Übergang vom Drei- zum Vierganggetriebe und gleichzeitig von der motorradmäßigen (hinsichtlich der Schmierung des die Naßkupplung einschließenden Primärtriebs sehr heiklen) Mehrscheiben-Ölbadkupplung zur Einscheiben-Trockenkupplung dar. Auch die DKW-typische Dynastartanlage, vor dem Krieg im Chemnitzer Elektrowerk Rößlerstraße gefertigt, erfuhr in ihrer Nachkriegsversion eine beträchtliche Umgestaltung. Sie wurde nun im Werk Spandau (wo auch die Zahnradfertigung erfolgte) nicht mehr mit dem den Flachbahnkollektor im Grund tragenden schweren Glockenanker gebaut, sondern mit kleinerem Trommelanker und außenliegenden Feldspulen für Lichtmaschinen- und Anlasserfunktion.

Die einstige kunstlederbespannte Sperrholzkarosserie war durch eine Ganzstahlkarosserie ersetzt worden, die bereits vor Kriegsbeginn im ZKB (Zentralkonstruktionsbüro) Chemnitz für den projektierten Dreizylinderwagen F 9 entstanden war und für die die Preßwerkzeuge in Westdeutschland zur Verfügung standen.

1953 wurde der mit ingesamt etwa 60 000 Stück gebaute F 89 durch das Modell F 91 abgelöst, das – nun zum vierten Mal in der Geschichte der DKW-Automobile – den Namen »Sonderklasse« trug. Dieses Modell war schon vor dem Krieg, als Nachfolger des F 8, im ZKB entstanden und sollte 1940 in Serie gehen. Der 900er Dreizylindermotor mit zunächst 32, später 42 PS mit angeblocktem Viergang- und Ausgleichgetriebe lag (wie der Zweizylindermotor des F 89) vor der Vorderachse. Der Kraftfluß ging, wie schon beim AUTO UNION-Rennwagen Prof. Porsches, von der Kurbelwelle mit der Trockenkupplung zunächst über dem Ausgleichgetriebe durch ins Vierganggetriebe (mit Freilauf) und von diesem zurück zum Ausgleichgetriebe, von dem aus die beiden seitlichen Wellen mit homokinetischen Gelenken zu den Vorderrädern führten. In sechs verschiedenen Modellen wurde dieser ebenso schnelle wie formschöne Wagen bis 1955 gebaut. Dann wurde er durch den »Großen DKW 3 = 6« abgelöst, eine um 10 cm verbreiterte und motorisch verstärkte »Sonderklasse«, die bis 1959 gebaut wurde.

Schon 1953 war von der AUTO UNION auch mit der Fertigung eines vierradgetriebenen viersitzigen Geländewagens, dem MUNGA, begonnen worden. Gegen starke Konkurrenz gelang es, Lieferant der Bundeswehr zu werden. Doch auch auf dem zivilen Sektor fand der Wagen, der übrigens schon nicht mehr unter dem Namen DKW angeboten wurde, Käufer.

1956 trat Dr. Bruhn in den Ruhestand, sein Nachfolger wurde Dr. Henze, der nun zusammen mit Dr. Werner die Geschäftsführung innehatte.

DAIMLER-BENZ STEIGT EIN

Am 1. Januar 1958 übernahm die Daimler-Benz AG alle Gesellschaftsanteile der AUTO UNION GmbH. Die Transporterfertigung wurde ganz auf-, die Motorradfertigung (nachdem seit der Wiederaufnahme in Ingolstadt insgesamt 519 000 Motorräder und Mopeds gebaut worden waren) mit dem Recht, für motorisierte Zweiradfahrzeuge die Marke DKW zu führen, an die neugegründete Nürnberger Zweirad Union abgegeben. Ing. Ischinger ging als Technischer Direktor zusammen mit einem kleinen Stamm von Konstrukteuren mit nach Nürnberg.

Dorthin gelangten auch, soweit nicht gleich noch in Ingolstadt verschwunden bzw. verschrottet, die Reste der Rennmaschinenfertigung – immer noch viele Teile und einige komplette Maschinen, die dann in Nürnberg zum illusionslosen Ausverkauf kamen.

In Nürnberg war man – verständlich im Hinblick auf den nicht nur in Deutschland weitgehend zusammengebrochenen Motorradmarkt (von dem schon so traditionsreiche Nürnberger Marken wie Victoria, Triumph und Zündapp verschwunden waren) – nicht geneigt, die Ingolstädter Motorradfertigung auch nur teilweise fortzuführen. Noch während des ersten Jahres verließen deshalb die übernommenen Konstrukteure Nürnberg wieder und gingen nach Ingolstadt zur Übernahme anderer Aufgaben zurück.

DKW IN NÜRNBERG

Der Name DKW lebte zunächst in Nürnberg nur in einigen (gleichzeitig unter der Marke Victoria verkauften) Moped- und Kleinkraftrad-Modellen, später auch in einem 125er Straßenmodell sowie in Geländesport- und Motocross-Maschinen fort, die samt und sonders mit Motoren von Fichtel & Sachs ausgerüstet waren. Und auch als auf Ischingers Initiative nochmals eine Baureihe mit 50, 75, 100 und 125 cm³-Einzylindermotoren aus eigener Entwicklung in einem netten Doppelrohr-Fahrgestell zur IFMA 1962 vorgestellt worden war (von der dann lediglich das Modell TS 159 mit dem 50 cm³-Motor für die Serienfertigung übrigblieb), ließ sich diese Konzeption nicht halten: auch die Zweirad Union erwies sich als nicht lebensfähig, Fichtel & Sachs stiegen in Nürnberg ein, und ihr Tochterunternehmen, die Nürnberger Hercules-Werke, übersiedelte aus der Fürther Straße in die geräumigeren und ausbaufähigen Werksanlagen in Nürnbergs Nopitschstraße. Als erstes wurde der DKW-Motor in der TS 159 durch einen Sachs-Motor ersetzt.

An eine Weiterführung der DKW-Rennmaschinen-Entwicklung war natürlich unter den herrschenden Verhältnissen in Nürnberg schon gar nicht zu denken. Zwar holte Dir. Ischinger sich Erich Wolf zurück und beauftragte ihn mit der Entwicklung eines 50 cm³-Rennmotors für Grand-Prix-Einsatz. Mit bescheidensten Mitteln versuchte Wolf – seit Jahren aus der inzwischen stürmisch fortgeschrittenen Zweitakterentwicklung herausgerissen – diese Aufgabe mit einem Motor zu lösen, dessen Einlaß mit einem Walzenschieber gesteuert werden sollte. Ein hoffnungsloses Unterfangen, das bald zugunsten einiger Prototypen eines schlitzgesteuerten Rennmotors wieder aufgegeben wurde, zumal sich Dir. Ischinger in den Ruhestand und in sein Häuschen am Rande Ingolstadts zurückzog. Erich Wolf dagegen wurde mit einer nicht minder hoffnungslosen Aufgabe beschäftigt: einem Zweitakt-Stufenkolben-Dieselmotor, der den im »Kraka« (dem »Kraftkarren« der Zweirad Union) verwendeten Goggomobil- bzw. BMW-Motor ablösen sollte. Über dieser Aufgabe ist Erich Wolf dann 1970 nach schwerem Leiden verstorben.

Nürnberg aber war die letzte Station der DKW-Motorräder. Es gab niemanden – in Ingolstadt sowenig wie in Nürnberg und natürlich schon gar nicht in Untertürk-

Dir. Ischinger versuchte noch einmal, bei der Nürnberger Zweirad-Union echte DKW-Tradition aufleben zu lassen – von der geplanten (und auch schon auf der IMFA vorgestellten) Baukastenreihe mit 50, 75, 100 und 125 cm^3 blieb aber (unter der Modell-Bezeichnung 159) nur die 50er Variante übrig.

In Anlehnung an den in Ingolstadt entwickelten Prototyp in neuer DKW-Konzeption (s. Seite 200) entstand in Nürnberg dieses Fahrzeug (das als Victoria wie als DKW angeboten wurde), für das sich die Zweirad-Käufer aber nicht begeistern konnten. (Böse Zungen nannten es »Die Blechbanane«, und ein Fachmagazin schrieb, hier werde »der Motor im Körbchen und der Scheinwerfer in der Tüte« geliefert). Technologisch war das Ganze aber ein interessanter Versuch.

Als dann Hercules bzw. Sachs die Werksanlagen von Victoria bzw. der Zweirad-Union in Nürnbergs Nopitschstraße übernahmen, wurde der DKW-Motor sofort durch einen Sachs-Motor ersetzt, der in einem modifizierten Hercules-Rückgratrohrrahmen (mit angeschraubten Unterzugrohren) saß.

Später gab es dann die 159 TS auch nochmal als RT 159, wiederum mit einem 50er Sachs-Motor.

Eine Zeitlang verkaufte Hercules seine (später als »Sachs« im Geländesport eingesetzten) GS- und MC-Modelle in Italien unter dem Namen DKW.

Und auch diese »RT 125« aus Nürnberg hatte natürlich einen Sachs-Motor – nur das Tankemblem und die Kurzbezeichnung RT erinnerten noch an eine einst ruhmreiche deutsche Motorrad-Marke.

heim –, der für die Zukunft des Motorrades zu jener Zeit auch nur einen roten Heller gegeben hätte. Die Chance, wenigstens eine kleine Zelle durchzuhalten, um bereit zu sein, falls eines Tages (wie ein paar »ganz Verbohrte« annahmen) das Motorrad ein Comeback erleben würde, wurde in Ingolstadt und Nürnberg genauso vertan wie in Neckarsulm. Das Feld wurde kampflos denen überlassen, die weitsichtiger waren – den Japanern.

So verlosch sang- und klanglos eine der einst berühmtesten Motorradmarken der Welt – DKW – nach vierzig glanzvollen Jahren.

*

Da Daimler-Benz das Werk Düsseldorf anderweitig nutzen wollte, wurde 1958 in Ingolstadt mit dem Bau eines ganz neuen Werks »auf der grünen Wiese« begonnen – einer hochmodernen Automobilfabrik. Und während in Düsseldorf zunächst noch die Produktion der AUTO UNION 1000-Modelle (von denen zwischen 1957 und 1962/63 mehr als 58000 hergestellt wurden) weitergeführt wurde und schließlich auslief, begann im Ingolstädter »Neuen Werk« bereits im August 1959 (nach anderthalbjähriger Bauzeit!) die Produktion des DKW-Junior, von dem 1960 schon über 60000 Stück zur Auslieferung kamen.

1961 wurde das Junior-Programm durch den »Junior de Luxe« erweitert (mit 800- statt bisher 750 cm³-Dreizylindermotor. 1963 löste der F 11 den Junior ab, und gleichzeitig lief, mit auf 900 cm³ gebrachtem Dreizylindermotor), der F 12 bis 1965 von den Ingolstädter Bändern (die neuen Dreizylindermotoren waren sämtlich kurzhubiger als die Modelle in der »Vor-Junior«-Zeit, in der insgesamt etwa 350000 DKW-Frontwagen gebaut wurden).

VW ÜBERNIMMT

1962 schied Dr. Werner aus der Geschäftsführung aus, an seine Stelle trat Hans A. Stoehr. 1964 verstarb nicht nur Jörgen Skafte Rasmussen, sondern (am 8. Juli) auch Dr. Bruhn. Das Stammkapital der AUTO UNION GmbH wurde auf 160 Millionen erhöht, die Erweiterung übernahm die Volkswagenwerk AG, später auch die Stammanteile von Daimler-Benz, so daß die AUTO UNION GmbH (ohne das Werk Düsseldorf) in den Besitz von VW (bzw. der AUDI NSU AUTO UNION AG) überging.

1964 ging noch mal ein neuentwickelter DKW-Frontwagen mit Dreizylinder-Zweitaktmotor in Serie, das Modell F 102 mit 1175 cm³ Hubraum und 60 PS Leistung – und erstmals in der Geschichte der DKW-Frontwagen nicht mehr mit Fahrgestellrahmen, sondern selbsttragender Ganzstahl-Karosserie.

1965 wurde die Produktion der AU 1000-Modelle endgültig (nach ca. 194000 gelieferten Einheiten) eingestellt, ebenso die der Modelle F 11 und F 12.

Im gleichen Jahr schieden Dr. Henze und Hans A. Stoehr aus der Geschäftsleitung, an ihre Stelle traten Rudolf Leiding, der spätere Volkswagenwerk-Chef, und Ludwig Kraus, der bereits seit Januar 1964 stellvertretender Geschäftsführer (für die Entwicklung) war und von dem der Vierzylinder-Viertaktmotor geschaffen wurde, der im ab September 1965 in Ingolstadt gefertigten neuen AUDI (72 PS) den Zweitaktmotor des DKW F 102 ablöste.

Der F 102 aber lief Anfang 1966 aus – und damit war auch auf dem Automobilsektor das Ende der Marke DKW gekommen, nachdem allein von der Nachkriegs-AUTO UNION nahezu 1 Million DKW-Frontwagen gebaut worden waren.

DKW als Wegbereiter für Zweitaktmotor und Frontantrieb

Zwei technische Konzepte, die für ihre Zeit und die Fahrzeuge, in denen sie zur Anwendung kamen, ungewöhnlich waren, haben eindeutig die DKW-Geschichte bestimmt.

Einmal war es der Zweitaktmotor. Sein Arbeitsverfahren war, als Jörgen Skafte Rasmussen 1919 seinen ersten Zweitaktmotor nach den Vorschlägen von Hugo Ruppe bauen ließ, längst bekannt. Und es hatte auch schon zahlreiche Fahrzeugmodelle, insbesondere Motorräder, gegeben, die, mit Zweitaktmotoren ausgerüstet, industriell gefertigt und in aller Welt vertrieben wurden. Aber es hat in den rund fünfzig Jahren, in denen DKW-Zweitaktmotoren zur Verwendung in Motorrädern, Aggregaten und Automobilen produziert wurden, keine andere Zweitaktmarke gegeben, die auch nur annähernd die DKW-Stückzahlen erreichen konnte. Und wer – zu jener Zeit – diesen Zahlen näherkam, dem war das nicht zuletzt dadurch möglich, weil Rasmussens DKW-Motoren von diesem Arbeitsverfahren das Odium des technisch Primitiven, Geräuschvollen, mit hohem Verbrauch und kurzer Lebensdauer Behafteten genommen hatten.

Das vor allem, nachdem DKW-Motoren mit der mechanisch einfachen, technisch aber so logischen und wirkungsvollen Umkehrspülung aufwarten konnten. Das zähe Bemühen eines Großteils der Konkurrenz, ihre Zweitaktmotoren ebenfalls mit einer so vorteilhaften Spülung, dadurch bedingt mit flachem Kolbenboden und dank thermischer Gesundheit leistungsstark, elastisch, ruhig, sparsam und dauerhaft bauen zu können, kennzeichnete, welche Verbesserung des einfachen (für die Alltagspraxis allein geeigneten) Dreikanal-Zweitakters die Schnürle-Umkehrspülung bedeutete. Ihre ausnahmslose Übernahme (und Weiterentwicklung) im

internationalen Zweitaktmotorenbau nach Wegfall des Patentschutzes beweist, daß es nichts Besseres gab als das, was DKW seit 1932 mit diesem Spülverfahren als Trumpf besaß.

Daß ein so gebauter Zweitakt-Ottomotor dem unbestreitbar im mechanischen Aufwand, seinen Bauausmaßen und Gewichten und seinem Arbeitsverfahren unwirtschaftlicher Viertaktmotor für den Alltagsgebrauch in einer Vielzahl von Anwendungen überlegen ist, wird heute kaum noch bestritten. Daß aber der Zweitaktmotor in seiner einfachsten Form als Einkolbenmotor in ein- und mehrzylindriger Bauart dem Viertakter als Hochleistungs-, das heißt als Rennmotor nicht nur ebenbürtig, sondern ebenfalls überlegen sein könnte, glaubte kaum jemand, der den technischen Aufwand betrachtete, mit dem bis zum zweiten Weltkrieg Zweitakt-Rennmotoren von DKW gebaut wurden (und den Viertaktern überlegen waren), nach damaligem Wissensstand offenbar auch so aufwendig gebaut werden mußten, um das Handicap der verkürzten Takte im Zweitakt-Arbeitsspiel auszugleichen. Und als unter dem Zwang des Kompressorverbots der FIM für Motorradrennen auch jegliche zusätzlichen Ladeorgane für Zweitaktmotoren unzulässig wurden, da schien das Ende der Zweitakter-Überlegenheit gegenüber der Viertaktkonkurrenz auf diesem Sektor gekommen zu sein.

Aber es kam anders. Die Ausnutzung der Gasschwingungen im Motor (einschließlich Vergaser und Auspuffanlage) ließen Zweitakt-Hochleistungsmotoren entstehen, die bei weitgehender mechanischer Einfachheit die Hubraumleistungen der Vorkriegs-Zweitaktmotoren weit hinter sich ließen. Und wieder gehörten DKW-Motoren (wie der legendäre Dreizylindermotor von

Erich Wolf) zu den ersten Motoren, die, auf Grund der neuen Erkenntnisse konzipiert, den Viertaktern erneut das Nachsehen gaben.

Warum später die Auto Union – und wie sie fast die gesamte europäische Motorradindustrie – den Übergang in eine neue Motorrad-Epoche verpaßte und das Feld weltweit den Japanern überlassen mußte, kann an dieser Stelle nicht diagnostiziert werden. Warum andererseits der Anschluß an die zukunftsträchtige Weiterentwicklung des Zweitaktmotors – insbesondere als Automobiltriebwerk – versäumt wurde – davon wird noch zu sprechen sein.

DKW war aber auch der Wegbereiter des Frontantriebs. Gewiss hatte es auch mit dieser technischen Konzeption ausgeführte Beispiele im internationalen Automobilbau schon gegeben, als Rasmussen 1930 den ersten Frontwagen bauen ließ. Aber auch hier war es erst die Werbetrommel von DKW, die unermüdlich Verständnis dafür zu wecken verstand, daß es logischer sei, ein Automobil nicht schieben, sondern ziehen zu lassen. Und wenn man diesem Argument seine Gültigkeit mehr und mehr für kleine, leistungsschwächere Fahrzeuge abzunehmen bereit war, dann zeigten DKW-Frontantriebswagen im Lauf ihrer Weiterentwicklung bis hinein in die Mittelklasse, daß es kaum eine Hubraumgrenze gibt, von der ab die Berechtigung des Frontantriebs aufhört. Was aber DKW auf diesem Sektor nicht mehr selbst unter Beweis stellen konnte, das übernahmen die, die einst dem Vorderradantrieb eine Berechtigung bestenfalls für die unterste Hubraumklasse zubilligen wollten: heute hat die Mehrzahl der internationalen Automobilhersteller mindestens ein frontgetriebenes Modell im Programm – bei mehr als zwei Dritteln aller Neuzulassungen in Deutschland handelt es sich um Wagen mit Vorderradantrieb.

WARUM DER AUTOMOBIL-ZWEITAKTMOTOR IN INGOLSTADT STERBEN MUSSTE

Es ist kein Geheimnis mehr, daß bei einer Anzahl international führender Automobil- und Motorenhersteller der Entwicklung des – von vielen seit Jahrzehnten tot geglaubten – Zweitaktmotors als Automobil-Triebwerk schon seit geraumer Zeit mit Intensität (und, wie zuverlässig zu erfahren ist, mit aussichtsreichen Erfolgen) betrieben wird. Manchem mag das erstaunlich klingen, der bestimmte – angeblich systembedingte – Nachteile des Zweitakt-Arbeitsverfahrens aufzählt, die den Zweitaktmotor als Automobilmotor heute mehr denn je als ungeeignet erscheinen lassen sollen. Aber dort, wo heute am Zweitakt-Automobiltriebwerk gearbeitet wird, weiß man längst, daß ein richtiges Zweitaktkonzept Vorteile dieses Arbeitsverfahrens in sich bergen kann, die ihm auch im Automobil eine eindeutige Überlegenheit über den traditionellen Viertaktmotor sichern können. Ein solches „modernes" Zweitaktkonzept würde freilich ganz anders aussehen als die letzten Dreizylindermotoren aus Ingolstadt (die ja letztlich nichts anderes darstellten als kultivierte Motorradmotoren). Das für den in Betracht stehenden Verwendungszweck „richtige" Zweitakt-Konzept würde den Viertaktmotor in allen entscheidenden Punkten schlagen: in mechanischem Aufwand, Bauausmaßen, Gewicht, Leistungscharakteristik, Hubraumleistung, Verbrauch und Schadstoff-Emissionen – bei geringerem Wartungsaufwand und mindestens gleicher Lebensdauer.

Unter diesen Gesichtspunkten ist die eingangs gestellte Frage, warum der Zweitaktmotor in Ingolstadt sterben mußte, umso aktueller, als die meisten der Entwicklungsstellen und der Männer, die am kommenden Automobilzweitakter arbeiten, gar nicht der Zweitaktscene im alten Sinne entstammen. Liegt da nicht wirklich die Frage nahe, wieso nicht die DKW-Tradition die zukunftsträchtige Ausgangsbasis für den zweifellos kommenden Automobil-Zweitakter sein konnte?

Keine umfassende Antwort auf diese Frage, aber doch immerhin ein Schlaglicht auf Versäumnisse bei der Betreuung des Zweitaktkonzepts in Ingolstadt kann der nachstehende Beitrag eines (inzwischen verstorbenen) zwar „außenstehenden", aber intensiv um die Weiterentwicklung des DKW-Dreizylindermotors bemühten Ingenieurs vermitteln, der 1966 in einer deutschen Fachzeitschrift erschien:

„Der Zweitaktmotor als Ottomotor für Automobile erhielt in den letzten Jahren nicht allzuviel Lob durch Fachzeitschriften und durch die Automobilbauer selbst. Die Auto Union, durch ungeschickte Geschäftsführung und eine miserable Leitung der sogenannten „Forschungsabteilung" gehandicapt, verkaufte von Jahr zu Jahr weniger ihrer Zweitakt-Automobile und mußte sich daher nach dem Wunsch ihrer Besitzer in neue Hände begeben,

denen freilich der Zweitaktmotor noch weniger ein echtes Anliegen war als den bisherigen Herren.

Warum kam es zu dieser Entwicklung in einer Zeit, in der man sogar anderwärts bereit war, Millionen in ein völlig neues und riskantes Motoren-Arbeitsverfahren, nämlich in den Wankelmotor, zu investieren? Woran lag es, daß der ebenso einfache wie ingeniöse Zweitaktmotor derart in Verruf geriet, daß es nicht einmal möglich war, einen bereits völlig ausentwickelten Zweitakt-Sechszylinder-V-Motor, der geradezu sensationelle Leistungs- und Drehmomentwerte bewiesen hatte, in Serienproduktion zu nehmen? Lag es am Motorensystem – oder an einer künstlich gezüchteten Massen-Psychose – oder woran sonst?

Wenn wir ehrlich sind: Am Beispiel der Auto Union hat sich gezeigt, daß auch eine geradezu fanatische Anhängerschaft diesen Wagen nicht retten konnte. Die Auto Union, deren Grundpfeiler einst die DKW-Werke in Zschopau waren, hatte dem Zweitakt-Automobil einen schon fast legendären Ruf geben können. DKW-Wagen waren als zuverlässig, genügsam und für ihre gute Straßenlage berühmt geworden. Die kleinen 600 und 700 cm³-Wagen waren dazu nett anzusehen, für ihre Leistungsklasse besonders potent und extrem billig. Wer vorher ein Motorrad gefahren hatte, kannte sich mit ihrer Technik schnell aus.

Natürlich blieb es nicht aus, daß man sich schon in Zschopau neben dem billigen Wagen für den „kleinen Mann" auch mit einem größeren Typ beschäftigte. Dessen Vierzylinder-V-Motor mit zwei doppeltwirkenden Ladepumpen war erheblich schneller und hatte auch eine gute Beschleunigung – aber, mit Verlaub zu sagen, er soff barbarisch. Deshalb gab es mit diesem Motor für die Auto Union den ersten Rückschlag. Doch in den dreißiger Jahren war man bei DKW außerordentlich wendig. Die Schnürle-Umkehrspülung brachte erhebliche Verbesserungen hinsichtlich Leistung und Verbrauch, und irgendwann entstand auf dieser Basis in Zschopau auch der erste Dreizylindermotor, bei dem durch Ausnutzung des Sperrdruckeffekts der Auslaßseite besonders gute Werte erzielbar waren. Dieser Motor ging vor Kriegsende nicht mehr in Serienproduktion. Er wurde aber nach dem Krieg sowohl in der DDR (als F 9) als auch bei der in Westdeutschland neu erstandenen Auto Union wieder aufgenommen. Ende 1953 erschien in Ingolstadt der DKW F 91, noch mit der Karosserie des F 89 (mit dem 700er Zweizylindermotor), aber mit dem 900 cm³-Dreizylindermotor mit 34 PS. Ein paar Jahre später entstand in der DDR der „Wartburg", auch mit 900 cm³-Dreizylindermotor.

Mancher wird sich noch gut daran erinnern, daß der F 91 zum „Hecht im Karpfenteich" wurde. Seine Fahrleistungen entsprachen denen von Viertakt-Automobilen mit 1300–1500 cm³-Motoren, und infolge seiner guten Straßenlage konnte man diesen DKW so sportlich fahren, daß auch weit größere Automobile gegen ihn nicht viel auszurichten hatten. Zu dieser Zeit gehörte es schon zu den Selbstverständlichkeiten bei Sportveranstaltungen, daß die DKW „kamen und siegten", daß sie mehrfach die Europameisterschaft im Rallye-Sport errangen und daß sie oft genug den Gesamtsieg nach Hause brachten.

Ein paar Jahre später wurde aus dem F 91 der F 93, ein Auto, das mit einem in der Leistung auf 38 PS, später 40 PS angehobenen 900 cm³-Motor wesentlich breiter und deshalb komfortabler geworden war. Aber dieser F 93 war bereits zu groß und zu schwer für seine Motorleistung. Allerdings wies er ganz besonders günstige Verbrauchswerte auf, die die meisten Kunden festhielten und neue aus dem Viertaktlager dazu. Trotzdem sah sich die Auto Union bald gezwungen, etwas für den wichtigen Nimbus des „für seine Klasse besonders temperamentvollen" Wagens zu tun. Man baute den AU 1000, nun mit 1000 cm³ und 44 PS, bald darauf auch den AU 1000 S mit 50 PS. Man behielt im wesentlichen die Karosserie des F 93 bei (damit also auch dessen Gewicht), aber man hatte wieder etwas, was dem Kunden Freude machte. Der AU 1000 S lief etwa 125–130 km/h, schnelle Exemplare kamen auch auf 135 km/h – das war damals für einen Wagen mit nur 1000 cm³ Hubvolumen sehr beachtlich. Leider aber hatte man bei der Auto Union nicht genügend Aufmerksamkeit aufgebracht, die alte, berühmte Zuverlässigkeit auch bei den neueren Typen zu gewährleisten. Zulieferbetriebe, die z. B. die Kurbelwellen bauten, erwiesen sich teilweise als ungeeignet, so daß mit einer im eigenen Betrieb gebauten Kurbelwelle experimentiert wurde – zunächst ebenfalls mit negativem Resultat. Und nun kursierte die Fama, die DKW seien anfällig und Kurbelwellenschäden an der Tagesordnung. Daß die Konkurrenz in Kundengesprächen diese Gerüchte züchtete, war verständlich. Auch die Presse begann mit einer bald nicht mehr abreißenden Kritik. Hinzu kam, daß die mit Mischungsschmierung arbeitenden Motoren trotz des von zunächst 1:25 auf 1:40 reduzierten Mischungsverhältnisses im Leerlauf und im Stadtverkehr eine deutliche Rauchfahne hinterließen. Bei höherer Beanspruchung belästigte zudem ein penetranter, stechender Geruch der Auspuffgase die Hinterherfahrenden.

Also mußte die Auto Union etwas tun; und sie tat etwas, indem sie eine (schon in Zschopau von Dr. Venediger vorgeschlagene) Frischölautomatik entwickelte, die leider viel zu früh (weil noch nicht ausgereift) in die Serie übernommen wurde. Diese Automatik hatte eine interessante psychologische Wirkung: die Presse konstatierte, der Rauch sei weg und der Gestank ebenfalls (was nur bedingt richtig war). Aber dann kam der böse kalte Winter 1962, und unglaublich viele der DKW-Motoren starben – an Ölmangel. Niemand hatte offenbar daran gedacht, daß das in der Kälte stockende Öl nicht mehr durch die dünnen Ölleitungen fließen konnte! Es gab in diesem Winter wohl annähernd soviel Garantiefälle wie ausgelieferte Wagen – und wieder hatte die Konkurrenz Stoff für ihre Verkaufsgespräche und die Presse erneut Grund zu vernichtender Kritik.

Hinzu kam, daß zu dieser Zeit mit Kurbelwellenlagern operiert wurde, die der gefürchteten Kaltkorrosion der Wälzlager begegnen sollten. Man kapselte die „Lifetime"-Lager und schmierte sie „fürs Leben". Dabei aber ging man einen konstruktiv falschen Weg, so daß das „fürs Leben" eingebrachte Schmiermittel oft bereits auf dem Prüfstand nach 15 Minuten Laufzeit aus den Lagern austrat, die dann natürlich trockenliefen. Als Techniker mußte man sich an den Kopf fassen und fragen, wie denn eine derartige Fehlleistung überhaupt möglich sei, aber sie geschah, und die Verantwortung trug, wie für die zu frühe Einführung der Frischölautomatik jene Abteilung, die sich hochtrabend „Forschungs-Abteilung" nannte und die für die Serienfreigabe ihr Plazet gegeben hatte.

Noch vor 1962 war (1959) der DKW Junior auf den Markt gekommen. Er war zunächst, trotz aller guten Erfahrungen mit dem Dreizylindermotor, wieder mit einem Zweizylindermotor von 660 cm³ konzipiert worden. Man merkte jedoch (nach vielen unnützen Geldausgaben) noch rechtzeitig, daß es eben drei Zylinder sein müßten, die dank ihres gegenseitigen Sperrdrucks

auch tragbare Verbrauchswerte garantieren könnten. Und so erschien der erste verkaufte DKW Junior nach mehreren Jahren mühseliger Anlaufzeit mit einem 750 cm³-Motor und 34 PS, zunächst noch mit Mischungsschmierung, mit einem Gewicht von knapp 700 kg (!) und mit wirklich imponierenden Fahrleistungen. Der Wagen war aber nicht sehr schön in seinen Karosserielinien; die „Froschaugen" sowie die steile Windschutzscheibe waren das Gegenteil dessen, was man unter „strömungsgünstig" versteht. Er war aber recht geräumig und wurde vom Markt positiv aufgenommen. Gewisse Mängel in der Straßenlage wurden verhältnismäßig schnell behoben.

Mit dem Typ DKW Junior de Luxe kam dann, nun schon mit Frischölautomatik, ein Wagen auf den Markt, dessen Motor, auf 800 cm³ gebracht, bei gleicher Leistung mit einer verbesserten Drehmomentlinie aufwarten konnte. Der DKW Junior und seine Nachfolger konnten aber niemals ausgleichen, was in punkto strömungsgünstiger Gestaltung gesündigt worden war. Es ist eine alte Regel, daß Zweitaktfahrzeuge besonders strömungsgünstig sein sollen, weil ihre Vollgas-Verbrauchswerte etwas höher liegen als bei Viertaktmotoren. Nur so gelangte man damals zu Verbrauchswerten, die nicht aus dem Rahmen fallen. Offensichtlich war aber inzwischen die Generation der Leute, die das noch wußten, im Zuge der Besitzübernahme durch Daimler-Benz abgelöst worden. Auch der dicke Bleistift des obersten Technikers jener Epoche, William Werner, hatte dazu beigetragen, aus der strömungsgünstigen Frontpartie des DKW eine „Prallfläche gegen den Wind" zu machen. William Werner zeichnete ja auch verantwortlich für den „Schmalspur-Thunderbird", den AU 1000 SP, jenen Boulevard-Sportwagen, der mit seinen gegen den Wind gerichteten Scheinwerfern auch mit den inzwischen erreichten 55 PS nicht gutmachen konnte, was sein Stylist verbockt hatte.

Die Rückschläge des Winters 1962, von denen auch der DKW Junior nicht ganz verschont geblieben war, drückten die Produktionszahlen beträchtlich. Auch ein hoher Ausstattungs-Qualitätsstand, speziell bei den 1000er Typen, konnte nicht ausgleichen, was technisch versäumt worden war.

Man versuchte nun, aus der Not eine Tugend zu machen. Man stattete auch den Junior besser aus, gab ihm einen Motor mit 900 cm³ (40 PS) und nannte ihn

F 12. Man vergaß dabei, daß es nicht genügt, eine Karosserieform nur in der Dachkontur zu ändern, um von dem schlechten Odium wegzukommen, das sowohl mit den 1000er Typen wie auch mit dem automatikgeschmierten Junior de Luxe entstanden war. Man hätte dem F 12 eine neue, gefälligere Karosserieform geben müssen mit windschlüpfigerer Gestaltung, dann wäre vielleicht die spätere Geschichte der Auto Union anders verlaufen. Dabei wäre es so leicht gewesen, dem 900er Motor des F 12 serienmäßig mindestens 50 standfeste PS zu geben – aber die „Forschung" versagte auch hier. Schon der Schritt zu 45 PS bei dem zu spät erschienenen F 12 Roadster wurde als große Tat gefeiert.

Der AU 1000 und der AU 1000 S aber starben langsam dahin. Im Werk war man der Ansicht, es müsse etwas ganz Neues kommen, und machte sich daran, ein völlig neues Auto zu entwerfen, das gehobene Prestige-Ansprüchen gerecht werden sollte – den F 102. Dieser Wagen kam 1963 auf die Automobilausstellung und im Frühjahr 1964 auf den Markt. Es war eine schwere Geburt, denn man hatte entgegen allen bisherigen Erfahrungen dem Motor ein Hubvolumen von 1175 cm^3 gegeben, d. h. pro Zylinder ca. 392 cm^3. Obwohl man hätte wissen müssen, daß die Schnürle-Spülung bei großen Zylindereinheiten instabil werden kann, was hohe Verbrauchswerte zur Folge hat. Man hatte zudem die Gesamtlänge des Motorblocks beibehalten – trotz der von 74 auf 81 mm vergrößerten Bohrungen, wodurch die Zylinderwände gefährlich dünn und die Wasserräume zu knapp wurden. Die Folge war, daß die ersten Motoren mehr klemmten als liefen und dazu einen untragbaren Durst entwickelten. Kurz vor der Automobilaussttellung im September 1963 war der Wagen in Wiesbaden der Händlerschaft vorgestellt worden und hatte ob seiner Gestaltung hohes Lob gefunden. Tatsächlich war er eines der schönsten Autos seiner Klasse, seine Straßenlänge entsprach der guten DKW-Tradition – aber der Motor war ein böser Alptraum für die Geschäftsleitung. Der Wagen als Ganzes wurde zwar gelobt, aber Motorleistung und Verbrauch fanden wenig Beifall. So ging „der beste DKW, den es je gab" gleich mit einem bösen Handicap in den Konkurrenzkampf. Es nutzte auch nicht viel, daß bis zur Auslieferung im Frühjahr 1964 noch recht gute Verbrauchswerte erarbeitet wurden – sie wurden zum Teil auf Kosten der Motorleistung erzielt, und die propagierten 60 DIN-PS standen praktisch nur im Prospekt, nur wenige Motoren kamen in die Nähe dieses Wertes, viele lagen erheblich darunter.

Alle DKW-Typen liefen, nachdem im Herbst 1964 die Besitzergreifung durch VW erfolgt war, trotz biederer Versprechungen an Händler und Kunden aus. Zwar hatte man im Frühjahr 1965 versucht, dem F 12 dadurch neuen Auftrieb zu geben, daß man ihm den 45 PS-Motor des Roadsters, eine wirklich funktionierende Frischölautomatik mit Ölvorwärmung wie beim F 102 sowie eine mechanische Wasserpumpe verpaßte. Trotz deutlich ansteigender Absatzkurve starb der Wagen, der auch im Preis richtig lag, Anfang 1966 endgültig.

Damals wurde jeder, der noch das Zweitaktprinzip hochhielt, in Ingolstadt als halber Verbrecher angesehen, schob man doch dem Motorenprinzip die Schuld am Niedergang der Auto Union zu, statt daran zu denken, daß allein persönliche Unfähigkeit die Ursachen des Debakels war. Denn Vorschläge, wie der Auto Union neuer Schwung und die Sicherung ihrer Marktfähigkeit hätten gegeben werden können, gab es genug – nur kamen sie von Leuten, die man bei der Industrie so gern als „Outsider" abtut. Einer von diesen war gut genug gewesen, jene Motoren zu entwickeln, mit denen in den vorangegangenen Jahren über 1000 Siege in Wettbewerben und unzählige Meisterschaften errungen worden waren. Diese Motoren wurden zwar gern homologiert, aber trotz vieler Versprechungen nicht in die Serie übernommen. Ihr Schöpfer erntete vielmehr Diffamierungen und hohe finanzielle Verluste.

Die Auto Union der Nachkriegszeit ist ihrer ursprünglichen Pionierrolle auf dem Zweitaktsektor nicht gerecht geworden. Sie hat vielmehr bewiesen, daß man ein gutes Prinzip töten kann, wenn man nur genügend viele Unfähige regieren läßt, denen persönliche Eitelkeit wichtiger ist als das Wohl und die Zukunft des ihnen anvertrauten Werkes."

Register

Automobilgeschichte – Typenkunde

In diesem reizvollen Bildband passiert die goldene Zeit noch einmal Revue. Schlaglichter aus Sport und Politik, Mode und Film ergänzen die Porträts der bekanntesten Firmen und ihrer Modelle in Daten und Bildern. Ein reizvolles Bilder-Lesebuch der 50er Jahre.

Heitz/Metzger

Die goldenen Fünfziger und ihre Autos

256 Seiten, 160 Abbildungen, gebunden, **DM 49,–**

Die Marke Audi, ehemals in Zwickau, baute bis 1940 sehr hochwertige Wagen. Erst im Jahre 1965 entstand die Marke neu. Hier die Geschichte sowohl der alten wie auch der neuen Audis.

Werner Oswald

Alle Audi-Automobile 1910–1980

135 Seiten, 245 Abbildungen, Großformat, gebunden, **DM 42,–**

Westdeutsche Personenwagen aus drei Jahrzehnten. Modell für Modell in Wort und Bild lückenlos dokumentiert: Preise, die Motorleistung und Abmessungen, produzierte Stückzahlen.

Werner Oswald

Deutsche Autos 1945 bis 1975
Eine Typengeschichte

464 Seiten, 611 Abbildungen, gebunden, **DM 48,–**

Werner Oswald, der bekannte Automobilhistoriker, dokumentiert hier lückenlos den Fahrzeugbau. Alle Firmen die in Deutschland produzierten, werden zusammen mit den Autos vorgestellt.

Werner Oswald

Deutsche Autos 1920 bis 1945
Eine Typengeschichte

544 Seiten, 899 Abbildungen, gebunden, **DM 58,–**

Mit Strickmaschinen fing es an, 1901 wurden die ersten Motorräder und 1906 die ersten Autos gebaut. 60 Jahre später entstand der Ro 80.

Peter Schneider

NSU 1873–1984
Vom Hochrad zum Automobil. Geschichte, Typen, Modelle.

352 Seiten, 425 Abbildungen, gebunden, **DM 59,–**

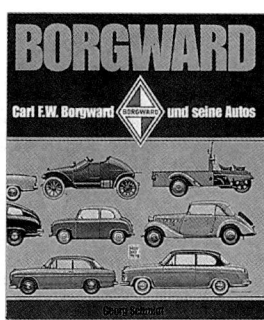

Aus dem Nichts schuf Borgward einen der größten Autokonzerne. Die unvergessene »Isabella« war sein gelungenstes Auto. Hier die Zeit-, Wirtschafts- und Typengeschichte einer legendären Automarke.

Georg Schmidt

Borgward
Carl F.W. Borgward und seine Autos

232 Seiten, 197 Abbildungen, gebunden, **DM 39,–**

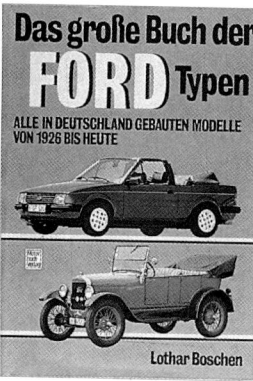

Alle in Deutschland gebauten Modelle von 1926 bis heute. Die erste lückenlose Dokumentation über sechs Jahrzehnte Ford-Deutschland. Mit seltenen Bilddokumenten und technischen Tabellen.

Lothar Boschen

Das große Buch der Ford-Typen

624 Seiten, 728 Abbildungen, gebunden, **DM 88,–**

Der Autor erläutert die Entstehungsgeschichte der berühmten Autofirma perfekt.

Peter Kirchberg

Bildatlas Auto-Union
Eine technik-historische Fotodokumentation

306 Seiten, ca. 690 Abbildungen, 7 Tabellen, gebunden, **DM 49,–**

Der Verlag für Autobücher · Postfach 1370 · 7000 Stuttgart 1

RUND UM'S MOTORRAD SIND WIR DIE GRÖSSTEN!

MOTORRAD
Europas größte Motorrad-Zeitschrift

14 TÄGLICH SAMSTAGS IM ZEITSCHRIFTENHANDEL.